AntiPatterns
Entwurfsfehler erkennen und vermeiden

William J. Brown, Raphael C. Malveau,
Hays W. »Skip« McCormick III, Thomas J. Mowbray

AntiPatterns

Entwurfsfehler erkennen und vermeiden

2., überarbeitete Auflage

Bibliografische Information Der Deutschen Bibliothek –
Die Deutsche Bibliothek verzeichnet diese Publikation in der
Deutschen Nationalbibliografie; detaillierte bibliografische
Daten sind im Internet über <http://dnb.ddb.de> abrufbar.

ISBN 978-3-8266-1774-4
2. Auflage 2007

Alle Rechte, auch die der Übersetzung, vorbehalten. Kein Teil des Werkes darf in irgendeiner Form (Druck, Fotokopie, Mikrofilm oder einem anderen Verfahren) ohne schriftliche Genehmigung des Verlages reproduziert oder unter Verwendung elektronischer Systeme verarbeitet, vervielfältigt oder verbreitet werden. Der Verlag übernimmt keine Gewähr für die Funktion einzelner Programme oder von Teilen derselben. Insbesondere übernimmt er keinerlei Haftung für eventuelle aus dem Gebrauch resultierende Folgeschäden.

Die Wiedergabe von Gebrauchsnamen, Handelsnamen, Warenbezeichnungen usw. in diesem Werk berechtigt auch ohne besondere Kennzeichnung nicht zu der Annahme, dass solche Namen im Sinne der Warenzeichen- und Markenschutz-Gesetzgebung als frei zu betrachten wären und daher von jedermann benutzt werden dürften.

Übersetzung der amerikanischen Originalausgabe:
AntiPatterns. Refactoring Software, Architectures, and Projects in Crisis

Copyright © 1998 by William J. Brown, Raphael C. Malveau, Hays W. McCormick III, and Thomas J. Mowbray. All rights reserved including the right of reproduction in whole part or in part in any form.
Authorized translation from the English language edition published by John Wiley & Sons, Inc.

Printed in Germany
© Copyright 2007 by REDLINE GMBH, Heidelberg
www.mitp.de

Lektorat: Sabine Schulz
Sprachkorrektorat: Petra Heubach-Erdmann
Satz und Layout: DREI-SATZ, Husby
Druck: Media-Print, Paderborn

Dieses Buch ist unseren Familien gewidmet:
Kate Brown,
Carrie Malveau,
Kim McCormick
und
Kate Mowbray, CPA

»*Und ihr werdet die Wahrheit erkennen, und die Wahrheit wird euch frei machen.*«

– *Johannes 8,32*

Inhaltsverzeichnis

	Vorwort	17
	Danksagungen	19
	Über die Autoren	21
	Einleitung	23
	Zum Inhalt des Buches	25
Teil I	**AntiPatterns – Einführung**	**29**
1	**Design Patterns und AntiPatterns – Einführung**	**31**
1.1	AntiPattern: AntiHype	32
1.2	Die Wahrheit über die Software-Technologie	33
1.3	Was ist ein AntiPattern?	35
1.4	Woher kommen die AntiPatterns?	36
	1.4.1 Das Portland Pattern Repository	37
	1.4.2 Wie ein Software-Projekt gekippt wird	39
	1.4.3 Untersuchungen zu AntiPatterns	40
1.5	AntiPatterns: Das Buch	41
2	**AntiPatterns – Das Referenzmodell**	**43**
2.1	Perspektiven	45
2.2	Hauptursachen	47
	2.2.1 Unangebrachte Hast	47
	2.2.2 Desinteresse	48
	2.2.3 Engstirnigkeit	49
	2.2.4 Faulheit	50
	2.2.5 Geiz	51
	2.2.6 Ignoranz	51
	2.2.7 Stolz	52
2.3	Urkräfte	53
	2.3.1 Was ist eine Urkraft?	54
	2.3.2 Funktionalitätsmanagement	58

	2.3.3	Performancemanagement.	58
	2.3.4	Komplexitätsmanagement.	59
	2.3.5	Changemanagement	59
	2.3.6	Management der IT-Ressourcen.	60
	2.3.7	Management des Technologietransfers	61
2.4	Modell der Software-Designebenen		61
	2.4.1	Wiederverwendung von Design versus Code	65
	2.4.2	Objektebene	65
	2.4.3	Mikroarchitektur-Ebene.	66
	2.4.4	Framework-Ebene	66
	2.4.5	Anwendungsebene.	67
	2.4.6	Systemebene.	68
	2.4.7	Unternehmensebene.	70
	2.4.8	Globale Ebene.	71
	2.4.9	Zusammenfassung	72
2.5	Architektonische Ebenen und Urkräfte		73
3	**Vorlagen für Entwurfsmuster und AntiPatterns.**		**77**
3.1	Degenerierte Form		77
	3.1.1	Degenerierte Patternform	78
3.2	Entwurfsmuster nach Alexander		78
	3.2.1	Patternform nach Alexander.	78
3.3	Minimalvorlage (Mikromuster)		78
	3.3.1	Mikrovorlage.	79
3.4	Minivorlage		79
	3.4.1	Induktives Minipattern	79
	3.4.2	Deduktives Minipattern.	79
3.5	Formale Vorlagen		80
	3.5.1	GoF-Entwurfsmuster.	80
	3.5.2	System der Mustervorlage.	80
3.6	Die Entwurfsmustervorlage überdenken		81
	3.6.1	CORBA-Entwurfsmustervorlagen	82
3.7	AntiPattern-Vorlagen		83
	3.7.1	Pseudo-AntiPattern-Vorlage	83
	3.7.2	Mini-AntiPatterns	84
3.8	Vollständige AntiPattern-Vorlage		84

4	**Hinweise für die Verwendung von AntiPatterns**	89
4.1	Disfunktionale Umgebungen	90
4.2	AntiPatterns und Änderungen	90
	4.2.1 Feste und improvisierte Antworten	91
4.3	Neue AntiPatterns entwickeln	91
4.4	Zusammenfassung	93
Teil II	**AntiPatterns**	95
5	**AntiPatterns – Software-Entwicklung**	97
5.1	Software-Refactoring	97
	5.1.1 Formale Refactoring-Transformationen	98
5.2	Entwicklung von AntiPatterns – Zusammenfassung	99
5.3	The Blob	101
	5.3.1 Hintergrund	101
	5.3.2 Allgemeine Form	102
	5.3.3 Symptome und Konsequenzen	103
	5.3.4 Typische Ursachen	104
	5.3.5 Bekannte Ausnahmen	105
	5.3.6 Refactoring-Lösung	105
	5.3.7 Varianten	109
	5.3.8 Anwendbarkeit für andere Perspektiven und Ebenen	110
	5.3.9 Beispiel	110
	5.3.10 Mini-AntiPattern: Continuous Obsolescence	112
5.4	Lava Flow	113
	5.4.1 Hintergrund	114
	5.4.2 Allgemeine Form	115
	5.4.3 Symptome und Konsequenzen	116
	5.4.4 Typische Ursachen	117
	5.4.5 Bekannte Ausnahmen	118
	5.4.6 Refactoring-Lösung	118
	5.4.7 Beispiel	119
	5.4.8 Verwandte Lösungen	120
	5.4.9 Anwendbarkeit für andere Perspektiven und Ebenen	120
	5.4.10 Mini-AntiPattern: Ambiguous Viewpoint	120
5.5	AntiPattern: Functional Decomposition	121
	5.5.1 Hintergrund	122
	5.5.2 Allgemeine Form	122

	5.5.3	Symptome und Konsequenzen	122
	5.5.4	Typische Ursachen	123
	5.5.5	Bekannte Ausnahmen	123
	5.5.6	Refactoring-Lösung	123
	5.5.7	Beispiel	124
	5.5.8	Verwandte Lösungen	126
	5.5.9	Anwendbarkeit für andere Perspektiven und Ebenen	126
5.6	AntiPattern: Poltergeister		126
	5.6.1	Hintergrund	127
	5.6.2	Allgemeine Form	128
	5.6.3	Symptome und Konsequenzen	128
	5.6.4	Typische Ursachen	129
	5.6.5	Bekannte Ausnahmen	129
	5.6.6	Refactoring-Lösung	129
	5.6.7	Beispiel	129
	5.6.8	Verwandte Lösungen	131
	5.6.9	Anwendbarkeit für andere Perspektiven und Ebenen	131
	5.6.10	Mini-AntiPattern: Boat Anchor	131
5.7	AntiPattern: Goldener Hammer		132
	5.7.1	Hintergrund	133
	5.7.2	Allgemeine Form	133
	5.7.3	Symptome und Konsequenzen	134
	5.7.4	Typische Ursachen	134
	5.7.5	Bekannte Ausnahmen	135
	5.7.6	Refactoring-Lösung	135
	5.7.7	Varianten	136
	5.7.8	Beispiel	137
	5.7.9	Verwandte Lösungen	138
	5.7.10	Mini-AntiPattern: Dead End	138
5.8	AntiPattern: Spaghetti-Code		139
	5.8.1	Hintergrund	139
	5.8.2	Allgemeine Form	140
	5.8.3	Symptome und Konsequenzen	140
	5.8.4	Typische Ursachen	141
	5.8.5	Bekannte Ausnahmen	141
	5.8.6	Refactoring-Lösung	141
	5.8.7	Beispiel	144
	5.8.8	Verwandte Lösungen	150

	5.8.9	Mini-AntiPattern: Input Cludge	150
	5.8.10	Mini-AntiPattern: Walking through a Minefield	151
5.9	AntiPattern: Cut-and-Paste Programmierung		154
	5.9.1	Hintergrund	154
	5.9.2	Allgemeine Form	155
	5.9.3	Symptome und Konsequenzen	155
	5.9.4	Typische Ursachen	156
	5.9.5	Bekannte Ausnahmen	156
	5.9.6	Refactoring-Lösung	156
	5.9.7	Beispiel	158
	5.9.8	Verwandte Lösungen	158
	5.9.9	Mini-AntiPattern: Mushroom Management	159
6	**AntiPatterns – Software-Architektur**		**161**
6.1	Architektur-AntiPatterns – Zusammenfassung		162
	6.1.1	Mini-AntiPattern: Autogenerated Stovepipe	164
6.2	AntiPattern: Stovepipe Enterprise		165
	6.2.1	Hintergrund	165
	6.2.2	Allgemeine Form	166
	6.2.3	Symptome und Konsequenzen	166
	6.2.4	Typische Ursachen	167
	6.2.5	Bekannte Ausnahmen	167
	6.2.6	Refactoring-Lösung	168
	6.2.7	Referenzmodell für offene Systeme	169
	6.2.8	Technologieprofil	170
	6.2.9	Betriebsumgebung	170
	6.2.10	Systemanforderungsprofil	170
	6.2.11	Unternehmensarchitektur	171
	6.2.12	Architektur der Verarbeitung	171
	6.2.13	Interoperabilitätsspezifikation	172
	6.2.14	Entwicklungsprofil	172
	6.2.15	Beispiel	172
	6.2.16	Verwandte Lösungen	174
	6.2.17	Anwendbarkeit für andere Perspektiven und Ebenen	174
	6.2.18	Mini-AntiPattern: Jumble	175
6.3	AntiPattern: Stovepipe-System		176
	6.3.1	Hintergrund	176
	6.3.2	Allgemeine Form	176

	6.3.3	Symptome und Konsequenzen	177
	6.3.4	Typische Ursachen	178
	6.3.5	Bekannte Ausnahmen	178
	6.3.6	Refactoring-Lösung	178
	6.3.7	Beispiel	180
	6.3.8	Verwandte Lösungen	181
	6.3.9	Anwendbarkeit für andere Perspektiven und Ebenen	181
	6.3.10	Mini-AntiPattern: Cover Your Assets	182
6.4	AntiPattern: Vendor Lock-In	183
	6.4.1	Hintergrund	183
	6.4.2	Allgemeine Form	184
	6.4.3	Symptome und Konsequenzen	185
	6.4.4	Typische Ursachen	185
	6.4.5	Bekannte Ausnahmen	185
	6.4.6	Refactoring-Lösung	185
	6.4.7	Varianten	187
	6.4.8	Beispiel	188
	6.4.9	Verwandte Lösungen	189
	6.4.10	Anwendbarkeit für andere Perspektiven und Ebenen	189
	6.4.11	Mini-AntiPattern: Wolf Ticket	190
6.5	AntiPattern: Architecture by Implication	192
	6.5.1	Hintergrund	192
	6.5.2	Allgemeine Form	193
	6.5.3	Symptome und Konsequenzen	194
	6.5.4	Typische Ursachen	194
	6.5.5	Bekannte Ausnahmen	194
	6.5.6	Refactoring-Lösung	194
	6.5.7	Varianten	196
	6.5.8	Beispiel	197
	6.5.9	Verwandte Lösungen	198
	6.5.10	Anwendbarkeit für andere Perspektiven und Ebenen	198
	6.5.11	Mini-AntiPattern: Warm Bodies	198
6.6	AntiPattern: Design by Committee	200
	6.6.1	Hintergrund	200
	6.6.2	Allgemeine Form	201
	6.6.3	Symptome und Konsequenzen	201
	6.6.4	Typische Ursachen	202
	6.6.5	Bekannte Ausnahmen	202

		6.6.6 Refactoring-Lösung	202
		6.6.7 Varianten	205
		6.6.8 Beispiel	205
		6.6.9 SQL	205
		6.6.10 CORBA	206
		6.6.11 Verwandte Lösungen, Entwurfsmuster und AntiPatterns	209
		6.6.12 Anwendbarkeit für andere Perspektiven und Ebenen	209
		6.6.13 Mini-AntiPattern: Swiss Army Knife	210
6.7	AntiPattern: Reinvent the Wheel		211
		6.7.1 Hintergrund	211
		6.7.2 Allgemeine Form	212
		6.7.3 Symptome und Konsequenzen	212
		6.7.4 Typische Ursachen	213
		6.7.5 Bekannte Ausnahmen	213
		6.7.6 Refactoring-Lösung	213
		6.7.7 Varianten	215
		6.7.8 Beispiel	216
		6.7.9 Verwandte Lösungen	219
		6.7.10 Anwendbarkeit für andere Perspektiven und Ebenen	219
		6.7.11 Mini-AntiPattern: The Grand Old Duke of York	219
7	**AntiPatterns – Software-Projektmanagement**		223
7.1	Geänderte Rolle des Managements		223
		7.1.1 Himmelfahrtskommandos	224
7.2	Management-AntiPatterns – Zusammenfassung		225
		7.2.1 Mini-AntiPattern: Blowhard Jamboree	227
7.3	AntiPattern: Analysis Paralysis		227
		7.3.1 Hintergrund	228
		7.3.2 Allgemeine Form	228
		7.3.3 Symptome und Konsequenzen	229
		7.3.4 Typische Ursachen	229
		7.3.5 Bekannte Ausnahmen	230
		7.3.6 Refactoring-Lösung	230
		7.3.7 Mini-AntiPattern: Viewgraph Engineering	231
7.4	AntiPattern: Death by Planning		232
		7.4.1 Hintergrund	232
		7.4.2 Allgemeine Form	232
		7.4.3 Glass Case Plan	233

	7.4.4	Detailitis Plan	233
	7.4.5	Symptome und Konsequenzen	234
	7.4.6	Typische Ursachen	236
	7.4.7	Bekannte Ausnahmen	236
	7.4.8	Refactoring-Lösung	236
	7.4.9	Varianten	238
	7.4.10	Beispiel	240
	7.4.11	Glass-Case-Plan	240
	7.4.12	Detailitis-Plan	241
	7.4.13	Verwandte Lösungen	242
	7.4.14	Anwendbarkeit für andere Perspektiven und Ebenen	242
	7.4.15	Mini-AntiPattern: Fear of Success	242
7.5		AntiPattern: Corncob	244
	7.5.1	Hintergrund	244
	7.5.2	Allgemeine Form	244
	7.5.3	Symptome und Konsequenzen	245
	7.5.4	Typische Ursachen	245
	7.5.5	Bekannte Ausnahmen	246
	7.5.6	Refactoring-Lösung	246
	7.5.7	Taktische Lösungen	246
	7.5.8	Operative Lösungen	247
	7.5.9	Strategische Lösungen	247
	7.5.10	Varianten	247
	7.5.11	Beispiele	250
	7.5.12	Verwandte Lösungen	250
	7.5.13	Anwendbarkeit für andere Perspektiven und Ebenen	250
	7.5.14	Mini-AntiPattern: Intellectual Violence	251
7.6		AntiPattern: Irrational Management	252
	7.6.1	Hintergrund	252
	7.6.2	Allgemeine Form	252
	7.6.3	Symptome und Konsequenzen	253
	7.6.4	Typische Ursachen	253
	7.6.5	Bekannte Ausnahmen	253
	7.6.6	Refactoring-Lösung	253
	7.6.7	Situationsanalyse	255
	7.6.8	Entscheidungsanalyse	256
	7.6.9	Varianten	257
	7.6.10	Beispiele	258

	7.6.11	Mini-AntiPattern: Smoke and Mirrors	259
7.7	AntiPattern: Project Mismanagement		261
	7.7.1	Hintergrund	261
	7.7.2	Allgemeine Form	261
	7.7.3	Symptome und Konsequenzen	262
	7.7.4	Typische Ursachen	262
	7.7.5	Bekannte Ausnahmen	262
	7.7.6	Refactoring-Lösung	263
	7.7.7	Managementrisiken	263
	7.7.8	Allgemeine Projektrisiken	263
	7.7.9	Qualitätssicherung	263
	7.7.10	Allgemeinverständnis	264
	7.7.11	Varianten	264
	7.7.12	Beispiel	265
	7.7.13	Verwandte Lösungen	266
	7.7.14	Mini-AntiPattern: Throw It over the Wall	267
	7.7.15	Mini-AntiPattern: Fire Drill	268
	7.7.16	Mini-AntiPattern: The Feud	270
	7.7.17	Mini-AntiPattern: E-Mail Is Dangerous	271

Teil III	Anhänge	273
A	AntiPatterns – Zusammenfassung	275
B	AntiPattern-Terminologie	281
C	Abkürzungen	285
D	Bibliografie	287
	Stichwortverzeichnis	293

Vorwort

Wir waren sehr geehrt, als wir gebeten wurden, das Vorwort zu diesem Buch über AntiPatterns zu schreiben. Als wir diesen Begriff zum ersten Mal hörten, waren wir etwas verwirrt und falls Sie nicht bereits wissen, was ein AntiPattern ist, wird es Ihnen wahrscheinlich nicht anders gehen. Aber nachdem wir einen kurzen Blick in das Buch geworfen hatten, erschien uns das Thema sehr interessant und von großem praktischen Nutzen.

Die meisten von uns sind mit dem Konzept der Design Patterns, dt. Entwurfsmuster einigermaßen vertraut (oder haben zumindest davon gehört), entweder im Zusammenhang mit der Software-Entwicklung oder auf andere Weise. Der Begriff Entwurfsmuster ist eigentlich selbsterklärend: Entwürfe oder Designs haben sich in der Praxis als erfolgreich erwiesen und eignen sich für eine erfolgreiche Wiederverwendung.

Aber was ist ein AntiPattern? Ist das etwas anderes als ein Entwurfsmuster? Ist das etwas völlig Neues ohne solides Design? Oder handelt es sich um etwas, das nicht funktioniert? So wie durch die Verwendung von Entwurfsmustern Zeit, Geld und Arbeit durch die Wiederverwendung erprobter und getesteter Designs gespart werden kann, kann durch die versehentliche Anwendung eines AntiPattern eine völlig umgekehrte Situation entstehen.

Gemäß Definition ist ein Muster ein Arrangement sich wiederholender Elemente; ein Design oder Entwurf für die Anfertigung von Bekleidung; ein Modell oder ein Einzelmuster. Daneben gibt es aber auch Verhaltensmuster. Von den Autoren dieses Buches wurden negative Verhaltensmuster aus dem Bereich der Software-Entwicklung aus aller Welt zusammengetragen, und was vielleicht noch interessanter ist, aus allen Bereichen und allen Erfahrungsebenen.

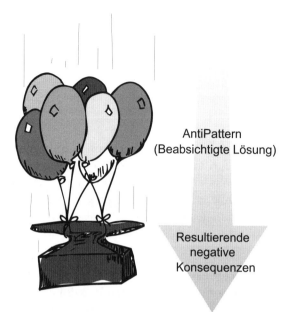

Abb. V.1: Manchmal sind die negativen Konsequenzen eines Entwurfsmusters schwerwiegender.

AntiPatterns zeigen Ihnen, was Sie vermeiden müssen, und das Erkennen des zu Vermeidenden ist ein wichtiger Faktor für die erfolgreiche Software-Entwicklung. Das Buch erläutert ausführlich Software-bezogene AntiPatterns vieler Kategorien und behandelt (auf humoristische und fröhliche Art) zahlreiche AntiPatterns des Software-Designs, der Architektur und des Managements, die auf alle Fälle vermieden werden sollten.

Jack Hassall/John Eaton
Object Management Group
Co-Chairs, Financial Domain Task Force
(auch: »The Crazies« from Manchester)

Danksagungen

Wir möchten allen danken, die das Erscheinen dieses Buches ermöglicht haben. Wir können nicht alle aufzählen, die uns Ideen geliefert, geholfen und ermutigt haben, möchten aber ganz besonders folgenden Personen danken:

Rohit Agarwal
Don Awalt
Tom Beadle
Pier-Yves Bertholet
Irv Boeskool
John Brant
Frank Buschmann
Bruce Caldwell
Ian Chai
Hugh Chau
Vic DeMarines
David Dikel
John Eaton
Karen Eaton
Dennis Egan
Marty Faga
Jack Flannagan
Brian Foote
Alejandra Garrido
Tom Gleeson
Julie Gravallese
Steve Gulick
Dr. Patrick Harrison
Dan Harter
Jack Hassall
The Hebden brothers
Christy Hermansen
Ruth Hilderberger
Roy Hiler
Steve Hirsch
Michael Hoagland

Bill Hoffman
Jon Hopkins
Dr. Barry Horowitz
Bill Ide
Tom Jenkins
Ralph Johnson
Pat Jones
Michael Josephs
David Kane
David Kekumano
Ajay Khater
Ken Kinman
John Kogut
Gary Larson
Steve Latchem
Eric Leach
Dave Lehman
Dr. Barry Leng
David Lines
Dr. Pat Mallett
Dr. Mark Maybury
Dave Mayo
Kate Mowbray
Lewis Muir
Diane Mularz
Eiji Nabika
Jason Novak
Jeanne O'Kelley
Ed Peters
John Polger
Don Roberts

Darrel Rochette
Mark Rosenthal
Henry Rothkopf
Bill Ruh
David Samuels
Thad Scheer
Dr. Robert Silvetz
Bruce Simpson
Theresa Smith
Dr. Richard Soley
Ed Stewart
Shel Sutton
Fred Thompson
Dr. Bhavani Thuraisingham
Pat Townes
Kurt Tran
Kevin Tyson
Doug Vandermade
James Van Guilder
Robert Wainwright
Kim Warren
The Washington DC Software Book Study Club
John Weiler
Diane Weiss
Anthony Whitson
Jerry Wile
Deborah Wittreich
Joe Yoder
Ron Zahavi
Tony Zawilski

Über die Autoren

William Brown ist Leiter der Produktentwicklung in der Firma Concept Five Technologies Inc. Er verfügt über Erfahrungen im Projektmanagement, in der Geschäftsentwicklung, mit technischen Architekturen und für die Unterstützung objektorientierter Entwicklungsprozesse. Seine Fachkenntnisse stammen in erster Linie aus einer Vielzahl objektorientierter Entwicklungsprojekte. Als Führungspersönlichkeit und aufgrund seines technischen Wissens kann er Erfolge in der Erstellung neuer technologischer Systeme aufweisen. Er war an Projekten im militärischen Bereich, im Gesundheitswesen, für Echtzeit-Kontrollsysteme und aus dem Bankwesen beteiligt. Seine objektorientierten Projekte aus dem Bereich des Finanzwesens befassten sich mit dem Versicherungswesen, dem Investment-Banking und dem Privatkundengeschäft. Bevor er in die Firma Concept Five eintrat, spezialisierte er sich auf die Migration von Finanzsystemen zur objektorientierten Programmierung.

Raphael Malveau ist wissenschaftlicher Leiter der Firma Eidea Labs (www.eidea.com), die Objekt-Frameworks für Geschäftsunternehmen in Engineering-Fachgebieten entwickelt. Er ist Mitautor des Buches *CORBA Design Patterns*.

Hays »Skip« McCormick ist leitender Ingenieur im Emerging Technology Engineering Department der Firma MITRE-Washington. Er ist zurzeit Projektleiter für die National Imagery and Mapping Agency (NIMA) Interoperable Technology Reification with Objects (NITRO). Er verfügt sowohl aus der Perspektive der Sicherheit als auch aus der des Software-Engineering über weitreichende Erfahrungen im Bereich verteilter Systeme. Er hat sich mit künstlicher Intelligenz und der Entwicklung von Expertensystemen beschäftigt und zahlreiche Artikel für verschiedene ADPA- und AFCA-Konferenzen und Symposien veröffentlicht.

Hays McCormick ist Bakkalaureus der Computerwissenschaften der United States Naval Academy Annapolis, Maryland.

Dr. Tom Mowbray ist wissenschaftlicher Leiter der Firma Blueprint Technologies Inc. (www.blueprint-technologies.com), einem Unternehmen, das Tools für Entwurfsmuster entwickelt und Architektur-Consulting sowie Schulungen durchführt. Dr. Mowbray ist Ehrenstipendiat der Object Management Group und ist wie William Brown Mitautor der Kolumne *AntiPatterns* der Zeitschrift *Distributed Computing*. Er war als Autor an drei Büchern über verteilte Objektarchitekturen beteiligt: *The Essential CORBA, CORBA Design Patterns* und *Inside CORBA*. Außerdem schreibt er die Kolumne *Software Architecture* für das *OBJECT Magazine*.

Dr. Mowbray ist Bakkalaureus der Elektrotechnik (University of Illinois, Champaign-Urbana), Magister der Computerwissenschaften (Stanford University) und Doktor der Computerwissenschaften (University of Southern California).

Einleitung

AntiPattern-Beschreibungen sind anregend und es macht Spaß, sie mit Freunden zu diskutieren. Aber bleiben Sie ernst! Dieses Buch ist der Wahrheit über die Software-Technologie und Software-Entwicklung gewidmet. Es beschreibt, was tatsächlich mit der Technologie und in Software-Projekten geschieht. AntiPatterns beschreiben schlechte Designkonzepte, technische Vorgehensweisen und Entwicklungspraktiken, die zu qualitativ minderwertiger Software und zu Projektfehlschlägen führen. Das Buch beschreibt auch, wie gefährdete Projekte erkannt, Probleme vermieden und wie das Design und die Abläufe für eine erfolgreiche Software-Entwicklung verbessert werden können.

Können Sie die Wahrheit vertragen? Es ist erstaunlich schwer, die Wahrheit auszusprechen, und häufig wird das als politisch nicht korrekt und undiplomatisch betrachtet. Nicht jeden macht die Wahrheit glücklich. Um unsere Darstellung erträglich zu machen, greifen wir auf humoristische Elemente zurück, denn die Komödie ist die ernsteste Form der Tragödie. In Wahrheit ist der Zustand des Software-Engineering eine Tragödie: Fünf von sechs Software-Entwicklungsprojekten müssen als Fehlschlag betrachtet werden [Johnson 95]. Die meisten Software-Systeme, die ausgeliefert werden, erfüllen nicht die in sie gesetzten Erwartungen und bei nahezu jedem System handelt es sich um ein Stovepipe-System, das den sich ändernden Geschäftsbedürfnissen nicht angepasst werden kann.

Bei dem Versuch, diesen generellen Mangel von Software zu erklären, kamen wir zu dem Schluss, dass es in der Praxis viel mehr AntiPatterns als Entwurfsmuster gibt. Im Zeitalter des Internets ändern sich die Technologien so schnell, dass die Entwurfsmuster von gestern sehr schnell zu AntiPatterns von heute werden. Dieses Buch erklärt die gebräuchlichsten AntiPatterns, die in der Praxis, in Produkten und in der Literatur immer wieder anzutreffen sind. Für jedes AntiPattern wird ein Refactoring mit einer Lösung beschrieben, die auf praktischen Erfahrungen basiert.

Inhaltsübersicht

Der erste Teil dieses Buches (Kapitel 1 bis 4) enthält eine Einführung in die Entwurfsmuster und AntiPatterns. Anschließend wird ein AntiPattern-Referenzmodell vorgestellt, mit dem die allgemeinen Definitionen festgelegt werden, die in den Beschreibungen der AntiPatterns benutzt werden. Kundige Leser sollten mit der

Beschreibung des Referenzmodells in Kapitel 2 beginnen. Der zweite Teil (Kapitel 5 bis 7) enthält die Beschreibungen der AntiPatterns, die mit einer Diskussion ihrer Entwicklung beginnen. Anschließend werden die Architektur-AntiPatterns und die Management-AntiPatterns behandelt. Der dritte Teil des Buches verweist auf weitere Quellen für ein vertieftes Studium und die Anwendung der AntiPatterns.

AntiPatterns und Entwurfsmuster

AntiPatterns sind die nächste Generation der Entwurfsmuster-Forschung. Sie decken einen größeren Bereich ab, indem sie vorhandene Praktiken, herkömmliche Designs und erweiterte Möglichkeiten des Engineering vorstellen.

Ergänzende Materialien

Die AntiPattern-Homepage finden Sie unter der Adresse `www.serve.com/hibc/Anti-Patterns/index.htm`.

Zum Inhalt des Buches

Dieses Buch hilft Ihnen, gängige, immer wiederkehrende Hürden bei der Software-Entwicklung zu erkennen und zu vermeiden. AntiPatterns beschreiben Fehler, die uns sehr häufig unterlaufen, und deren Vermeidung bei entsprechender Konsistenz eine Erfüllung der ISO-Norm 9001 ohne Probleme zuließe. AntiPatterns bieten auch Lösungen an. Es wird gezeigt, wie vorhandene Probleme behoben und sich ständig wiederholende Fehler vermieden werden können. AntiPatterns beschreiben kurz zusammengefasst Probleme aus der Praxis. Die folgenden Fragen sollen zeigen, was AntiPatterns zu bieten haben:

1. *Welches sind die verbreitetsten Fehler beim Software-Design? Wie werden sie erkannt?* Mehr hierzu finden Sie im Kapitel 5 bei den AntiPatterns »The Blob« und »Poltergeister«.
2. *Wie kann mangelhafte Software überarbeitet werden?* Lesen Sie mehr hierzu im Kapitel 5 (AntiPattern Spaghetti Code) und in Kapitel 6 (Stovepipe Systems).
3. *Unser Projekt dreht sich bezüglich des Designs im Kreise; gibt es einen Ausweg?* Antworten finden Sie bei den AntiPatterns »Analysis Paralysis« in Kapitel 7 und »Design by Committee« in Kapitel 6.
4. *Wie kann ich feststellen, ob ein Software-Hersteller mich an der Nase herumführt?* Die AntiPatterns »Vendor Lock« (Kapitel 6) und »Smoke and Mirrors« (Kapitel 7) geben hierauf eine Antwort.
5. *Löst der neueste Standard oder die neueste Technologie unsere Probleme?* Lesen Sie, was in Kapitel 6 zum AntiPattern »Wolf Ticket« und in Kapitel 5 zum AntiPattern »Continuous Obsolescence« steht.
6. *Steht unser Software-Projekt kurz vor einem Desaster?* Antworten finden Sie bei den AntiPatterns »Death by Planning« in Kapitel 7 und Mushroom Management in Kapitel 5.
7. *Welche Fehler werden bei der Software-Wiederverwendung begangen?* Mehr hierzu finden Sie bei den AntiPatterns »Cut-and-Paste« Programmierung und »The Golden Hammer« in Kapitel 5.

AntiPatterns verdeutlichen die negativen Muster, die die Entwicklung blockieren, und zeigen, wie Probleme bei der Software-Entwicklung in Chancen umgewandelt werden. AntiPatterns dienen zwei wichtigen Zwecken: Sie helfen beim Erkennen von Problemen und sie helfen bei der Implementierung von Lösungen. Das Verstehen eines Problems ist der erste Schritt zu seiner Beseitigung. Lösungen sind wenig hilfreich, wenn das eigentliche Problem nicht bekannt ist. AntiPatterns haben unterschiedliche Ursachen und rufen die entsprechenden Symptome und Konsequenzen hervor. Wir zeigen Ihnen die Aspekte jedes AntiPatterns, um die Motivation für eine Änderung zu wecken. Anschließend bieten wir erprobte, immer wiederkehrende Lösungen für das AntiPattern an.

AntiPatterns stehen in enger Verbindung mit einem anderen wichtigen Software-Konzept, nämlich mit dem der Entwurfsmuster. Entwurfsmuster beschreiben immer wiederkehrende Lösungen. Ein Entwurfsmuster wird zum AntiPattern, wenn es mehr Probleme verursacht, als es löst.

Alle Entwurfsmuster haben Konsequenzen. Es gibt Situationen, in denen ein Muster eine gute Lösung für ein Problem bietet und andere Situationen, in denen es zum AntiPattern wird. Die kontextabhängigen Konsequenzen müssen verstanden werden, um eine wohl überlegte Entscheidung treffen zu können, die auch mögliche Nebeneffekte berücksichtigt. Wir untersuchen jedes AntiPattern vor diesem Hintergrund und beschreiben, wann ein AntiPattern Vorteile bieten kann:

- Auf der Ebene des Managements (Verwaltung von Prozessen und Menschen)
- Auf architektonischer Ebene (Definition einer technischen Strategie)
- Auf Entwicklungsebene (Programmierung)

Die AntiPatterns für die Ebenen des Managements, der Architektur und der Entwicklung werden in den Kapiteln 5 bis 7 beschrieben. Wenn Sie noch nichts über Entwurfsmuster oder AntiPatterns wissen, finden Sie in den Kapiteln 1 bis 3 eine Einführung in das Thema. Wer bereits Erfahrungen mit Entwurfsmustern hat, findet in Kapitel 2 eine Erklärung des AntiPattern-Referenzmodells. In Kapitel 3 wird die Mustervorlage für AntiPatterns beschrieben. Diese einführenden Kapitel sollen es Ihnen ermöglichen, optimalen Nutzen aus den Beschreibungen der AntiPatterns zu ziehen.

Warum Sie dieses Buch lesen sollten

Ein Verständnis der AntiPatterns ist aus mehreren Gründen für die erfolgreiche Software-Entwicklung von Bedeutung:

- *Sie stoßen überall auf AntiPatterns.* Es gibt wesentlich mehr Software-Projekte, die fehlschlagen, als solche, die erfolgreich sind. Schlechte Software-Designs, falsche Entscheidungen und Fehlentwicklungen sind viel häufiger als gelungene Projekte. Innerhalb der Software-Entwicklung stößt man immer wieder auf AntiPatterns, aber auch auf sehr effektive Lösungen. Das wird Ihnen klar, wenn Sie dieses Buch lesen.

- *AntiPatterns verdeutlichen die verbreitetsten Fehler beim Software-Design.* Ein schlechtes Design und mit Mängel behaftete Software ist immer das Resultat der gleichen Ursachen, allgemeiner Missverständnisse und klassischer Fehler. AntiPatterns erklären, wie schlechte Software entsteht, wie ein Refactoring eines schlechten Designs und schlechter Software möglich ist und wie die Wiederholung von Fehlern vermieden wird. Anhand der AntiPatterns können Sie lernen, wie Fehler rechtzeitig erkannt und behoben werden können, um ernstere Konsequenzen zu vermeiden.

- *AntiPatterns zeigen die Wahrheit über die Software-Branche.* Die kommerzielle Software-Technologie ist durchsetzt von Fehlern, Widersprüchen, falschen Versprechungen und AntiPatterns. Dieses Buch stellt die Wahrheit über Software-Technologien aus der Insider-Perspektive dar. AntiPatterns dokumentieren die wichtigen Informationen über kommerzielle Technologien, die Sie benötigen, um in einer Zeit überleben zu können, in der die Software-Entwicklung sich immer mehr auf standardmäßige Fertigprodukte für den Massenvertrieb konzentriert.

- *AntiPatterns veranschaulichen die Realität der Software-Projekte.* Die meisten Software-Projekte verlaufen chaotisch. Ihr Verlauf ist nicht vorhersehbar und ein negativer Verlauf kann möglicherweise die eigene Karriere gefährden. AntiPatterns erklären, wie Software-Projekte tatsächlich funktionieren und wie mit vermeidbaren negativen Konsequenzen umgegangen werden kann.

- *AntiPatterns sind für eine Änderung des Managements erforderlich.* Sie sorgen für eine klare Definition negativer Entwicklungspraktiken und eignen sich zur Beschreibung von Praktiken, die Sie in Ihrer Firma ändern möchten. Dieses Buch enthält eine umfangreiche Liste von AntiPatterns, die Änderungen im Management unterstützen.

- *AntiPatterns definieren eine wichtige Terminologie.* Jedes AntiPattern definiert eine eingängige Terminologie für allgemeine Praktiken bei der Software-Entwicklung. Mit vielen AntiPattern-Begriffen wird beschrieben, warum etwas falsch läuft. Wie die Entwurfsmuster beziehen sich die AntiPatterns mit einer Kernaussage auf komplexe Konzepte. Es ist nicht mehr länger erforderlich, diese Konzepte neu zu erfinden. Unternehmen und Personen, die diese Terminologie benutzen, können ihre Effektivität steigern.

- *AntiPatterns sind eine effektivere Form der Entwurfsmuster.* Die Entwurfsmuster haben ihre Berechtigung. Für die CORBA-Entwurfsmuster wurden einige der Nachteile ihrer literarischen Form erörtert [Malveau 97]. In diesem Buch gehen wir weit darüber hinaus: Das Paradigma der Entwurfsmuster wird neu definiert und mit den AntiPatterns zu einer vollständig neuen Form erweitert.

Die AntiPatterns als Form sind im Internet sporadisch aufgetaucht. Sie wurden ungezwungen von Autoren verfasst, die sich auch mit Entwurfsmustern beschäftigt hatten. Einige Internet-Foren zeigen, dass auch die Anhänger der Entwurfsmuster die AntiPatterns für ein lohnenswertes Forschungsobjekt halten. In diesem Buch wird das Konzept der AntiPatterns vollständig entwickelt und wir sind zu dem Schluss gekommen, dass AntiPatterns eine in höchstem Maße effektive Form der Problemlösung sind.

Es seien einige der Hauptgründe für die These, dass AntiPatterns so effektiv sind, genannt: Normale Entwurfsmuster beginnen mit einer längeren Diskussion des Kontexts und der Kräfte, die logischerweise zu einer eindeutigen Lösung führen. Und wenngleich auch die Lösung der Entwurfsmuster im Verhältnis zur literarisch umständlichen Form, die auf sie hinführt, einfach und nahe liegend erscheinen mag, finden viele Leser diesen Stil umständlich. AntiPatterns beginnen dagegen mit einer Situation aus der Praxis, die zu dramatischen Konsequenzen führt. Durch Hervorhebung der möglichen Katastrophe beschreiben AntiPatterns spannende Situationen anstatt abstrakter Kräfte. Auf die Beschreibung des AntiPatterns folgt eine Lösung. Durch Herausarbeiten der Symptome und Konsequenzen definieren AntiPatterns eine schlüssige Begründung für erforderliche Veränderungen, die ein normales Entwurfsmuster nicht bieten kann. Darüber hinaus fesseln AntiPatterns Ihr Interesse und Ihre Vorstellungskraft viel mehr, als Entwurfsmuster das könnten.

Lesen Sie dieses Buch unvoreingenommen und Sie werden feststellen, dass die Beschäftigung mit AntiPatterns sehr anregend ist. AntiPatterns basieren auf realen Komödien und Tragödien aus der Welt der Software-Entwicklung. Wir hoffen, dass Ihnen das Lesen so viel Freude bereitet wie uns das Schreiben und Erörtern der AntiPatterns.

Abb. Z.1: Entscheidungen von Führungskräften können zu AntiPatterns führen.

Teil I

AntiPatterns – Einführung

Kapitel 1

Design Patterns und AntiPatterns – Einführung

AntiPatterns sind das neueste Konzept in einer Reihe revolutionärer Veränderungen in der EDV und Software-Entwicklung. Die Software-Entwicklung kann zwar demnächst auf eine fünfzigjährige Geschichte der Entwicklung programmierbarer digitaler Systeme zurückblicken, einige grundlegende Probleme bei der Umsetzung von Prozessen in Anwendungssoftware durch den Menschen müssen aber noch gelöst werden. Viele der Hauptprobleme entstehen in den durch den Menschen geprägten Prozessen, die Weitsicht und Kooperation erfordern, um Systeme verwirklichen zu können. Die überwiegende Mehrheit der Arbeiten zur Software-Entwicklung hat sich auf positive, konstruktive Lösungen konzentriert. Dieses Buch unterscheidet sich von diesen Arbeiten insofern, als zu Beginn die negativen Lösungen untersucht werden.

Forscher und Praktiker mit akademischem Hintergrund haben Tausende innovativer Herangehensweisen zur Entwicklung von Software entworfen, angefangen von vorhandenen neuen Technologien bis hin zu progressiven Prozessen. Aber trotz aller guten Ideen ist die Wahrscheinlichkeit für deren praktische Umsetzung durch Manager und Entwickler gering. Eine Untersuchung von Hunderten von Entwicklungsprojekten für Firmenlösungen hat ergeben, dass fünf von sechs Projekten als gescheitert betrachtet werden [Johnson 95], und ungefähr ein Drittel der Software-Projekte wird abgebrochen. Bei den verbleibenden Projekten ist das Ergebnis fast doppelt so teuer und hat doppelt so viel Zeit benötigt, wie veranschlagt.

> »Legen Sie die Sicherheitsgurte an – die Nacht wird böig.«
>
> – Joseph L. Mankiewicz

Nahezu alle entwickelten Systeme sind Stovepipe-Systeme, die nicht verändert werden können. Anpassungsfähigkeit ist wahrscheinlich eine der wichtigsten Qualitäten von Software. Über die Hälfte der Software-Entwicklungskosten wird für notwendige Änderungen oder Systemerweiterungen ausgegeben [Horowitz 93]. Zirka 30% der Entwicklungskosten werden durch Veränderungen während der Systementwicklung verursacht.

1.1 AntiPattern: AntiHype

Aufgabe der Software war es, digitale Hardware flexibler zu gestalten. Die Software-Technologie hat aber stattdessen nur eine Reihe nicht eingehaltener Versprechen verkündet. Das erste war die Behauptung, dass Software die Hardware flexibler machen soll. Was ist falsch gelaufen? Jeder konnte im Verlauf seiner beruflichen Entwicklung eine Reihe von Software-Blüten aufgehen und wieder vergehen sehen, die in eingeschränkter Weise für spezielle Aspekte der Software-Entwicklung hilfreich waren, aber nie die versprochene Patentlösung lieferten (siehe Abbildung 1.1). Erinnern Sie sich noch an einige dieser Trends?

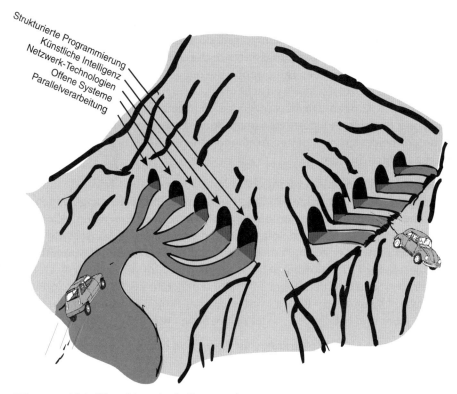

Abb. 1.1: Viele Wege führen in die Katastrophe

- Die strukturierte Programmierung sollte die Produktivität bei der Software-Entwicklung erhöhen und die wichtigsten Software-Mängel beheben.
- Die künstliche Intelligenz sollte Computer leistungsfähiger machen.
- Netzwerk-Technologien sollten dafür sorgen, dass alle Systeme und Programme miteinander kooperieren können.
- Offene Systeme und Standards sollten Anwendungen portierbar und dialogfähig machen.

- Die Parallelverarbeitung sollte Rechner leistungsfähiger und skalierbarer machen.
- Die Objektorientierung sollte die Probleme der Produktivität und Adaptierbarkeit lösen sowie für in hohem Maße wiederverwendbare Software sorgen.
- Frameworks sollten die Wiederverwendbarkeit von Software erhöhen und die Software-Entwicklung produktiver gestalten.

Diese Zielsetzungen klingen wie nicht eingehaltene Versprechen, wobei jeder neue Software-Trend ähnliche Versprechen macht. Viele der aktuellen Software-Entwicklungstendenzen sind noch nicht abgeschlossen, aber die Ziele klingen ähnlich wie die früher proklamierten. Zu den aktuellen Themen gehören:

- Das Internet
- Komponenten-Software
- Verteilte Objekte
- Business-Objekte
- Software-Wiederverwendung
- Skript-Sprachen
- Software-Agenten

Wir haben versprochen, die ganze Wahrheit über Software zu sagen, und das meinen wir auch so. Ein Ziel dieses Buches ist es, den für die Software-Technologie typischen endlosen Kreis von Versprechungen und Enttäuschungen zu durchbrechen.

Es sei darauf hingewiesen, dass nicht nur die Hersteller verantwortlich sind. Viele Software-Probleme können auch von den Anwendungsentwicklern und Projektleitern vermieden werden. Unabhängig von den Versprechungen der Hersteller liegt es an ihnen, wie sie die Technologie erfolgreich einsetzen.

1.2 Die Wahrheit über die Software-Technologie

84% der Software-Projekte schlagen fehl und nahezu in allen Fällen werden Stovepipe-Systeme abgeliefert. Warum ist das so?

Die Hersteller behaupten:

- Unsere neue Technologie ändert das gesamte Paradigma.
- Business-Objekte erlauben einfachen Entwicklern produktiveres Arbeiten (»Business-Objekte« kann durch ein beliebiges anderes Schlagwort ersetzt werden).

- Alle von Ihnen gewünschten Features stehen binnen sechs Monaten zur Verfügung.
- Vertragliche oder gesetzliche Gewährleistungen für unsere Software sowie die allgemeine Tauglichkeit oder Eignung für einen bestimmten Zweck wird nicht zugesichert. Hersteller garantieren in den seltensten Fällen, dass ihre Software für irgendetwas nützlich ist. Treten Schäden auf, dann liegt die Verantwortung nie beim Hersteller. Proprietäre Technologien ändern sich alle vier bis 18 Monate. Rasche technologische Veränderungen können die Kosten für die Software-Pflege in die Höhe treiben und sich auf die Software-Entwicklung auswirken. Nach dem Verkauf einer Software-Lizenz erhoffen sich die Hersteller vierfache Einnahmen vom gleichen Kunden, die durch Schulung, Beratung, Support und Wartung entstehen. Kann es sein, dass der Hersteller umso mehr verdient, je mehr Schwierigkeiten der Anwendungsentwickler hat?

Software-Gurus versichern Ihnen:

- Die neuen Methoden stellen alles bisher da Gewesene in den Schatten.
- Die Tools unterstützen die Software-Entwicklung in jeder Form, einschließlich der Codegenerierung.
- Sie brauchen noch mehr Tools!
- Sie müssen besser geschult werden!
- Sie benötigen mehr Beratung!

Abb. 1.2: Die Software-Technologie im Steinzeitalter ihrer Entwicklung

Gurus misstrauen sich gegenseitig und ändern ihre Meinungen häufig. Sie vertreten auch neue Ideen, die denjenigen widersprechen, die sie in der Vergangenheit angepriesen haben. Die Methodik der Gurus ist zu generisch für ein reales Projekt. Die wichtigen Details ihrer Methoden bleiben in den teuren Produkten verborgen, beispielsweise ist die Codegenerierung der Modellierungstools von einer echten Produktionsqualität noch meilenweit entfernt. Noch häufiger werden wichtige Details überhaupt nicht preisgegeben.

Das Fazit ist, dass sich unabhängig von allem Medienrummel und allen Versprechungen die Software-Technologie noch in der Steinzeit ihrer Entwicklung befindet (siehe Abbildung 1.2). Anwendungsentwickler, Projektleiter und Endanwender zahlen den Preis dafür.

1.3 Was ist ein AntiPattern?

Ein AntiPattern ist die Beschreibung einer allgemein verbreiteten Problemlösung, die entschieden negative Konsequenzen nach sich zieht. Das AntiPattern kann infolge mangelnder Kenntnisse eines Projektleiters oder Entwicklers entstehen, dem es an Erfahrungen zur Lösung eines bestimmten Problemtyps fehlt oder der ein an sich perfektes Muster im falschen Kontext anwendet. Ein korrekt dokumentiertes AntiPattern beschreibt ein allgemeines Problemmodell, die primären Problemauslöser, die Symptome, an denen das Modell zu erkennen ist, die Konsequenzen, die sich aus dem allgemeinen Modell ableiten lassen, und liefert ein Refactoring des AntiPatterns.

AntiPatterns sind eine Methode für die effiziente Zuordnung einer allgemeinen Situation zu einer speziellen Klasse von Lösungen. Das allgemeine Modell des AntiPatterns bietet ein leicht erkennbares Muster für die entsprechende Problemklasse. Außerdem werden die auftretenden Symptome sowie die üblicherweise zugrunde liegenden Ursachen des Problems eindeutig genannt. Insgesamt bilden diese Musterelemente eine umfassende Fallbeschreibung eines bestimmten AntiPatterns. Dieses Modell mindert den am weitesten verbreiteten Fehler bei der Verwendung von Entwurfsmustern: die Anwendung eines bestimmten Entwurfsmusters im falschen Kontext.

AntiPatterns liefern praktische Lösungen für das Erkennen von in der Software-Herstellung wiederholt auftretenden Problemen und zeigen Gegenmaßnahmen für die häufigsten Problemsituationen. AntiPatterns behandeln die wichtigsten Probleme der Software-Herstellung und bieten die Werkzeuge, mit denen diese Probleme und die zugrunde liegenden Ursachen erkannt werden können. Darüber hinaus stellen AntiPatterns einen detaillierten Plan für die Vermeidung dieser Ursachen und die Implementierung produktiver Lösungen vor. AntiPatterns beschreiben effektive Gegenmaßnahmen, mit denen auf unterschiedlichen Ebenen die Anwendungsentwicklung, der Entwurf von Software-Systemen und das effektive Management von Software-Projekten verbessert werden kann.

AntiPatterns stellen allgemeine Begriffe für die Identifizierung von Problemen und die Diskussion von Lösungen zur Verfügung. AntiPatterns definieren wie ihre Pendants, die Entwurfsmuster, ein praxisbezogenes Vokabular für verbreitete fehlerhafte Abläufe und Implementierungen aus der Praxis. Stärker abstrahierende Begriffe vereinfachen die Kommunikation zwischen den Software-Praktikern und ermöglichen prägnante Beschreibungen abstrakter Konzepte.

AntiPatterns unterstützen eine ganzheitliche Problemlösung, wobei gegebenenfalls organisatorische Ressourcen unterschiedlicher Ebenen eingesetzt werden. AntiPatterns verlangen ausdrücklich die Zusammenarbeit von Kräften der unterschiedlichen Management- und Entwicklungsebenen. Viele Software-Probleme haben ihre Wurzeln auf den Ebenen der Verwaltung und der Organisation, daher wären Versuche, Entwicklungs- und strukturelle Muster ohne Berücksichtigung der Kräfte auf anderen Ebenen zu diskutieren, unvollständig. Aus diesem Grund wird in diesem Buch in aller Ausführlichkeit versucht, die wichtigen Kräfte vieler unterschiedlicher Ebenen zusammenzuführen, um die Kernproblembereiche zu beschreiben und anzugehen.

AntiPatterns reduzieren den Stress durch Verallgemeinerung der am häufigsten auftretenden Problemsituationen bei der Software-Entwicklung. Oft ist es bei der Software-Entwicklung wesentlich einfacher, eine Problemsituation zu erkennen, als eine Lösung zu implementieren. In Situationen, wo es keine Möglichkeit gibt, eine Anti-Pattern-Lösung zu implementieren, mag sich derjenige, der die Konsequenzen tragen muss, damit trösten, dass viele andere sein Problem partiell oder vollständig teilen. In einigen Fällen, in denen das AntiPattern ernste Folgen nach sich zieht, kann das AntiPattern auch Auslöser dafür sein, sich nach einer anderen Beschäftigung umzuschauen.

1.4 Woher kommen die AntiPatterns?

Die Sprachen der Entwurfsmuster haben die Gemeinde der Programmierer im Sturm eingenommen und reflektieren den starken Wunsch der Software-Profis, die Qualität und Standards zu steigern. Der inhärente Wert der Entwurfsmuster ist angesichts der steigenden Anzahl von Projekten, bei denen die Verwendung und Schaffung wiederverwendbarer Entwurfsmuster für deren Erfolg verantwortlich ist, unbestritten. Das aktuelle Paradigma greift aber für die angestrebte Angebotspalette und die Anwendungsbereiche der Entwurfsmuster zu kurz, was zu einer neuen Variante führt, die den vorhandenen Definitionen von Mustern entgegensteht. Diese neue Variante ist das AntiPattern. Um seine Bedeutung für die Software-Entwicklung vollständig begreifen zu können, müssen Sie dessen Ursprünge kennen und wissen, wie das Phänomen der Entwurfsmuster zum AntiPattern geführt hat.

Die Idee des Entwurfsmusters stammt von dem Architekten Christopher Alexander, der eine Sprache für Entwurfsmuster beschrieben hat, die für die Stadtplanung und den Bau von Gebäuden innerhalb der Städte gedacht war [Alexander 77]. Diese Sprache der Entwurfsmuster formulierte klar die Vision, wie Architektur modelliert werden sollte, und sie erklärt, warum bestimmte Städte und Gebäude eine bessere Umwelt schaffen als andere. Diese Methode, das Fachwissen zu bündeln, war insofern innovativ, als es viele der »Soft«-Attribute darlegte, die zuvor nur nach Jahren des Sammelns von Erfahrungen bei der Stadtplanung und Entwicklung zur Verfügung standen.

1.4.1 Das Portland Pattern Repository

Das Portland Pattern Repository (http://c2.com/ppr/) veröffentlicht eine ständig erweiterte Sammlung von Entwurfsmustern und Mustersprachen. Es wird von Ward und Karen Cunningham (Cunningham and Cunningham Inc.) gesponsert und bietet im Internet die Gelegenheit zur Zusammenarbeit mit anderen von den Entwurfsmustern Begeisterten. Auch AntiPatterns werden auf dieser Site behandelt.

Im Jahr 1987 haben mehrere der führenden Software-Entwickler die Arbeit von Alexander aufgegriffen und für die Dokumentation von Designentscheidungen bei der Entwicklung von Software angewendet. Insbesondere haben Ward Cunningham und Kent Beck eine Sprache für Entwurfsmuster für die Entwicklung von Benutzerschnittstellen mit der Programmiersprache SmallTalk entworfen. In den folgenden Jahren wurde sie von vielen aufgegriffen, die ähnliche Ideen zur Verwendung von Entwurfsmustern zur Unterstützung eines wiederverwendbaren Software-Designs hatten, was zu einem wachsenden Interesse an den Entwurfsmustern führte.

Worin lag die Anziehungskraft der Arbeit von Christopher Alexander für die Software-Entwicklung? Für die Beantwortung dieser Frage muss die damalige Krise der Software-Entwicklung berücksichtigt werden. Selbst in den 80er Jahren war die Anzahl talentierter Entwickler für die objektorientierte Software-Entwicklung noch viel zu klein, um den Anforderungen der Hersteller gerecht zu werden. Außerdem hatte es die Informatik versäumt, ein detailliertes Wissen für Problemlösungen und die Entwicklung dynamischer Software-Lösungen bereitzustellen, das den veränderten Anforderungen der Software-Industrie gerecht werden konnte. Ein solches Wissen konnte nur durch jahrelange praktische Erfahrungen gewonnen werden, wobei die unmittelbaren Ansprüche der Software-Industrie kaum Zeit dazu ließen, weniger erfahrene Mitarbeiter durch die erfahreneren anlernen zu lassen. Infolge des schnellen Produktionsumschlages waren viele Hersteller nicht geneigt, die Zeit der erfahrenen Mitarbeiter dafür zu nutzen, andere anzulernen, anstatt überlebenswichtige Software-Probleme zu lösen. Daraus entstand das dringende und notwendige Bedürfnis, eine wiederholt einsetzbare Form für das Zusammenfassen der Erfahrungen der gestandenen Entwickler zu finden, um die weniger erfahrenen Mitarbeiter voranbringen zu können. Darüber hinaus ließen sich die Entwurfsmuster auf industrieller Ebene dafür einsetzen, einen Dialog für die Entwicklung übergreifender Design-Lösungen für die zentralen Einsatzgebiete anzustoßen, um eine übergreifende und globale Zusammenarbeit zu ermöglichen.

Christopher Alexander war davon ausgegangen, dass beim Entwurf physischer Strukturen die meisten Prozesse zwar variabel sind, es aber immer einen allen anderen Prozessen zugrunde liegenden gemeinsamen invarianten Prozess gibt, der die Prinzipien des Strukturentwurfs und der Realisierung exakt definiert. Solche invarianten Prozesse sind der heilige Gral der Software-Entwicklung, weil sie ein allgemeines Rahmenwerk des Wissens bilden, auf dem fachspezifische Software-Lösungen aufgebaut werden können, anstatt weitere spezifische, nicht kompatible Stovepipe-Lösungen zu entwickeln.

Erst im Jahr 1994 hat das Entwurfsmuster die Hauptströmung der objektorientierten Software-Entwicklung erobert. Mitte des Jahres 1994 hat die Hillside Group die erste und inzwischen historische Konferenz zum Thema Software-Entwurfsmuster unter dem Titel Pattern Languages of Program Design (PLoP) veranstaltet, deren Gegenstand zahlreiche Entwurfsmuster und Sprachen für die Entwicklung von Software-Anwendungen waren. Hervorzuheben ist der Beitrag von James Coplien mit dem Titel *A Development Process Generative Pattern Language*, der das erste Beispiel eines für die Organisationsanalyse angewendeten Entwurfsmusters lieferte [Coplien 94]. Dieser Beitrag hat sofort dazu beigetragen, dass sich das Engagement für die Entwurfsmuster nicht nur auf die Software, sondern auch auf die Analyse, auf organisatorische und Belange der Lehre ausgeweitet hat.

Zuvor war das inzwischen klassische Buch *Entwurfsmuster: Elemente wiederwendbarer objektorientierter Software* [Gamma 94] erschienen. Dieses Buch stieß bei den Entwicklern objektorientierter Software auf größtes Interesse, weil es zahlreiche allgemeine, praxisorientierte Design-Konstrukte vorstellte, die für die meisten Software-Projekte leicht anwendbar waren. Noch wichtiger ist, dass die beschriebenen Entwurfsmuster von vielen als beschreibende Konstrukte erkannt wurden, die sie bereits in früheren Software-Projekten angewendet hatten.

Die ersten Reaktionen der Software-Hersteller waren generell positiv, weil der Begriffs- und Entwurfschwerpunkt von der Ebene der Datenstrukturen und Programmiersprachen mit den alsbald die Designdiskussion beherrschenden Begriffen *Fassade*, *Adapter* und *Besucher* auf die Ebene der Architektur gehoben wurde. Software-Entwickler organisierten oft Basisgruppen, die die Entwurfsmuster in den Software-Entwicklungsprojekten einsetzten und deren Verwendung durch andere durchsetzen sollten. Überall auf der Welt wurden Arbeitsgruppen zu den Entwurfsmustern eingerichtet, die deren Einsatz als Ausgangspunkt für eine Qualitätssteigerung der Software diskutierten. Es tauchten Berater auf, die die Unternehmen beim Einsatz der Entwurfsmuster durch noch unerfahrene Entwickler unterstützen sollten. Am Horizont erschien die Vision, dass die Entwurfsmuster ein Schritt auf dem Weg zur Revolutionierung der gesamten Software-Herstellung seien, die sich auf die Wiederverwendbarkeit und einen effektiveren Umgang des Software-Engineering mit den sich verändernden Anforderungen konzentriert.

1.4.2 Wie ein Software-Projekt gekippt wird

- Zeigen Sie dem gleichen Publikum zweimal die gleiche Demo.
- Konzentrieren Sie sich auf Technologien und nicht auf Probleme und Szenarien.
- Versäumen Sie, maximalen Nutzen aus getätigten Investitionen zu ziehen. Die Entwicklung erprobter Prototypen ist beispielsweise effektiver, als einem vorhandenen Prototyp neue Inhalte hinzuzufügen.
- Verlagern Sie den Projektschwerpunkt von einem größeren auf einen kleineren Rahmen.
- Vernachlässigen Sie die Konsistenz zwischen aufeinander folgenden Versionen.
- Koppeln Sie die Bemühungen des Teams von anderen Gruppen innerhalb des Unternehmens ab.
- Programmieren Sie vorhandene Clients, Server und Anwendungen neu.
- Ändern Sie den Zweck des Systems, so dass die Modelle den falschen Schwerpunkt und die falschen Objekte beschreiben.

Seit 1994 ist die Anzahl der Veröffentlichungen zu den Entwurfsmustern exponentiell angestiegen, was sowohl eine positive als auch eine negative Seite hat. Dem erfahrenen objektorientierten Entwickler steht jetzt eine breite und wachsende Basis wiederverwendbarer Entwurfsmuster für die Software-Entwicklung zur Verfügung. Außerdem sind ein ganzer Berg von Veröffentlichungen und Seminarangeboten verfügbar, die der Entwickler zur Erweiterung seiner Kenntnisse für die Dokumentation der Entwurfsmuster nutzen kann, damit diese von anderen Entwicklern problemlos benutzt werden können. Der Nachteil besteht darin, dass viele bei der Verwendung von Entwurfsmustern nicht genau analysieren, wie anwendbar ein bestimmtes Entwurfsmuster oder eine Sprache für die spezifischen Entwurfsbedingungen sind. Einige Entwickler versuchen auch, mit dem Rüstzeug ihrer Kenntnisse eifrig alles mit einem oder mehreren Entwurfsmustern Lösbare zu klassifizieren, bevor sie versuchen, eine Analyse durchzuführen und abzuschließen.

Im Jahr 1996 hat Michael Akroyd für die Konferenz *Object World West* eine Präsentation unter dem Titel *AntiPatterns: Impfungen gegen Objektmissbrauch* vorbereitet [Akroyd 96]. Seine Präsentation basierte auf einer detaillierten Analyse der objektorientierten Literatur und war ein Versuch, eine Konvergenz von Ideen zur Objektorientierung zu definieren. Die Präsentation konzentrierte sich auf das Erkennen schädlicher Software-Konstrukte, die in vielen Software-Projekten immer wieder auftreten. Es handelte sich um die Antithese zu den *Gang of Four (GoF)*-Mustern (Anm. d. Übersetzers: *Gang of Four = Viererbande*, gemeint sind die Autoren des Buchs *Entwurfsmuster: Elemente wiederwendbarer objektorientierter Software* [Gamma 94]), die die Verwendung eines erprobten, guten Designs favorisiert, das beim Erstellen neuer Software angewendet werden kann.

Vor Akroyd wurde der Begriff der AntiPatterns bereits von anderen beiläufig aufgegriffen, er war aber der Erste mit einem formalen Modell. Die Diskussion über die Nützlichkeit der AntiPatterns begann parallel mit der Einführung der Entwurfsmuster. Eine vergleichbare Arbeit auf dem Gebiet der Software basierend auf dem Erkennen disfunktionalen Verhaltens und des Refactoring einer Lösung wurde von Fred Brooks [Brooks 79], Bruce Webster [Webster 95], James Coplien [Coplien 95] und Andrew Koenig geleistet.

Da sehr viele Autoren zum Begriff der AntiPatterns beigetragen haben, wäre es nicht gerecht, die ursprüngliche Idee für die AntiPatterns einer einzigen Quelle zuzuschreiben. Die AntiPatterns sind vielmehr ein natürlicher Schritt bei der Vervollständigung und Erweiterung des Modells der Entwurfsmuster. Unsere AntiPatterns versuchen, den Graben zwischen dem akademischen Formalismus der GoF-Entwurfsmuster und kompetenten Software-Entwicklern zu überbrücken, die mehr Kontextinformationen benötigen, um analysieren und entscheiden zu können, ob ein bestimmtes Verfahren für eine spezifische Situation angemessen ist.

1.4.3   Untersuchungen zu AntiPatterns

> »*Das Studium der AntiPatterns ist ein wichtiger Beitrag zur Forschung. Das Vorhandensein 'guter' Muster in einem funktionierenden System reicht nicht aus; Sie müssen auch zeigen, dass diese Muster bei nicht funktionierenden Systemen fehlen. Dementsprechend ist es nützlich, das Vorhandensein bestimmter Muster (AntiPatterns) in nicht funktionierenden Systemen und ihr Fehlen in funktionierenden Systemen nachzuweisen.*«
>
> *– James Coplien*

Das Konzept der AntiPatterns ist die erste wichtige Forschungsinitiative im Bereich der Software, die sich auf negative Lösungen konzentriert. Angesichts der Häufigkeit von Software-Fehlern und Misserfolgen von Projekten bietet die Erforschung negativer Lösungen wahrscheinlich ein breiteres Feld. Bei der Untersuchung der AntiPatterns versuchen wir, sich wiederholende negative Lösungen zu kategorisieren, zu benennen und zu beschreiben. Damit ist aber das Ziel noch nicht erreicht. Jedem AntiPattern werden ein oder mehrere Entwurfsmuster gegenübergestellt, die konstruktive Alternativen für die Lösung der Kernprobleme bieten.

Die AntiPatterns werden aus drei Perspektiven betrachtet: aus der des Entwicklers, aus der des Software-Architekten und aus der des Projektleiters:

- Zu den *entwicklungsbezogenen AntiPatterns* gehören technische Probleme und Lösungen, die den Programmierer betreffen.
- Die *Architektur betreffende AntiPatterns* benennen und lösen allgemeine Probleme der Systemstruktur.
- *Projektbezogene AntiPatterns* beziehen sich auf allgemeine Probleme bei Software-Prozessen und der Software-Entwicklung.

Diese drei Bereiche sind für die Software-Entwicklung von elementarer Bedeutung und viele Probleme tauchen in den einzelnen Bereichen auf.

1.5 AntiPatterns: Das Buch

In diesem Kapitel wurde die Entwicklung der AntiPatterns und ihre Bedeutung für Verbesserungen bei der Software-Entwicklung beschrieben. *AntiPatterns* bieten eine effektive Möglichkeit zur Beschreibung der problematischen Entwicklung und organisatorischer Belange bei der Software-Entwicklung und zeigen Wege zur Lösung auf. Die verbleibenden Kapitel dieses Buches befassen sich mit folgenden Themen:

- Kapitel 2 stellt das Referenzmodell der AntiPatterns vor. Das Referenzmodell definiert alle allgemeinen Konzepte für die Definition der AntiPatterns, die in Teil II beschrieben werden.
- Kapitel 3 beschreibt zwei Formen von AntiPatterns: das minimale und das vollständige AntiPattern-Muster. Mini-AntiPatterns sind grau hinterlegt.
- Kapitel 4 erläutert die Folgen der AntiPatterns für den Software-Entwickler. Es bietet einen Leitfaden und Regeln für den Umgang mit AntiPatterns. Außerdem wird die Formulierung eigener AntiPatterns behandelt.
- Teil II befasst sich mit den Spezifika der AntiPatterns und der Mini-Anti-Patterns.
- In Kapitel 5 werden AntiPatterns für die Software-Entwicklung definiert.
- In Kapitel 6 werden AntiPatterns für die Software-Architektur definiert.
- In Kapitel 7 werden AntiPatterns für das Software-Projektmanagement definiert.

- Die Anhänge in Teil III enthalten Hintergrundinformationen, ein Verzeichnis der Abkürzungen, ein Glossar, Kurzbeschreibungen von AntiPatterns und die Bibliografie.

Kapitel 2

AntiPatterns – Das Referenzmodell

Dieses Kapitel enthält einen Überblick über das Referenzmodell und die Mustervorlage für die AntiPatterns aus den Kapiteln 5 bis 7. Außerdem werden die allgemeinen Definitionen und Konzepte für die AntiPatterns in diesem Buch vorgestellt.

Wie aus Abbildung 2.1 hervorgeht, sind Design Patterns, dt. Entwurfsmuster und AntiPatterns verwandte Konzepte. Ein Entwurfsmuster besteht im Wesentlichen aus einem Problem und einer Lösung. Das Problem wird normalerweise über den Kontext und anwendbare Design-Vorgaben beschrieben. Die Lösung soll die Design-Vorgaben nutzbringend, mit Konsequenzen und Folgeproblemen lösen. Die neuen Probleme führen zur Anwendung anderer Muster. Entwurfsmuster sind allgemein verbreitete praktische Lösungen. Um als Muster betrachtet zu werden, muss die Lösung mindestens dreimal beobachtet werden. Da keines von drei Vorkommen identisch sein kann, ist das Entwurfsmuster eine Abstraktion dieser Beobachtungen.

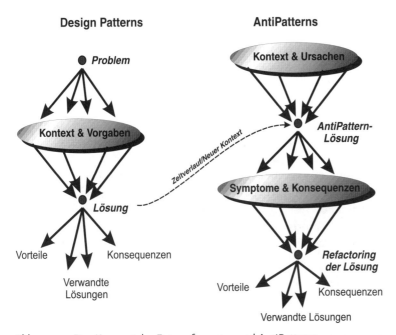

Abb. 2.1: Das Konzept der Entwurfsmuster und AntiPatterns

Ein Entwurfsmuster unterscheidet sich von anderen Formen des Software-Wissens durch die Verwendung einer *Vorlage* (Template), eines konsistenten Entwurfs für die Musterdokumentation, die für eine adäquate Lösung, für Design-Vorgaben und andere Konsequenzen sorgt. Diese Vorlage enthält nützliche, vorgegebene Argumente, die die Anwendung des Musters rechtfertigen und Konsequenzen vorhersagbar machen.

Ein AntiPattern besteht im Gegensatz zu den gewöhnlichen Entwurfsmustern mit einem Problem und einer Lösung seinem Wesen nach aus zwei Lösungen. Die erste Lösung ist *problematisch*. Es handelt sich um eine weit verbreitete Lösung, die zu vorwiegend negativen Konsequenzen führt. Die zweite Lösung ist ein *Refactoring* der ersten Lösung. Sie entspricht einer allgemein verbreiteten Methode, mit der das AntiPattern aufgelöst und eine Umgestaltung in eine vorteilhaftere Form vorgenommen werden kann. Ralph Johnson, einer der wichtigsten Verfechter der AntiPatterns, hat sehr viel der Arbeit für diesen Bereich geleistet. Weitere Informationen finden Sie im Internet unter der Adresse `st-www.cs.uiuc.edu/users/droberts/tapos/TAPOS.html`.

Entwurfsmuster und AntiPatterns sind miteinander verwandt. Entwurfsmuster können sich oft zu einem AntiPattern entwickeln. Ein beliebtes Muster wie etwa die prozedurale Programmierung kann das beliebte Paradigma einer Ära sein und in der nächsten Ära in Missgunst fallen, wenn die Konsequenzen besser erkannt werden. Der Unterschied zwischen den Lösungen der Entwurfsmuster und der AntiPatterns liegt im Kontext: Ein AntiPattern ist ein Muster im falschen Kontext. Wenn ein Muster zum AntiPattern wird, ist es nützlich, über eine Herangehensweise für die Entwicklung einer besseren Lösung zu verfügen. Dieser Prozess der Veränderung, Migration oder Evolution wird als *Refactoring* bezeichnet. Beim Refactoring wird eine Lösung in eine andere mit einer verbesserten Struktur umgewandelt, die entscheidende Vorteile bietet.

Eines der Schlüsselprobleme bei den Mustern ist die Lesbarkeit. Die Musterbeschreibungen beginnen häufig mit einer weitschweifigen Beschreibung des Kontexts und der Design-Vorgaben. Die Lösung erscheint im Verhältnis zur weit ausholenden Diskussion der Vorgaben in der Einleitung oft ganz nahe liegend. In unserem Buch über CORBA-Entwurfsmuster wurde dieses Problem dadurch gelöst, dass für ein schnelles Verständnis des Musterzwecks und Lösungskonzepts eine Gliederung der Mustervorlage vorgenommen wurde. Dies wurde durch die Verwendung eines Referenzmodells verwirklicht, das einen konzeptionellen Rahmen und allgemeine Konzepte für alle Muster einer Sprache definiert.

Bei den AntiPatterns wird dieses Konzept noch einige Schritte weitergeführt. Ein AntiPattern beschreibt das Problem als allgemein auftretenden Fehler. Die fehlerhafte Lösung verschlimmert die Katastrophe, der ein Kernproblem zugrunde liegen kann. Diese Steigerung des Problems ist ein wesentlicher Schritt in vielen Tätigkeitsbereichen. Beim Testen von Software verschärft der Tester beispielsweise

Fehler so stark, dass es zu einem Systemabsturz kommen kann, um auf diese Art die Aufmerksamkeit der Entwickler zu wecken [Beizer 97].

Da der erste Schritt zur Behebung eines Problems das Eingeständnis eines Fehlers ist, hilft das AntiPattern den Lesern, das Problem mit deutlichen Begriffen klarzustellen. Anschließend kann die Anwendbarkeit der Symptome und Konsequenzen des Problems für die eigene Situation beurteilt werden. Viele finden AntiPatterns unterhaltsam. Irren ist menschlich. Wir lachen alle über unsere Fehler und die Fehler der anderen, wenn damit keine Beleidigung verbunden ist.

Die Formulierung der Entwurfsmuster und AntiPatterns beginnt jeweils mit der Lösung. Kontext, Problem und Vorgaben eines Entwurfsmusters werden formuliert, um zu einer eindeutigen Lösung zu führen. Um sicherzustellen, dass eine eindeutige Lösung zugeordnet wird, enthalten Entwurfsmuster oft ausschweifende Erklärungen zu den Design-Zwängen. AntiPatterns basieren auf einer anderen rhetorischen Struktur. Sie beginnen mit einer zwingenden, problematischen Lösung und bieten anschließend eine alternative Lösung mit einem Refactoring des Problems an. Diese Lösung muss nicht unbedingt eindeutig sein; sie bietet eine effektive Möglichkeit mit Vorteilen an, die den Vorgaben gerecht werden. Alle wichtigen Varianten der Lösung werden in einem separaten Musterabschnitt aufgeführt.

Die Praxis hat gezeigt, dass AntiPatterns eine wesentlich leistungsfähigere und effektivere Form für die Beschreibung wiederkehrender Lösungen sind als die Entwurfsmuster. Ein AntiPattern beginnt mit einer bekannten Lösung (oder einer herkömmlichen Herangehensweise), wobei bei den meisten Mustern von einem neuen Problem oder einer neuen Programmieraufgabe ausgegangen wird. Situationen mit herkömmlichen und vorhandenen Problemen sind in der Praxis alltäglich. Das AntiPattern erweitert das Problem in einer Art und Weise, die den Anwendern das Erkennen problematischer Strukturen, von Symptomen und Konsequenzen erleichtert. Sie schlagen dann eine allgemeine Lösung vor, bei der ein vorteilhaftes Refactoring des Systems mit minimalen Konsequenzen angestrebt wird.

2.1 Perspektiven

In diesem Buch werden AntiPatterns aus drei Hauptblickrichtungen gezeigt: aus der des Software-Entwicklers, aus der des Software-Architekten und aus der des Projektleiters (siehe Abbildung 2.2). AntiPatterns beschreiben für den *Entwickler* Situationen, auf die der Programmierer bei der Lösung von Programmproblemen stößt (Kapitel 5). AntiPatterns, die die *Programmarchitektur* betreffen, konzentrieren sich auf allgemeine Probleme der Systemstruktur sowie auf deren Konsequenzen und Lösungen (Kapitel 6). Die meisten ernsten, ungelösten Probleme eines Software-Systems sind aus dieser Perspektive sichtbar. AntiPatterns, die das *Projektmanagement* betreffen, beschreiben allgemeine Probleme und Lösungen, die sich aus dem Software-Unternehmen ergeben (Kapitel 7). Sie betreffen Personen aller Software-Entwicklungsbereiche und die Lösungen wirken sich unmittelbar auf den technischen Erfolg des Projekts aus.

Abb. 2.2: AntiPatterns aus unterschiedlichen Perspektiven

Für die allen drei Blickwinkeln gemeinsame Terminologie wird ein Referenzmodell benutzt. Das Referenzmodell basiert auf drei Themenbereichen, die die Schlüsselkonzepte der AntiPatterns einführen:

- Hauptursachen
- Urkräfte
- Software Design-Level -Modell (SDLM)

Die *Hauptursachen* bilden den grundlegenden Kontext der AntiPatterns. *Urkräfte* sind die Schlüssel für die Entscheidungsfindung. Die relative Bedeutung dieser Kräfte variiert in den architektonischen Bereichen ganz erheblich. Die architektonischen Bereiche werden vom *SDLM* definiert. Das Verständnis der Architekturebenen definiert die unterschiedlichen Bereiche für der Anwendbarkeit des Musters. Jedes Muster hat einen Bereich optimaler Anwendbarkeit, der in den Kapiteln 5 bis 7 vorgestellt wird, kann aber auch in anderen Bereichen anwendbar sein (die in jedem Muster ebenfalls beschrieben werden). Die Mustervorlage bildet den Rahmen der Musterdefinition.

2.2 Hauptursachen

Hauptursachen sind Fehler in der Software-Entwicklung, die zum Fehlschlagen eines Projekts, zu Budgetüberschreitungen, zu Abweichungen der Planung führen und das Erreichen von Geschäftszielen verhindern [Mowbray 97]. Die hier aufgeführten Hauptursachen sind überall anzutreffen: Ein Drittel aller Software-Projekte wird abgebrochen und fünf von sechs Software-Projekten scheitern [Johnson 95]. Leider hat die Technologie der Objektorientierung an diesen Tatsachen nichts geändert. Tatsächlich erhöht jeder neue technologische Trend (beispielsweise das Client-/Serverkonzept) die Risiken und die Wahrscheinlichkeit des Scheiterns infolge dieser Hauptursachen. Die Hauptursachen basieren auf den »Sieben Todsünden«, einer beliebten Analogie, die bei der erfolgreichen Benennung ineffektiver Praktiken benutzt wird [Bates 96].

2.2.1 Unangebrachte Hast

Hastige Entscheidungen führen zu Kompromissen hinsichtlich der Qualität der Software (siehe Abbildung 2.3). Software-Projekte stehen häufig unter dem Druck einer knappen Zeitplanung. Beim Projektbeginn sind die Projektleiter nicht selten gezwungen, Budgeteinsparungen vorzunehmen und unrealistische Zeitvorgaben zu machen. Je näher der Fertigstellungstermin rückt, umso schneller wird unabhängig von der Qualität alles akzeptiert, was scheinbar funktioniert. Um Zeitvorgaben einhalten zu können, wird dann normalerweise auf ausführliche Tests verzichtet.

- Ausreichende Testeinheiten für alle einzelnen Komponenten
- Wiederholte Tests erfolgreicher Durchläufe und der Fehlerzustände integrierter Komponenten
- Regressionstests

Abb. 2.3: Eile mit Weile!

In solchen Situationen werden längerfristige durch die Architektur bedingte Vorteile der Zweckmäßigkeit geopfert.

Die Qualität einer objektorientierten Architektur ist das Ergebnis umsichtiger Studien, bedachter Entscheidungsfindung und Erfahrung. Der Vorgang des objektorientierten Architekturaufbaus umfasst mindestens das Bearbeiten der Voraussetzungen, die Aufbereitung der Architektur sowie den Einsatz praktischer Erfahrungen. Idealerweise umfasst eine objektorientierte Architektur eine Reihe hochwertiger Design-Entscheidungen, die Vorteile für den Lebenszyklus des Systems bieten.

Umfangreiche Fachkenntnisse sind für den architektonischen Entwurf äußerst wichtig, damit ein objektorientierter Aufbau kompetent definiert und begründet ist. Mit dem entsprechenden Fachwissen und den Entwurfsmustern lassen sich qualitativ hochwertige objektorientierte Architekturen schnell definieren. Es ist aber immer verkehrt, Entscheidungen zur objektorientierten Architektur in Eile zu treffen.

2.2.2 Desinteresse

Mangelnde Sorgfalt bei der Lösung von Problemen lässt auf Desinteresse schließen. Sicher sind nicht alle Lösungen bekannt oder realisierbar, aber Desinteresse zeigt eine grundlegende Unwilligkeit, Lösungen zu suchen (Abbildung 2.4). Teilnahmslosigkeit gegenüber der objektorientierten Architektur verhindert eine Zerlegung des Problems. Einer der Hauptaspekte der objektorientierten Architektur ist eine saubere Gliederung. Die objektorientierte Architektur unterteilt ein System beispielsweise in Kategorien und definiert deren Schnittstellen und Verbindungen.

Abb. 2.4: Desinteresse hat schlimme Folgen!

Der kritische Bereich für die Entscheidungen hinsichtlich der Gliederung einer objektorientierten Architektur liegt zwischen einem soliden wiederverwendbaren und einem austauschbaren Design. Das solide Design bleibt während der Lebensdauer des Systems ein fester Bestandteil, während einzelne Software-Module verändert, ersetzt und hinzugefügt werden. Bestandteile des austauschbaren Designs lassen sich am besten Profilen, vertikalen Spezialisierungen und Metadaten zuordnen.

Eine Vernachlässigung der wichtigen Gliederung bedeutet, dass sich die Architektur in ihrem Kern ändern muss, wenn es auf der Ebene der Subsysteme zu Veränderungen kommt. Änderungen auf der Ebene der Subsysteme betreffen dann alle Module des gesamten Systems. Somit führt das Desinteresse zu einer schlechten nachträglichen Veränderbarkeit. Darüber hinaus erschweren mangelhaft gegliederte Architekturen die Zusammenarbeit zwischen Anwendungen und die Wiederverwendung von Code.

2.2.3 Engstirnigkeit

Engstirnigkeit ist eine Verweigerung gegenüber praktischen Lösungen, die sich anderweitig als sehr effektiv erwiesen haben (siehe Abbildung 2.5). Ein Beispiel hierfür ist die Verwendung von Metadaten in Software-Systemen. Metadaten sind sich selbst erklärende Informationen innerhalb eines Software-Systems, die dem System dynamische Veränderungen gestatten.

Abb. 2.5: Der Unbelehrbare

Viele objektorientierten Systeme werden fast ohne Metadaten eingerichtet. Ohne Metadaten enthält die Anwendungssoftware fest kodierte Bindungen, Beziehungen und Festlegungen für die Systemkonfiguration. Die Anzahl der Server oder Clients sowie ihre Standorte kann beispielsweise durch die einfache Verwendung von Metadaten-Diensten transparent und variabel gemacht werden. CORBA-Standards beinhalten unterschiedliche öffentliche Metadaten-Dienste wie zum Beispiel den Naming-Service, den Trader-Service und das Interface Repository.

2.2.4 Faulheit

Trägheit ist ein sicheres Anzeichen für einen faulen Entwickler oder Projektleiter, der schlechte Entscheidungen als Antwort auf »einfache Fragen« trifft (Abbildung 2.6). Bei verteilten Objekten kann der Anwendungsentwickler mit Hilfe von ISO-IDL (ISO Interface Definition Language) schnell Schnittstellen auf Systemebene definieren. Automatisch erzeugte Schnittstellenrümpfe und Gerüste machen den Aufbau verteilter Systeme relativ einfach. Diese Leichtigkeit beim Erzeugen und Ändern von Schnittstellen verleitet zur Todsünde der Faulheit und führt zum Verlust der Kontrolle über die Konfiguration.

Abb. 2.6: Faulheit endet gewöhnlich mit einem bösen Erwachen.

Faulheit ist zwar nicht allgemein verbreitet, die Notwendigkeit häufiger Schnittstellenänderungen ist aber in objektorientierten Projekten nur schwer zu überwinden. Umso mehr Schnittstellen geändert werden müssen, desto unklarer wird dem Entwickler die Semantik der Schnittstelle. Am Ende verbringen Entwickler und Anwender über die Hälfte ihrer Zeit damit, das System zu erforschen, um zu begreifen, wie es funktioniert. Lange bevor dieser Punkt erreicht ist, hat das System aber bereits jede Spur von Architektur verloren.

Eine saubere Steuerung der Konfiguration beginnt in der ersten Phase des Prototypentwurfs. Idealerweise werden Schnittstellen auf Systemebene während der aktiven Phase der Software-Entwicklung stabil gehalten und nur selten verändert. Stabile Schnittstellen ermöglichen paralleles Entwickeln, effektives Dokumentieren und unterstützen die Aktualität der Software.

2.2.5 Geiz

Geiz kann viele Formen annehmen, führt aber immer zu falschen Entscheidungen bei der Software-Entwicklung. Bei der architektonischen Gestaltung eines Projektes verleitet sie zur exzessiven Modellierung von Details, die infolge mangelnder Abstraktion zu einer ausufernden Komplexität führen (Abbildung 2.7).

Abb. 2.7: Opfer der Unübersichtlichkeit

Übertriebene Komplexität führt zu vielen Software-Problemen und Schwierigkeiten für ein Projekt. Zu komplexe Systeme verursachen hohe Kosten bei der Entwicklung, Integration, beim Testen, beim Dokumentieren, bei der Pflege und Erweiterung. Manchmal werden Entwicklungsschritte ausgelassen (beispielsweise das Testen), um verlorene Zeit und zu hohe Kosten wettzumachen. Das kann sehr schnell ein Projekt kippen.

2.2.6 Ignoranz

Ignoranz als eine Form intellektueller Faulheit ist das Resultat mangelnden Erkenntnisinteresses. Sie hält die Menschen dumm (Abbildung 2.8) und kann bei der Software-Entwicklung langfristig zu Problemen führen. Ignoranz (Implementierungsabhängigkeit) zeigt sich oft beim Übergang von Anwendungen zu verteilten Architekturen. Dabei wird ignoranterweise davon ausgegangen, dass sich

Schnittstellen auf Systemebene von feinkörnigen Definitionen vorhandener Anwendungsobjekte ableiten lassen. Wird beispielsweise eine IDL-Schnittstelle aus vorhandenen C++-Header-Dateien abgeleitet, dann entstehen von der Implementierung abhängige Schnittstellen, die sich über ein System und seine Untersysteme verteilen.

Abb. 2.8: Ignoranten verhindern Veränderungen.

Ist eine Objektschnittstelle einmalig und gibt es keine anderen Implementierungen, die die gleiche Schnittstelle unterstützen, dann ist diese Schnittstelle abhängig von der Implementierung. Jeder Client oder jedes Objekt, das diese Schnittstelle benutzt, ist von einzelnen Implementierungsdetails abhängig. Tritt dies im Zusammenhang eines Systems wiederholt auf, entsteht ein zerbrechliches System. Diese Verfehlung zeigt sich auch in den proprietären Schnittstellen eines Herstellers, bei denen eine saubere Unterteilung und Isolierung vermieden wird.

2.2.7 Stolz

Der Stolz zeigt sich in dem »Das ist nicht von uns!«-Syndrom (Abbildung 2.9). Die Objekttechnologie unterstützt an vielen Stellen die Wiederverwendbarkeit durch die Integration kommerzieller Programmpakete, von Freeware und von herkömmlichen Anwendungen.

Entwickler führen oft unnötig neue Elemente ein, obwohl sich Lösungen bereits existierender Systeme, Produkte und Standards problemlos für die Architektur nutzen ließen. Dieses Neuerfinden birgt viele unnötigen Risiken und Kosten in sich. Neue Software muss entworfen, kodiert, von Fehlern befreit, getestet und dokumentiert werden. Eine Architektur muss eine Prototypphase durchlaufen und erprobt werden, bevor gesichert ist, dass das Programm Vorteile bietet.

Abb. 2.9: Hochmut kommt vor dem Fall ...

2.3 Urkräfte

Beim Software-Design müssen Entscheidungen getroffen werden. Zu den Hauptfragen, die sich beim Design der Software-Architektur stellen, gehören beispielsweise:

- Welche Details werden in den Vordergrund gestellt und welche abstrahiert?
- Welche Eigenschaften werden ein- und welche ausgeschlossen?
- Welche Aspekte werden flexibel und erweiterbar gestaltet?
- Wo werden Abstriche gemacht und was wird sichergestellt?

Entscheidungen beim Software-Design sind komplex, wobei zahlreiche Aspekte (oder Kräfte) wie zum Beispiel die Sicherheit, die Kosten, die Anpassungsfähigkeit, die Zuverlässigkeit usw. zu berücksichtigen sind. Um die richtigen Entscheidungen treffen zu können, ist es sehr wichtig, den Kontext der Entscheidungen zu klären. Entscheidungen können auf viele Arten herbeigeführt werden, zum Beispiel

- durch Trennung einzelner Bereiche oder
- durch Festlegung von Prioritäten.

Um einzelne Bereiche voneinander trennen zu können, muss die Tragweite von Entscheidungen eingegrenzt werden. Durch die Gliederung der Software-Architektur werden einzelne Themenbereiche ausgemacht und voneinander abgegrenzt. Jede Gliederung muss eine bestimmte Menge von Themen eingrenzen, die die Entscheidungsfindung erleichtern. Die Architektur bildet die Einheit der Gliederungen und deckt alle relevanten Bereiche ab. Diese Trennung der Belange ist für die Rolle der Architektur grundlegend.

Entscheidungen werden auch erleichtert, wenn die Prioritäten klar sind. Wenn bekannt ist, was wichtig und was unwichtig ist, lassen sich Entscheidungen darüber, was beim Design zu berücksichtigen ist und was nicht, wesentlich leichter treffen. Entscheidungen sind schwierig, weil Elemente mit guter Begründung ein- oder ausgeschlossen werden müssen. Eine andere grundlegende Aufgabe der Architektur ist es daher, wichtige Entscheidungen und Designrichtungen zu erklären.

Entscheidungen sind immer mit einem gewissen Risiko verbunden. Software-Projekte schlagen erstaunlich oft fehl. Wie bereits angemerkt wurde, wird ein Drittel aller Software-Projekte abgebrochen und nur ungefähr ein Sechstel kann als erfolgreich betrachtet werden. Die übrigen Projekte liegen normalerweise aus einem oder mehreren Gründen über dem Zeit- oder Kostenlimit. Die erfolglosen Projekte verfügen auch nicht über die gewünschten Software-Eigenschaften. Nach Auslieferung der Systeme besteht ein hohes Risiko, dass das System umgestellt werden muss. Korrekturen oder Erweiterungen sind aber mit hoher Wahrscheinlichkeit mit neuen Programmproblemen verbunden.

Gemäß dieser Statistik läuft bei fünf von sechs Projekten etwas verkehrt, woran neue Technologien und Herangehensweisen wie das Client-/Servermodell und die Objektorientierung nichts geändert haben. Für Software-Profis sind die Aussichten düster, wenn sich nicht etwas Grundlegendes ändert. Wir glauben, dass grundlegende Veränderungen an der Art und Weise erforderlich sind, wie Software-Systeme architektonisch gestaltet werden und wie mit den Risiken umgegangen wird.

Wir betrachten das Risiko als eine generelle Kraft, die ein zugrunde liegender Faktor für die meisten übrigen Kräfte ist. In gewissem Maße ist das Risikomanagement eine universelle Kraft, durch die die hier beschriebenen Entwurfsmuster und Lösungen motiviert sind.

2.3.1 Was ist eine Urkraft?

Kräfte sind Belange oder Themen innerhalb des Kontextes einer Entscheidungsfindung. Beim Entwurf einer Lösung führen erfolgreich behandelte (oder aufgehobene) Kräfte zu positiven und nicht behandelte Kräfte zu negativen Konsequenzen. Bei einem bestimmten Software-Problem gibt es eine Reihe von Kräften, die eine Lösung beeinflussen. Die Anwendung eines Entwurfsmusters führt zu einer Lösung, die die Kräfte in einer bestimmten Art und Weise aufhebt. Innerhalb der Lösung werden einige Kräfte mehr aufgehoben als andere. Die Wahl einer Designlösung legt eine Priorität für die Kräfte fest, bei der die Kräfte der höchsten Priorität am vollständigsten behandelt werden.

Einige Kräfte sind fachspezifisch. Fachspezifische Kräfte (so genannte *Vertikalkräfte*) sind für eine bestimme fachlich bedingte Situation einmalig. Da Vertikalkräfte einmalig (oder lokal beschränkt) für eine Software sind, führt die Behandlung der Vertikalkräfte gewöhnlich zu Einzellösungen für jedes Software-Problem.

Eine andere Klasse von Kräften sind die *Horizontalkräfte*, die mehrere Bereiche oder Probleme betreffen und sich auf die Entscheidung für eines von mehreren Modulen oder Komponenten auswirken. Bei den Horizontalkräften können an anderer Stelle getroffene Designentscheidungen direkten oder indirekten Einfluss auf lokale Entscheidungen haben. Ist die Horizontalkraft beispielsweise »designkonsistent«, dann muss das Software-Design für mehrere Module diese Konsistenz wahren.

Eine bestimmte Klasse von Horizontalkräften findet sich in der gesamten Software-Architektur und -Entwicklung. Dies sind die *Urkräfte*, die sich in fast allen Entwurfssituationen zeigen und die als Bestandteil der Kontextkräfte betrachtet werden sollten, die die meisten Lösungen bestimmen. Eine Aufgabe der Urkräfte ist es, die Architektur und Entwicklung auf der richtigen Spur zu halten. Eine Entscheidung, die scheinbar von nur lokaler Bedeutung ist, kann beispielsweise eine kumulative Auswirkung haben, wenn andere Software-Entwickler an anderer Stelle im Unternehmen kollidierende Entscheidungen treffen. Die Urkräfte sind die durchdringenden Kräfte, die sich aus den Interdependenzen bei Entscheidungen für die Software-Entwicklung ergeben.

Sie sind ein wichtiger Bestandteil der Richtlinien für die hier vorgestellte Entwurfssprache. Jede Urkraft wirkt horizontal in vielen spezifischen Bereichen der Software-Architektur und -Entwicklung. Die Urkräfte sind die allgemeinen Grundannahmen, die für eine erfolgreiche Software-Architektur und -Entwicklung notwendig sind. Urkräfte bieten dem Software-Architekten und -Entwickler ein grundlegendes Wertesystem, unabhängig von bestimmten situativen Kräften.

Die Urkräfte betreffen:

- Das Funktionsmanagement: Den Anforderungen entsprechen.
- Das Performancemanagement: Die erforderliche Operationsgeschwindigkeit erreichen.
- Das Komplexitätsmanagement: Definition von Abstraktionen.
- Changemanagement: Steuerung der weiteren Entwicklung der Software.
- Management der IT-Ressourcen: Überwachung und Einsatz von Mitarbeitern und Ressourcen.
- Management des Technologietransfers: Überwachung technologischer Änderungen.

Die Urkräfte sind für die einzelnen Bereiche von unterschiedlicher relativer Bedeutung. Funktionalität und Leistungsfähigkeit sind kritische Kräfte auf der Anwendungsebene und feiner strukturiert, während das Management der IT-Ressourcen und der Technologietransfer die Unternehmensebene und den globalen Bereich betreffen. Vor der ausführlichen Erörterung müssen die einzelnen Bereiche mit einem Modell definiert werden.

Tabelle 2.1 beschreibt die Auswirkungen der Kräfte auf die unterschiedlichen Bereiche.

Kräfte/Bereiche	Global	Unternehmen	System	Anwendung
Funktionalität	unwichtig	marginal	wichtig	kritisch
Performance	wichtig	wichtig	kritisch	kritisch
Komplexität	wichtig	kritisch	wichtig	marginal
Änderungen	unwichtig	kritisch	kritisch	wichtig
IT-Ressourcen	unwichtig	kritisch	wichtig	marginal
Technologietransfer	kritisch	wichtig	wichtig	marginal

Tabelle 2.1: Auswirkungen der Kräfte

- *Kritisch.* Die Auswirkungen sind fundamental und betreffen die gesamte Software.
- *Wichtig.* Die Auswirkungen dürfen nicht vernachlässigt werden, da sie einen bedeutenden Teil der Software betreffen.
- *Marginal.* Die Konsequenzen können häufig ignoriert werden, da sie nur einen minimalen Teil der Software betreffen.
- *Unwichtig.* Die Auswirkungen müssen nicht berücksichtigt werden.
- Das *Funktionsmanagement* erfolgt am besten auf der Anwendungsebene. Die Entwickler können die Funktionalität besser auf der untersten Ebene als Reaktion auf funktionale Anforderungen beeinflussen.
- Das *Performancemanagement* lässt sich am besten auf der Anwendungsebene und den Systemebenen regeln. Häufig erfordert die Leistung auf der Systemebene gröbere Optimierungen innerhalb eines Bereichsmodells. Das Bereichsmodell wird von den Anwendungsmodellen benutzt, die lokale, feinere Optimierungen vornehmen.
- Das *Komplexitätsmanagement* ist auf allen Ebenen von Bedeutung. Komplexität wirkt sich aber auf den höheren Ebenen wesentlich negativer aus, ist aber niemals für eine Ebene unwichtig.
- Das *Changemanagement* ist sowohl auf der Unternehmensebene als auch auf den Systemebenen kritisch, wo die Veränderungsrate individueller Produkte moderat ist. Anwendungen und die externen Anwendungsfelder ändern sich schnell, stellen neue Anforderungen und erfordern Erneuerungen vorhande-

ner Implementierungen. Daher ist es wichtig, sowohl auf System- als auch auf Unternehmensebene ein anpassungsfähiges System zu planen, das auf Veränderungen vorbereitet ist. Zwar vollziehen sich Veränderungen auf globaler Ebene noch schneller, was aber weniger von Bedeutung ist, da die Unternehmen wenig damit zu tun haben.

- Das *Management der IT-Ressourcen* ist auf Unternehmensebene kritisch, weil hierfür strategische Planung erforderlich ist. Sie betrifft Personal, Zeit, Hardware und Software. Ferner muss auf Systemebene sichergestellt werden, dass die wichtigen Software-Entwicklungen erfolgreich verlaufen.

- Das *Management des Technologietransfers* ist auf globaler Ebene wichtig, um auf dem neuesten Stand der technologischen Entwicklung zu stehen und um Erfahrung und Wissen auch von außerhalb des Unternehmens nutzen zu können. Auf Unternehmensebene ist es wichtig, dafür zu sorgen, dass möglichst alle verfügbaren Ressourcen eines Unternehmens und der unterschiedlichen Systemebenen die taktischen Vorteile der Software-Errungenschaften nutzen.

Tabelle 2.2 veranschaulicht die Aufgaben der Software-Entwicklung und den Grad ihrer Verantwortlichkeit für die unterschiedlichen Bereiche. Jeder Bereich hat dort einen kritischen Einfluss, wo er am effektivsten sein kann, was Tabelle 2.3 verdeutlicht.

	Global	Unternehmen	System	Anwendung
Technische Leitung	kritisch	kritisch	marginal	unwichtig
Projektleitung	unwichtig	kritisch	wichtig	marginal
Planung	marginal	wichtig	kritisch	wichtig
Entwicklung	unwichtig	marginal	wichtig	kritisch

Tabelle 2.2: Ebenen der Verantwortlichkeit

	Global	Unternehmen	System	Anwendung
Funktionalität			Planung	Entwicklung
Leistung			Planung	Entwicklung
Komplexität		Projektleitung	Planung	
Änderungen		Projektleitung	Planung	Entwicklung
IT-Ressourcen	Technische Leitung	Projektleitung		
Technologietransfers	Technische Leitung			

Tabelle 2.3: Verteilung der Effektivität

Ein Entwickler beschäftigt sich primär mit der Funktionalität und den Leistungsmerkmalen. Entwickelt sich ein Software-Projekt aber erfolgreich, müssen sich die Energien des Managements für Änderungen ebenfalls mit dieser Ebene auseinander setzen. Auf der Ebene der Planung sind die gleichen Dinge von Belang wie auf der Ebene der Entwicklung, hinzu kommt aber zusätzlich der Umgang mit der Komplexität des Gesamtsystems. Der Planer entwirft das Design des Systems so, dass die Systemschnittstellen handhabbar sind, unabhängig von der Komplexität der einzelnen Bestandteile. Ein Projektleiter muss den Planer beim Umgang mit der Komplexität unterstützen sowie die Verwaltung der IT-Ressourcen, der Mitarbeiter, der Zeit und des Budgets erfolgreich lenken. Auf der Ebene der technischen Geschäftsführung muss ein Plan für den Umgang mit den internen IT-Ressourcen und dem Technologietransfer zu und von anderen Unternehmen vorliegen.

2.3.2 Funktionsmanagement

Das Funktionsmanagement sorgt dafür, dass die Software den Anforderungen des Anwenders entspricht. Software ordnet die Welt der Anwenderobjekte den Objekten der Datenverarbeitung zu. Die Funktion der Software ist der Mechanismus dieser Zuordnung und für alle mit den Objekten durchgeführten Operationen.

Die Kompatibilität ist ein wichtiger Faktor des Funktionsmanagements, der den Austausch von Informationen und Diensten zwischen Software-Modulen betrifft. Durch Kooperation werden Funktionalitäten von anderen Software Komponenten zur Verfügung gestellt.

2.3.3 Performancemanagement

Die zweite Urkraft, die manchmal von Software-Entwicklern übersehen wird, ist das Performancemanagement. Es reicht nicht aus, wenn Software lediglich den funktionalen Anforderungen genügt, ein Programm muss auch die Leistungsanforderungen erfüllen. Anwender ändern mit der Zeit ihr Verhältnis zu einem Programm, was sich auf die funktionalen Anforderungen auswirken kann. Ein Programm muss mindestens so schnell arbeiten wie vergleichbare Programme, die nach anderen Verfahren entwickelt wurden.

Bei CORBA ist die Leistungsfähigkeit eines fertigen ORB-Produkts (Object Request Broker) beispielsweise nur so gut wie die für die Implementierung verwendeten Verfahren. Die integrierte Entkopplung des Client-Dienstes von ORB erlaubt dem cleveren Entwickler viele Leistungsverbesserungen ohne Änderungen an der Anwendungssoftware. Da die Performanceverbesserungen für die Anwendungssoftware transparent sind, können sie nach und nach oder bei Bedarf eingeführt werden. Das verleiht den CORBA-Systemen ein hohes Maß an Anpassungsfähigkeit, die sich beim erfolgreichen Übergang von Prototypen zu operativen unternehmensweiten Implementierungen in vielen Fällen bewiesen hat. Die bekannteste von COBRA unterstützte Leistungsverbesserung ist der Lastausgleich. Da CORBA dynamische Bindungen für Client-Verbindungen zu Diensten nutzt, können in diesen Bindungsprozess Algorithmen eingebunden werden, die für eine optimale Nutzung der Dienste sorgen. Weil viele Implementierungen eine Schnittstelle unterstützen können, erfolgt häufig ein Abgleich mit den Diensten, um den Lastausgleich zu optimieren.

Leistungssteigerungen verlangen auch die Optimierungen der Anwendungssoftware. Anwendungsimplementierungen steuern die Details der Verarbeitung, mit denen sich die Performance einer Anwendung am besten steigern lassen. Die Mehrzahl der Leistungsengpässe resultiert aus der Anwendung selbst und entstehen nicht durch die Ein- und Ausgabe oder das Netzwerk. Der Anwendungsentwickler bestimmt insbesondere die Datenstrukturen einer Anwendung, die Algorithmen und oft auch die Programmiersprache. Optimierungen sind teuer und zeitaufwändig und nur bei wenigen Projekten ist man bereit, den zusätzlichen und meist kostspieligen Aufwand in Kauf zu nehmen.

2.3.4 Komplexitätsmanagement

Bei der Programmentwicklung darf der Wert guter Software-Abstraktionen nicht aus den Augen verloren werden. Abstraktion führt zu einfacheren Schnittstellen, einer einheitlichen Architektur und besseren Objektmodellen. Ein Ausufern der Programmkomplexität wird oft durch das Fehlen effektiver Abstraktionen verursacht. Gemeinsamkeiten von Komponenten werden manchmal nicht erkannt und nicht ausreichend berücksichtigt. Ohne korrekte Abstraktionen werden unnötig unterschiedliche Komponenten erzeugt, was zu überflüssigen Programmteilen sowie zusätzlichem Wartungsaufwand für identischen Code führt.

Das Komplexitätsmanagement verlangt eine Analyse des Programmdesigns und die genaue Identifikation kritischer und problematischer Bereiche, die von zukünftigen Änderungen am stärksten betroffen sein können. Hierzu gehört auch, dass Änderungen, die zu Leistungsengpässen führen können, vorab berücksichtigt werden. Wurden die möglichen Probleme korrekt erkannt, ist ein rekursiver Prozess der Designüberarbeitung angebracht, der für Einfachheit und Unanfälligkeit sorgt. Die Ableitung von Abstraktionen, die bestimmte Schnittstellen vereinfachen, führen zu Kosteneinsparungen für den gesamten Entwicklungsprozess. Sie kann zu Vorteilen bei der internen Implementierung einer Software-Komponente sowie für jeden einzelnen Client führen, der die Dienste dieser Komponente nutzt.

2.3.5 Changemanagement

Anpassungsfähigkeit ist eine in hohem Maße erwünschte, aber schwer zu realisierende Software-Eigenschaft. Die meisten Anwender ziehen anpassungsfähige Systeme vor, aber nur wenigen ist klar, was alles mit der Entwicklung eines flexiblen Systems verbunden ist. Bei der Entwicklung eines verteilten Systems reicht es nicht aus, sich die Anpassungsfähigkeit als Ziel zu setzen. Der Systemarchitekt muss die zukünftige Entwicklung des Systems berücksichtigen und entscheiden, wo und in welcher Form das System anpassungsfähig sein muss. Beim Entwurf von Schnittstellenspezifikationen müssen Entscheidungen darüber getroffen werden, wo die Bereiche der größten Anpassungsfähigkeit und diejenigen der stärksten Konstanz liegen. Mit IDL können die Grenzen des Programms definiert werden. Eine präzise Spezifikation enthält die Menge der Schnittstellen, die eine Entkopplung der Systemkomponenten ermöglichen. Eine vernünftige Menge von IDL-Schnittstellen bestimmt die zur Verfügung stehende Funktionalität einer Software-Komponente, so dass mehrfache Implementierungen den Anforderungen an die Schnittstellen gerecht werden. Über die Schnittstellen der Software wird die Systemstabilität und Anpassungsfähigkeit gesichert. Ein System, das Änderungen der Implementierung von Komponenten unterstützt und dabei stabil bleibt, ist wesentlich anpassungsfähiger als jene Schnittstellen, die fortwährend geändert werden müssen, um neue Implementierungen der Komponenten zu ermöglichen. Die Minimierung der Abhängigkeit der Clients auf bestimmte Komponentenimplementierungen ist Aufgabe des Software-Architekten. Erreicht wird sie durch Abstrahieren der funktionalen Kernelemente, der Komponentenkategorien und durch deren implementierungsunabhängige Definition. IDL bietet eine ideale von der Sprache unabhängige Darstellungsmöglichkeit. Mit einem Object Request Broker können die IDL-Schnittstellen auch Standort- und Plattformunabhängigkeit unterstützen.

Portierbarkeit ist ein wichtiger Aspekt der Anpassungsfähigkeit, denn sie ermöglicht die Migration von Anwendungssoftware von einer Plattform zu einer anderen. Viele Standards verringern das Risiko dadurch, dass sie die Portierbarkeit erleichtern. Leider ist die Portierbarkeit bei COTS-Produkten (COTS = Commercial off-the-shelf solutions, »Software von der Stange«) nicht immer perfekt.

2.3.6 Management der IT-Ressourcen

Das Management der IT-Ressourcen betrifft den Umgang mit der Ausstattung und dem Einsatz der Mitarbeiter eines Unternehmens in breitem Umfang. In größeren Unternehmen finden sich normalerweise viele verschiedene Arten von Hardware (Hardware-Heterogenität), viele unterschiedliche Software-Produkte (Software-Heterogenität) sowie jeweils mehrere Versionen dieser technologischen Ressourcen. Die Verwaltung umfangreicher Hard- und Software-Ausrüstung in einem sich wandelnden Unternehmen ist ein eigenes Aufgabengebiet. Das Management der IT-Ressourcen umfasst mehrere Aspekte, beispielsweise die Anschaffung von Hard- und Software, die Inventarisierung, Schulungen, Wartung, Upgrade und Support.

Die Mehrheit der Anwender muss technischen Support in Anspruch nehmen und daher muss ein Unternehmen dem gerecht werden. Ist die Frage des Supports ungeklärt, entstehen nicht unbedeutende Unkosten durch verlorene Arbeitszeit und Produktivitätseinbußen, die von der Zeitschrift *Information Week* auf zirka 40.000 € pro Benutzer und PC geschätzt werden (April 1996).

Sicherheit ist ein wichtiger Aspekt des Ressourcenmanagements. Eine Überwachung der Informationen und Dienste wird immer wichtiger, je mehr die Systeme vernetzt werden und miteinander kooperieren.

2.3.7 Management des Technologietransfers

Das Management des Technologietransfers betrifft einige der Schlüsselkräfte zwischen Unternehmen und Außenwelt. Es umfasst die förmlichen und informellen Beziehungen, die durch die Verwendung und den Transfer von Software und Technologien entstehen. Das Management des Technologietransfers wirkt sich infolge der Beliebtheit und allgemeinen Verfügbarkeit des Internets auch auf viele Software-Entwickler aus. Es ist relativ einfach, technische Informationen global über die Unternehmensgrenzen hinaus per E-Mail, über das World Wide Web und andere Dienste zu verteilen. Dieser Informationsaustausch hat auch Auswirkungen auf das geistige Eigentumsrecht sowie auf die sich wandelnden Abhängigkeiten interner Systeme von externen Technologien.

Zum Management des Technologietransfers gehört auch die Möglichkeit, Standards festzulegen oder zu beeinflussen. Standards sind im Wesentlichen technische Übereinkünfte. Sie schaffen die Gemeinsamkeiten für einen minimalen Technologietransfer und für die Kooperation zwischen Unternehmen. CORBA IDL stellt die Schnittstellenspezifikationen nahezu allen Software-Architekten und -Entwicklern zur Verfügung. IDL ist gleichzeitig die akzeptierte Darstellungsart für die formalen Standards sowie für andere Übereinkünfte und Allianzen. Heute ist es den meisten Unternehmen möglich, technische Vereinbarungen für Software-Schnittstellen festzulegen, um den Technologietransfer handhaben zu können.

2.4 Modell der Software-Designebenen

Beim Versuch, ein System stückweise ohne eine übergreifende Architektur zu entwickeln, wird das System mit der Zeit immer unhandlicher, weil es sich durch die erforderlichen technologischen Änderungen immer weiter entwickelt. Einer der Hauptvorteile einer übergreifenden Architektur ist eine Trennung der Aufgabenbereiche, bei der nicht versucht wird, das ganze Probleme auf einmal zu lösen, sondern das Problem in lösbare Teilprobleme zerlegt wird. In dieser Mustersprache wird ein Modell der Skalierbarkeit vorgestellt, das Aufgabenbereiche auf der Grundlage von Software-Lösungen trennt. Das Modell veranschaulicht die Software-Systemen inhärenten Schlüsselebenen sowie die Probleme und die Lösungen für die einzelnen Ebenen auf.

In einem normalen kleinen Software-System können zwei Ebenen unterschieden werden (Abbildung 2.10). Die erste ist das externe Modell (oder die *Anwendungsebene*), die sich den Anforderungen des Anwenders widmet. Zu dieser Ebene gehören die Benutzerschnittstellen und die dazugehörige Funktionalität. Anwendungen werden normalerweise über interaktive Benutzersteuerelemente einer grafischen Benutzeroberfläche (GUIs) oder über Befehle gesteuert. Die Anwendungen implementieren das externe Modell des Systems, über das der Benutzer direkt mit der Anwendung kommuniziert. Die Anwendungen enthalten die erforderlichen Programme, die den funktionalen Anforderungen an die Anwendung entsprechen.

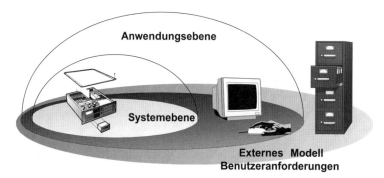

Abb. 2.10: Das externe und das interne Modell des Software-Systems veranschaulicht die Notwendigkeit mehrer Software-Ebenen.

Die zweite Ebene ist das interne Modell (oder die *Systemebene*). Zur Systemebene gehören die Verbindungen zwischen den Anwendungen. Diese Ebene besitzt keine unmittelbare Schnittstelle zum Benutzer und ist für diesen auch nicht erkennbar. Die Systemebene umfasst die Architektur des Software-Systems. Ihre Aufgabe ist es, eine Infrastruktur für die Anwendungsebene bereitzustellen und für die Zusammenarbeit, Kommunikation und Koordination zwischen den Anwendungen zu sorgen. Die Systemebene regelt auch den Zugriff auf Datenspeicher, das Auditing und die Verwaltung der Prozessressourcen.

Eine ähnliche Unterteilung gibt es auch in zahlreichen anderen Bereichen der Software-Implementierung, beispielsweise dann, wenn Software-Lösungen sich über mehrerer Systeme unterschiedlicher Unternehmen erstrecken. Auf der Unternehmensebene gibt es eine Reihe anderer verwandter Elemente. Das Modell der Skalierbarkeit erklärt die unterschiedlichen Prioritäten auf den einzelnen Ebenen und die Mustersprache umfasst eine Reihe möglicher Lösungen. Damit wird ein wichtiges Ziel erreicht, nämlich sicherzustellen, dass die passenden Lösungen auf der richtigen Ebene angewendet werden, so dass die Wahrscheinlichkeit, dass ein effektives, gut handhabbares System entwickelt wird, maximiert wird.

Die Mustersprache wird durch die architektonischen Ebenen gegliedert, die einen umfangreichen Rahmen definieren, in dem die Entwurfsmuster und Prinzipien der objektorientierten Architektur geprüft werden. Obwohl sieben architektonische Ebenen beschrieben werden, liegt der Schwerpunkt auf den wichtigeren Ebenen der objektorientierten Architektur (Abbildung 2.11). Die anderen Ebenen wurden

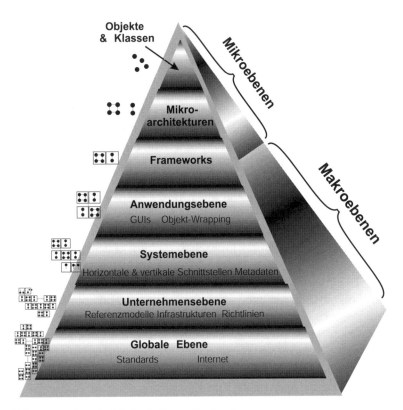

Abb. 2.11: Das Modell der Software-Designebenen

unterschiedlich ausführlich von anderen Autoren behandelt. Insbesondere die Objektebene wird von den zurzeit verfügbaren wiederverwendbaren Komponentenbibliotheken und Standards wie C++, SmallTalk, dem CORBA-Objektmodell und den CORBAservices abgedeckt. Auf der Ebene der Mikroarchitektur bilden die Gamma-Mustersprache (GPL) und zusätzliche Entwurfsmuster-Untersuchungen die erforderlichen Strukturen für die Entwicklung der Mikroarchitekturen [Gamma 95] der Komponenten. Auch für die Ebene der Makrokomponenten (Frameworks) liegen wichtige Arbeiten vor. So hat sich beispielsweise die Firma Taligent Corporation mit der Entwicklung ihres OO-Frameworks sehr aktiv an der Entwicklung von Software und Richtlinien für die Ebene der Makrokomponente beteiligt. Bis heute wurden die höheren architektonischen Ebenen mehrheitlich vernachlässigt, was zur Folge hat, dass die Grundlagen für die Kompatibilität der Anwendungen, Systeme und der Unternehmen unter den proprietären Lösungen und den nicht wiederverwendbaren, nicht anpassungsfähigen technischen Lösungen zu leiden hatten. Durch die Definition des Modells der Skalierbarkeit können die Entwurfsmuster so vorangebracht werden, dass sie für relevantere Probleme angewendet werden können, die bisher in bedeutendem Maße Ressourcen verschlungen haben und zu weniger wiederverwendbaren und erweiterbaren Lösungen führten.

Abbildung 2.11 zeigt die sieben architektonischen Ebenen: die globale Ebene, die Unternehmensebene, die Systemebene, die Anwendungsebene, die Makroebenen, die Mikroebenen und die Objektebene. Die *globale Ebene* umfasst global anwendbare Designfragen für alle Systeme. Diese Ebene betrifft die Koordination aller Unternehmen untereinander, die an der unternehmensübergreifenden Kommunikation und am Informationsaustausch beteiligt sind. Die *Unternehmensebene* konzentriert sich auf die Koordination und Kommunikation innerhalb eines einzelnen Unternehmens. Das Unternehmen kann sich über mehrere Standorte mit heterogenen Hardware- und Software-Systemen verteilen. Die *Systemebene* betrifft die Kommunikation und Koordination zwischen Anwendungen und Gruppen von Anwendungen. Schwerpunkt der *Anwendungsebene* ist die Einrichtung von Anwendungen für die unterschiedlichen Benutzeranforderungen. Die *Makrokomponentenebenen* konzentrieren sich auf die Einrichtung und Entwicklung eines Anwendungs-Frameworks. Die Mikrokomponentenebene widmet sich der Entwicklung von Software-Komponenten zur Lösung immer wieder auftretender Software-Probleme. Jede Lösung ist in sich relativ geschlossen und löst oft nur Teile eines größeren Problems. Auf der *Objektebene* werden wiederverwendbare Objekte und Klassen entwickelt. Die Objektebene befasst sich mehr mit der Wiederverwendung von Code als mit der Wiederverwendung von Designvorlagen. Jede dieser Ebenen wird ausführlich und mit einem Überblick über die für jede Ebene dokumentierten Entwurfsmuster behandelt.

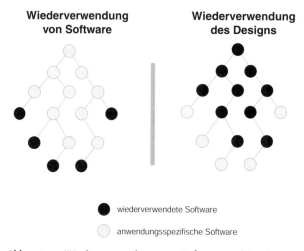

Abb. 2.12: Wiederverwendung von Software und Design

2.4.1 Wiederverwendung von Design versus Code

Entwurfsmuster sollen als wiederverwendbare Designhilfen für die Entwicklung umfangreicher Systeme dienen. Die Wiederverwendbarkeit des Designs selbst hat wichtige Auswirkungen auf die Gesamtsumme der Entwicklungskosten einer Software, die weit über denen wiederverwendbarer einzelner Software-Komponenten anzusiedeln ist [Mombray 95]. Um dies zu verdeutlichen, zeigt Abbildung 2.12 auf der linken Seite ein System, das die Vorteile mehrerer wiederverwendbarer Komponenten auf den Ebenen des Frameworks und der Mikroarchitektur zeigt. Beachten Sie, dass der vollständige Entwurf des Systems noch nicht abgeschlossen ist und dass der größte Teil des gesamten Baums in den Knoten in dem Bereich des Entwurfs liegt, die keine Blattknoten sind. Eine Reduzierung der Komponenten spart dadurch Zeit, dass die vorfabrizierten »Blattknoten« effektiver in das Design eingefügt werden können als selbst konstruierte, dennoch ist noch viel Aufwand erforderlich, um das komplette System aufzubauen. Die rechte Hälfte der Abbildung 2.12 zeigt ein System, bei dem viel vom Design eines vorhandenen Systems übernommen werden kann. Obwohl das System auf den Umfang des zuvor entwickelten Systems eingeschränkt ist, ist der Grad der Wiederverwendung wesentlich größer [Yourdan 93]. Durch die Wiederverwendung des Designs können alle Teile, die identisch mit denen des vorhandenen Systems sind, mit minimalen Änderungen eingebunden werden. Es bleiben noch viele Blattknoten, die den Benutzeranforderungen angepasst werden müssen. Beachten Sie, dass der Aufwand für die Änderung der Blattknoten wesentlich geringer ist als der für die Änderung des Designs auf höherer Ebene. Daher liefert die Optimierung der in einem System wiederverwendeten Designelemente einen Rahmen für eine viel weiter reichende Minimierung der Gesamtentwicklungskosten, als wenn der Schwerpunkt auf die Wiederverwendung einzelner Komponenten gelegt wird.

2.4.2 Objektebene

Die feinkörnigste Ebene ist die Objektebene. Auf ihr beschäftigt sich der Software-Entwickler mit der Definition und dem Umgang mit Objektklassen und Objektinstanzen. Zu den auf dieser Ebene getroffenen Entscheidungen gehört die Auswahl bestimmter Objektattribute und korrekter Signaturen für jede Operation. Auf dieser Ebene soll einfache Funktionalität für die Anwendungsanforderungen eingerichtet werden. Des Weiteren sollen bei den Entscheidungen darüber, was bei den Klassenbeschreibungen ein- oder ausgeschlossen werden soll, vorhandene Software und Dokumentationen berücksichtigt werden. Normalerweise sind Diskussionen auf der Objektebene so spezifisch und detailliert, dass mit ihnen nur die Besonderheiten einer Systemimplementierung beschrieben werden.

Auf Unternehmensebene kann ein Objekt das Verhalten und die Daten eines Kontos oder Kunden darstellen. Auf Implementierungsebene kann ein Objekt die

Methoden und Attribute einer Java-GUI zum Bearbeiten, Auswerten und Anzeigen von Konten- und Kundendaten enthalten.

Im Fall von Klassenbibliotheken und Programmier-Frameworks sind die Objekte der Objektebene sprachabhängig. Sprachunabhängigkeit ist möglich, wenn beispielsweise die Klassendefinitionen mit OMG IDL vorgenommen werden. Ein in COBRA definiertes standardmäßiges Objektmodell legt die Semantik von Objektinteraktionen fest. Ferner definieren CORBAservices-Schnittstellen grundlegende Schnittstellen auf Objektebene für das Management und die Überwachung von Objekten.

Die CORBAservices werden oft als Bausteine für umfangreichere Software-Komponenten benutzt, die eigene Richtlinien und Regeln für die Nutzung der Dienste durch eine bestimmte Menge der Komponenten berücksichtigen. Sprachabhängige Klassendefinitionen werden in spezifischen Programmiersprachen wie C, C++, SmallTalk, ADA, Java oder anderen Sprachen geschrieben und können in der Regel nicht für andere Programmiersprachen benutzt werden. Sprachabhängige Klassen können die Vorteile gemeinsam genutzter Laufzeitbibliotheken nutzen und somit von mehreren Anwendungen genutzt werden.

2.4.3 Mikroarchitektur-Ebene

Die Ebene der Mikroarchitektur umfasst Entwurfsmuster, die mehrere Objekte oder Objektklassen kombinieren. Dabei kann es sich um eine Sammlung kooperierender Unternehmensobjekte für die Berechnung von Flugkilometern bei den monatlichen Transaktionen einer Kreditkarte handeln. Auf der Ebene einer Implementierung kann es sich um die Sammlung kooperierender Objekte handeln, die den GUI-Bildschirm, Verarbeitungsregeln sowie Persistenz- und Abfrageschnittstellen für ein Kunden- oder Kontoobjekt bereitstellen. Diese Ebene befasst sich mit der Entwicklung kleinerer Entwürfe für eng umgrenzte Probleme einer Anwendung. Die unterscheidenden Merkmale dieser Ebene sind eine eingeschränkte Gruppe kooperierender Objekte, deren Beziehungen zu anderen Objekten richtig definiert sind und die sich für die Implementierung der Komponente eignen. Die Aufgabe von Entwurfsmustern auf der Ebene der Mikroarchitektur ist die Wiederverwendung der Einkapselung von Komponenten, damit sie für zukünftige Veränderungen des Systems ausreichend isoliert sind. Die Gamma-Mustersprache bemühte sich primär um die Entwicklung effektiver Entwurfsmuster für Anwendungen auf dieser Ebene.

2.4.4 Framework-Ebene

Die Framework-Ebene befasst sich mit der Entwicklung von Entwurfsmustern auf der Ebene der Makrokomponenten und betrifft eine oder mehrere Mikroarchitekturen. Es kann sich um ein auf Containern basierendes Framework handeln, mit dem Informationen über Kundengruppen und deren Konten gespeichert werden.

Häufig setzt die Lösung mehrere architektonische Elemente voraus, beispielsweise das Vorhandensein einer Object-Request-Broker-Architektur (ORB) oder die Verfügbarkeit bestimmter Ressourcen innerhalb des Systems. Auf Framework-Ebene soll sowohl die Wiederverwendung von Code als auch des für den Code verwendeten Designs ermöglicht werden. Entwurfsmuster, die für ein spezifisches Framework-Modell oder eine Makrokomponenten-Architektur einmalig sind, werden auf dieser Ebene eingebunden. Effektive Entwurfsmuster dieser Ebene können die Kosten für die Entwicklung von Anwendungen und deren Unterhaltungskosten reduzieren, die das gleiche Fachgebiet wie das Framework betreffen. Viele der Entwurfsmuster und der Anleitungen von Taligent und Siemens betreffen diese Ebene [Buschmann 96]. Frameworks versuchen große Teile des Designs und der Software zu übernehmen, wenn sie für die Lösung von Problemen innerhalb eines bestimmten Fachgebiets verwendet werden.

2.4.5 Anwendungsebene

Die Anwendungsebene ist die nächste Stufe oberhalb des Frameworks. Anwendungen erfordern in der Regel zahlreiche Objektklassen, mehrere Mikroarchitekturen und eine oder mehrere Frameworks. Die Anwendungsebene betrifft das Entwurfsmuster für ein einzelnes Anwendungsprogramm. Häufig legt ein einzelner Entwickler auf dieser Ebene die Strukturen einer Anwendung fest. Auf der Anwendungsebene soll primär eine spezifische Menge von Funktionalitäten implementiert werden, die sich aus den Anforderungen an die Software ergeben. Die Funktionalität muss der angestrebten Leistungsfähigkeit entsprechen. Diese Ebene beinhaltet diverse strukturelle Arrangements und Entwurfstechniken. Da sie sich auf eine einzelne Anwendung beschränkt, ist das Experimentieren auf dieser Ebene viel weniger mit Risiken verbunden, als dies auf umfangreicheren Ebenen der Fall ist (die mehrere Anwendungen, Systeme oder Unternehmen betreffen). Sind die oberen Ebenen architektonisch korrekt aufgebaut, sind die Auswirkungen von Änderungen innerhalb einer Anwendung auf ein einziges Anwendungsprogramm und die Daten, die es bearbeitet, beschränkt.

Programme der Anwendungsebene implementieren das externe Modell eines Software-Systems und somit ein operationales Modell der realen Welt. Insbesondere werden auf der Anwendungsebene die Bedürfnisse des Endanwenders bedient, was auch die Benutzerschnittstelle sowie die sichtbare Systemfunktionalität betrifft. Zu den Aktivitäten auf der Anwendungsebene gehört das Objekt-Wrapping herkömmlicher Systeme und die Entwicklung neuer Anwendungen. Kommerzielle Fertigprodukte (COTS) genauso wie Gruppen kooperierender Frameworks-Anwendungen sind auf dieser Modellebene angesiedelt.

Da die feinkörnigeren Ebenen von anderen Arbeiten ausreichend behandelt werden, konzentriert sich die Mustersprache auf die Problemmengen der Anwendung und die größeren Umfangs. Bisher wurden die Entwurfsmuster auf der Anwendungsebene und den höheren Ebenen kaum untersucht, obwohl gerade auf diesen Ebenen die objektorientierte Architektur von größter Wichtigkeit ist.

Entwurfsmuster für Anwendungen umfassen eine Reihe vielfältiger Lösungen, wobei es sehr rasch zu Innovationen auf der Anwendungsebene für COTS-Software und Entwicklungsumgebungen kommt. Zu den ausgewählten Anwendungsentwurfsmustern der Mustersprache gehören Bibliotheken, Frameworks, Interpreter, Ereignissteuerung, Persistenz usw. Dafür wird eine solide Menge von Anwendungsentwurfsmustern benötigt, die die zugrunde liegenden Prinzipien der meisten Architekturen auf der Anwendungsebene betreffen.

2.4.6 Systemebene

Zu einem System gehören mehrere integrierte Anwendungen, die die Funktionalität liefern. Die Systemebene sorgt für die Zusammenarbeit zwischen den Anwendungen. Das System ist außerdem für Fragen der Lebensdauer wie etwa die Systemevolution verantwortlich. Die Architektur der Systemebene ist die beständige Struktur, die die Veränderungen und den Austausch von Anwendungskomponenten während des Lebenszyklus des Systems überdauert. Es kann sich beispielsweise um ein System für Versicherungen, das Anwendungen für Hausrat, Feuer- und Autoversicherungen integriert oder um ein Luftfahrtsystem für die zentrale Überwachung von Autopilotsystemen, Lotsen- und Landungssystemen handeln.

Die Systemebene ist deshalb von Interesse, weil hier im Vergleich zur Anwendungsebene die Kräfte sehr stark variieren. Beim Wechsel in die oberen Bereiche nehmen die Auswirkungen von Änderungen und zunehmender Komplexität dramatisch zu. Innerhalb einer Anwendung kann es zu seltenen Änderungen kommen. Auf der Systemebene bewirken diese Änderungen auf der Anwendungsebene kumulative Änderungen mit möglicherweise systemweiten Auswirkungen. Erfolgt beispielsweise einmal jährlich ein gestaffelter Upgrade für Dutzende von kooperierenden Anwendungen, führt das für das Gesamtsystem zu monatlichen Upgrades, verbunden mit den Risiken notwendiger Änderungen an vorhandener Software, die den Rest der Anwendungen betreffen.

Bei jeder Anwendung kann es sich um ein komplexes Programm mit Hunderten von Klassen und Tausenden von Methoden handeln. Wenn wir die Systemebene betreten, nimmt die Komplexität des Systems schneller als die der einzelnen Anwendungen zu. Aus der einen Perspektive gleicht das System einem umfangreichen Programm, das die Einheit aller einzelnen Anwendungen bildet. Da die Anwendungen kommunizieren müssen, implementiert zusätzliche Software die Verbindungen zwischen den Anwendungen. Wird diese Komplexität nicht korrekt gehandhabt, dann gleicht das System mit N Anwendungen einem wesentlich größeren Programm mit N komplexen Modulen und $N \cdot N$ Verbindungen untereinander (Abbildung 2.13). Zur Komplexität auf der Systemebene gehören auch die Kommunikationsmechanismen und die verteilte Verarbeitung.

Stovepipe-Schnittstellen

Anzahl *(N*N)*

Abb. 2.13: Wenn jedes Subsystem eine eigene Schnittstelle besitzt, dann wird das System zu komplex.

Diese Komplexität führt auch zu sehr vielen unterschiedlichen Lösungsvarianten. Viele Lösungen auf Systemebene werden ad hoc oder einmalig von Hand für bestimmte Anwendungsimplementierungen vorgenommen. Innerhalb eines Unternehmens kann es viele Software-Systeme mit voneinander abweichenden Software-Architekturen geben. Auf der Systemebene soll eine Infrastruktur bereitgestellt werden, die ein einfaches PlugIn der Anwendungen ermöglicht, damit die Zusammenarbeit der Anwendungen erleichtert wird. Ziel ist es, dabei Architektur wieder zu verwenden, damit die Anwendungen von den Gemeinsamkeiten der Systeme profitieren können, was auch die Kompatibilität und die Wiederverwendung von Software betrifft.

Die beiden elementaren Aufgaben auf der Systemebene sind der Umgang mit den Änderungen und mit der Komplexität. Funktionalität und Performance spielen auf der Anwendungsebene eine wichtigere Rolle, wo sie direkt gesteuert werden. Die Komplexität lässt sich durch Erreichen des richtigen Maßes an Abstraktion für die Systemarchitektur managen. Beim Changemanagement liegt der Schwerpunkt auf der Entwicklung allgemeiner Schnittstellen. Damit wird festgelegt, wie auf Dienste zugegriffen wird. Allgemeine Schnittstellen ermöglichen einen Austausch der Komponenten von Anwendungen und Systemen. Eine gute Architektur vereint in sich das richtige Maß an Abstraktion und die angemessene Anzahl allgemeiner Schnittstellen.

Die Systemebene implementiert das interne Modell des Systems und sorgt für die erforderliche Kohäsionskraft, die die Anwendungen für eine effektive Kooperation miteinander benötigen (siehe Abbildung 2.10). Die drei Schlüsselelemente dieser Ebene sind die horizontalen und vertikalen Schnittstellen sowie die Metadaten. *Horizontale Schnittstellen* sind allgemeine Schnittstellen, die für die Wiederverwendung innerhalb eines Unternehmens vorgesehen sind. Horizontale Schnittstellen können beispielsweise generische Operationen für den Datentransfer und Zugriff enthalten. Sie können Mechanismen für die Wiederverwendung und Verwaltung von Anwendungen zur Verfügung stellen. *Vertikale Schnittstellen* werden im Hinblick auf fachspezifische Anforderungen und Vertikalkräfte angepasst. Die Bereitstellung von Funktionalität für den Endanwender und die Optimierung der Leistungsfähigkeit sind die Hauptmotive bei den vertikalen Schnittstellen. *Metadaten* sind selbsterklärende Informationen, die Dienste und Daten festlegen, die innerhalb des Systems zur Verfügung stehen. Metadaten verleihen dem System Flexibilität für einen dynamischem Umgang mit Änderungen. Horizontale und vertikale Schnittstellen bilden gemeinsam mit den Metadaten die Systemebene der Software-Architektur.

Bei den Entwurfsmustern für die Systemebene werden Struktur- und Verhaltensmuster unterschieden. *Strukturmuster* sind solche mit einer spezifischen Struktur oder einer Reihe von zueinander in Beziehung stehenden Komponenten. Auf der Systemebene beinhalten sie Gateways, ein Repository sowie die objektorientierte Architektur der Komponenten und des Bereichs. *Verhaltensmuster* legen das Verhalten eines Systems unter unterschiedlichen Bedingungen fest. Grundlagen der Verhaltensmuster sind Kategorien der Wiederverwendung, Client/Server-Modell, Multitier-Architektur und Automation.

2.4.7 Unternehmensebene

Die Unternehmensebene bildet die umfangreichste architektonische Schicht innerhalb eines Unternehmens. Auf Unternehmensebene umfasst Software mehrere Systeme. Jedes System besteht aus mehreren Anwendungen (siehe Abbildung 2.14), zum Beispiel aus Programmen für die Abwicklung von Bank-, Hypotheken- und Versicherungsgeschäften oder aus Anwendungen für eine U-Bahn (Fahrkarten-, Abrechnungs- und Fahrplanprogramme usw.). Anders als auf der globalen Ebene hat ein Unternehmen auf der Unternehmensebene die Kontrolle über seine Ressourcen und Strategien. Es legt die eigenen Strategien und Prozeduren fest, die für das gesamte Unternehmen gültig sind. Die Entwurfsmuster für die Unternehmensebene bieten Anleitungen für architektonische Designentscheidungen, die Struktur, Stil und zukünftiges Wachstum der Unternehmenssoftware betreffen. Sie helfen bei der Definition der erforderlichen Richtlinien und berücksichtigen die Autonomie unterer Ebenen. Die Unternehmensebene unterscheidet sich insofern von der globalen Ebene, als sie sich auf einen definierten Einflussbereich beschränkt. Ziel ist es, Software zur Verfügung zu stellen und die Kosten durch einheitliche Richtlinien und im ganzen Unternehmen einsetzbare Dienstprogramme zu reduzieren. Durch Festlegung organisatorischer Abläufe nach der Vorlage der Entwurfsmuster können viele der für Unternehmen typischen Probleme entschärft werden. Beispielsweise können mit klaren Vorgaben für Dateiformate oder Netzwerkstandards viele Probleme bei der Anschaffung neuer Produkte vermieden werden, die bei mangelnder Kompatibilität keinen Datenaustausch zulassen.

Modell der Software-Designebenen

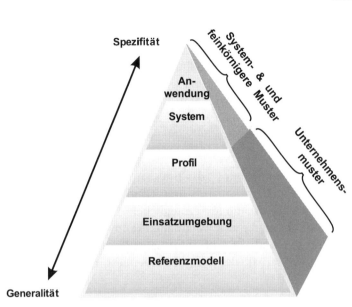

Abb. 2.14: Die Unternehmensarchitektur legt die technische Umsetzung von Vorgaben, des Standardreferenzmodells, der allgemeinen Einsatzumgebung und der Anwendungsprofile fest.

Auf der Unternehmensebene sind vier Kategorien des Informationsmanagements durch die Software zu berücksichtigen: die betriebliche Einsatzumgebung, die Kommunikation zwischen verteilten Prozessen, das Ressourcenmanagement und die organisatorischen Profile. Daneben müssen auf dieser Ebene bestimmte Entscheidungen getroffen werden, die für die jeweiligen Unternehmensarten einmalig sind. Einige allgemeine Merkmale von Entscheidungen auf Unternehmensebene werden als Anleitung für das Erkennen und Anwenden einiger dieser weniger verbreiteten Muster vorgestellt.

Auf der Unternehmensebene sind auch die verschiedenen organisatorischen Modelle angesiedelt, die ein Unternehmen beim Einsatz der unterschiedlichen Standards leiten, beispielsweise für organisatorische Richtlinien, für Richtlinien für die Sicherheit und den Datenzugriff sowie für infrastrukturelle Fragen wie etwa der verfügbaren Kommunikationsprotokolle oder der Platzierung gemeinsam genutzter Ressourcen.

2.4.8 Globale Ebene

Die globale Ebene ist die breiteste architektonische Schicht, auf der mehrere Unternehmen angesiedelt sind. Die Grenzen globaler Systeme sind kaum festzulegen. Über die Welt verteilt wird von der Mehrzahl der Unternehmen eine Mischung aus De-facto- und formalen Standards verwendet. Hauptthema ist der unternehmensübergreifende Einsatz von Software. Die globale Ebene betrifft Sprachen, Standards und Richtlinien, die mehrere Unternehmen betreffen. Globale Systeme schlagen Brücken zwischen Unternehmen und können von mehreren Unternehmen gemeinschaftlich kontrolliert werden. Aufgabenstellung auf der globalen Ebene ist die Verwirklichung der gemeinsamen Ziele mehrerer Unternehmen. Die globale Ebene kann beispielsweise eine Reihe einsetzbarer Standards und Protokolle bereitstellen, die den Unternehmen dadurch Vorteile verschaffen, dass sie eine prinzipielle Zusammenarbeit und Kommunikation zwischen unterschiedlichen Unternehmen ermöglichen.

Das beste Beispiel für ein globales System ist das Internet, das durch eine Sammlung weltweit verbreiteter verwandter Standards und Richtlinien definiert ist, die die gemeinsame Nutzung von Informationen ermöglichen. Ein wichtiger Aspekt des Internets sind die Standards, an die sich jeder halten kann, der Informationen zur Verfügung stellen möchte und der auf Informationen anderer zugreifen möchte. Die Benutzung liegt außerhalb der Kontrolle einer bestimmten Organisation und steht jedem frei.

Ebenfalls der globalen Ebene zuzuordnen sind die Software-Standards. Es gibt vier Hauptkategorien für die Standards der Computerindustrie: formale, De-jure-, De-facto- und Konsortiumstandards.

1. *Formale Standards* werden von akkreditierten Körperschaften für formale Standards durchgesetzt, beispielsweise von der International Standards Organization (ISO), der ANSI und der IEEE.

2. *De-jure-Standards* sind gesetzlich festgelegt und werden von einer staatlichen Behörde festgelegt, zum Beispiel Standards wie Ada95 und GOSIP.

3. *De-facto-Standards* haben ihren Status durch die allgemeine Verwendung erlangt. Zurzeit verbreitete De-facto-Standards sind Microsoft Windows und Office, TCP/IP und die verschiedenen Internet-Protokolle (IIOP).

4. *Konsortiumstandards* werden von unterschiedlichen Gruppen festgelegt, beispielsweise von der OMG und der Open Group. Normalerweise handelt es sich bei formalen und De-jure-Standards lediglich um Spezifikationen, während De-facto- und Konsortiumstandards auch eine Implementierung umfassen können.

2.4.9 Zusammenfassung

Abbildung 2.15 zeigt eine Zusammenfassung der Ebenen, die Gegenstand der vorgestellten Mustersprache sind. Die Anwendungsebene betrifft die vom Benutzer geforderte Funktionalität und Leistungsfähigkeit. Auf der nächsthöheren Stufe definiert die Systemebene den Software-Verbund von Anwendungen. Die Entwicklung vertikaler und horizontaler Schnittstellen für die Kompatibilität zwischen den Anwendungen erfolgt auf Systemebene. Zusammen mit den horizontalen und vertikalen

Schnittstellen werden die Metadaten für die Flexibilität während der Laufzeit definiert, damit viele Arten von Systemänderungen ohne Änderungen an der Anwendungssoftware möglich sind. Die nächsthöhere Stufe ist die Unternehmensebene, auf der betriebliche Richtlinien und Vorgaben für Abläufe definiert werden. Auf dieser Ebene kontrolliert das Unternehmen die Referenzmodelle und die Betriebsumgebung und trifft Entscheidungen zum Wohle des Unternehmens. Auf der globalen Ebene werden Standards als technische Übereinkommen und Konsens zwischen Unternehmen vereinbart.

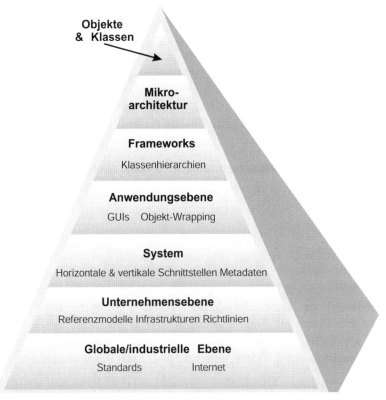

Abb. 2.15: Das Modell der Software-Entwurfsebenen zeigt die Ebenen, mit denen sich die AntiPatterns aus Kapitel 5 bis 7 beschäftigen.

2.5 Architektonische Ebenen und Urkräfte

Die Urkräfte sind bestimmende Belange, die fast alle Software-Entscheidungen beeinflussen. Die Abstimmung zwischen diesen Belangen wirkt sich auf die endgültige Qualität der Software-Architektur auf allen Ebenen aus. Um die Entscheidungsfindung zu vereinfachen und die Trennung der Bereiche voneinander zu verdeutlichen, wurde versucht, die relative Bedeutung der Urkräfte auf jeder architektonischen Ebene zu bewerten (Abbildung 2.16).

	Anwendungs-"Programmierer"	System-"architekt"	Technologische Abteilung	Globale Geschäftsführung
Funktionalitätsmanagement	1			
Leistungsmanagement	2			
Komplexitätsmanagement		2		
Management der Änderungen		1	2	
Ressourcenmanagement			1	2
Management des Technologietransfers				1

Abb. 2.16: Die Urkräfte haben auf jeder architektonischen Ebene unterschiedliche relative Prioritäten.

Auf der Anwendungsebene sind die Software-Entwickler primär mit der Funktionalität und Performance beschäftigt, um den funktionalen Anforderungen der Anwender gerecht zu werden. Schwerpunkt der Systemebene ist die Entwicklung einer effektiven Infrastruktur für die Komplexität und zukünftige Änderungen, die die Gesamtkosten für die Entwicklung und Pflege des Software-Systems eines Unternehmens reduzieren soll. Der Architekt der Systemebene ist für die Anpassungsfähigkeit und dafür verantwortlich, dass das gesamte Systemdesign den sich entwickelnden Bedürfnissen des Unternehmens angepasst werden kann.

Auf der Unternehmensebene liegt der Schwerpunkt auf dem Ressourcenmanagement, da umfangreiche Systeme sich oft aus Tausenden von interagierenden Komponenten und Diensten zusammensetzen. Außerdem überlagert das Changemanagement andere Urkräfte, die auf unteren Ebenen behandelt werden. Das Ressourcenmanagement gewinnt mit zunehmender Vergrößerung des Unternehmens an Bedeutung.

Auf globaler Ebene liegt die Aufmerksamkeit auf dem Einsatz vorhandener Standards und der effektiven Nutzung vorhandener Kenntnisse für eine optimale Unternehmensentwicklung. Allerdings werden die Entscheidungsmöglichkeiten bei der Auswahl von Lösungen dadurch eingeschränkt, dass ein Unternehmen nur beschränkten Einfluss auf die global eingesetzten Technologien hat. Auf globaler Ebene ist es äußerst wichtig, auf dem neuesten Stand der Technik zu sein.

Die Mustersprache untersucht die wiederkehrenden Strukturen der einzelnen Ebenen und präsentiert detaillierte Lösungen für die jeder architektonischen Ebene inhärenten Probleme. Entwurfsmuster zeichnen sich dadurch aus, dass sie für ein wiederverwendbares architektonisches Design sorgen, das die Urkräfte ausbalanciert. Ein natürlicher Nebeneffekt einer guten objektorientierten Architektur, die die Kräfte effektiv ausbalanciert, sind reduzierte Gesamtkosten für die Software-Entwicklung, da die Unterhaltungskosten sich verringern und die Dienste während der meisten Zeit zur Verfügung stehen.

Kapitel 3

Vorlagen für Entwurfsmuster und AntiPatterns

Die Verwendung von Vorlagen unterscheidet Entwurfsmuster und AntiPatterns von anderen Ansätzen. Die Vorlage sorgt dafür, dass wichtige Fragen zu jedem Entwurfsmuster in einer Mustersprache, mit einem Musterkatalog oder Mustersystem beantwortet werden. Ohne eine Vorlage ist ein Entwurfsmuster nur irgendein unstrukturierter Vorschlag nach dem Motto: »Dies ist ein Entwurfsmuster, weil ich Experte bin und das behaupte.« Eine solche Vorgehensweise ist nicht akzeptabel. Ohne Struktur ist schwer festzustellen, was ein Entwurfsmuster ist und was nicht. Das liegt daran, dass es keine erkennbare Form oder Unterscheidung zwischen einfachen technischen Erörterungen und Untersuchungen zu Entwurfsmustern gibt.

Eine Mustersprache (oder ein Katalog) ist eine Sammlung zusammenhängender Entwurfsmuster. Jedes Entwurfsmuster ist eine in sich konsistente, rhetorische Vorlage. Eine rhetorische Struktur meint in diesem Zusammenhang eine ausgereifte Logik in den Musterbeschreibungen. Diese konsistente, logische Struktur ist ein unmittelbares Ergebnis der Verwendung der Vorlage. Jeder Abschnitt der Vorlage hat einen rhetorischen Zweck. Sie ist Teil einer technischen Beweisführung und jeder Abschnitt beantwortet einige Schlüsselfragen über das entsprechende Entwurfsmuster.

Absicht und Tiefe der rhetorischen Struktur variieren bei den einzelnen Musterkatalogen. Die Struktur der Vorlage wird so ausgewählt, dass sie sich mit den Bedürfnissen und Ressourcen des Anwenders deckt. Einige der wichtigsten Vorlagenformen werden in den folgenden Abschnitten beschrieben.

3.1 Degenerierte Form

Degenerierte Entwurfsmuster besitzen keine erkennbaren Vorlagen. Verglichen mit Vorlagenmustern enthalten degenerierte Muster nur einen Inhaltsabschnitt. Es folgt ein Beispiel für eine degenerierte Musterform.

3.1.1 Degenerierte Patternform

Fachliche Diskussion: Was hat der Verfasser zu diesen Konzepten zu sagen?

Ist es ein Entwurfsmuster? Es ist eine subjektive Einschätzung. Man kann es als Entwurfsmuster bezeichnen, weil der Verfasser diese Bezeichnung gewählt hat. Die Reputation des Verfassers oder dessen subjektive Einschätzung reichen aber allein nicht aus.

Die degenerierte Form bietet keine bestimmten Konventionen oder Anleitungen an, auf die sich der Praktiker verlassen kann. Die Leser müssen den Text des Verfassers analysieren, um zu ermitteln, welches das Problem, die Absicht, der Kontext, die Kräfte, die Lösung, die Vorteile, Konsequenzen, Beispiele usw. sind. In der Praxis fehlt wahrscheinlich das eine oder andere dieser Elemente.

3.2 Entwurfsmuster nach Alexander

Die traditionelle Vorlage von Christopher Alexander besteht aus drei Abschnitten: Name, Problem und Lösung. Das Wort FOLGLICH unterteilt die Erörterung. FOLGLICH steht zwischen der Erörterung von Sachverhalten und der Erörterung eines Entwurfs. Es folgt ein Beispiel für eine alexanderinische Musterform.

3.2.1 Patternform nach Alexander

Name: Wie nennt der Verfasser dieses Konzept?

Fachliche Diskussion: Gibt es verwandte Sachverhalte?

FOLGLICH

Welches ist die gemeinsame Lösung für diese Sachverhalte?

Diese Form enthält eine essenzielle Unterscheidung zwischen Motivation und Aktion. Gemäß Konvention wird ihr ein Schaubild beigegeben, das eine wichtige räumliche Abstraktion der vorgestellten Ideen zeigt. Sie entspricht dem Minimum für die Beschreibung eines Entwurfsmusters.

3.3 Minimalvorlage (Mikromuster)

Die minimale, rhetorische Struktur eines Software-Entwurfsmuster enthält Name, Problem und Lösung. Der Name legt eine eindeutige Terminologie fest, das Problem beschreibt den Kontext, die Kräfte und/oder Anwendbarkeit und die Lösung ist der Inhalt des Entwurfsmusters (was zur Lösung des Problems geschehen soll). Diese Struktur eignet sich für eine ballastfreie Musterdokumentation im Rahmen eines Workshops oder während einer Beratung, wo Zweckmäßigkeit und Inhalt im Vordergrund stehen und das Formale Nebensache ist. Sie ist außerdem übersichtlich, was für die Veröffentlichung in einigen Medien erforderlich ist. Es folgt die Standardvorlage für ein Mikromuster.

3.3.1 Mikrovorlage

Name: Wie soll das Muster für den Praktiker genannt werden?
Problem: Was ist das Motiv für die Anwendung dieses Musters?
Lösung: Wie wird das Problem gelöst?

3.4 Minivorlage

Ein Minipattern zerlegt das Problem oder die Lösung, um einen Lerneffekt zu erzielen. Der nächste wichtige rhetorische Aspekt eines Musters ist der *Lerneffekt*, insbesondere bezüglich des Kontextes und der Kräfte und/oder der Vorteile der Konsequenzen. Das Wichtige ist, dass diese Abschnitte die Frage nach dem »Warum?« für die Lösung beantworten und Informationen dazu liefern, wann das Muster anzuwenden ist. Es folgen zwei einfache Beispiele für Minivorlagen.

3.4.1 Induktives Minipattern

Name: Wie soll dieses Muster für den Praktiker benannt werden?
Kontext: Welche Umgebung und welchen Annahmen werden für die Anwendung dieses Musters vorausgesetzt?
Kräfte: Welches sind die unterschiedlichen Motivationen für den Entwurf, die gegeneinander abgewogen werden müssen?
Lösung: Wie wird das Problem gelöst?

3.4.2 Deduktives Minipattern

Name: Wie soll dieses Muster für den Praktiker benannt werden?
Problem: Was ist das Motiv für die Anwendung dieses Musters?
Lösung: Wie wird das Problem gelöst?
Vorteile: Welche möglichen Vorteile bietet die Anwendung dieses Musters?
Konsequenzen: Welches sind die möglichen Nachteile und Konsequenzen der Anwendung dieses Musters?

Es werden zwei Vorlageformen bei den Minipattern unterschieden, nämlich ein induktives und ein deduktives. Das induktive Minipattern hat die Anwendbarkeit des Musters als Schwerpunkt. Das deduktive Minipattern konzentriert sich auf das Resultat der Lösung: Vorteile und Konsequenzen.

3.5 Formale Vorlagen

Der Beschreibung von Entwurfsmustern und AntiPatterns könnten noch viele andere Abschnitte hinzugefügt werden. Hinweise mit Verweisen auf verwandte Muster sowie auf nicht musterorientierte Konzepte sind ebenfalls nützlich und für eine vollständige formale Behandlung erforderlich. Einige der formalen Vorlagen, die in Veröffentlichungen benutzt werden, werden hier zusammengefasst. Beachten Sie, dass es sich im Folgenden um paraphrasierende Zusammenfassungen der Definitionen der Originalvorlage der Verfasser handelt. Die GoF-Vorlage ist eine formale Vorlage, die sich für Muster auf der Ebene der Mikroarchitektur eignet [Gamma 94].

3.5.1 GoF-Entwurfsmuster

Mustername: Wie heißt das Muster?

Musterklassifizierung: Handelt es sich um ein erzeugendes, ein Struktur- oder ein Verhaltensmuster?

Intention: Welches Problem löst dieses Muster?

Auch bekannt unter dem Namen: Gibt es andere Namen für dieses Muster?

Motivation: In welchem Beispielszenario findet dieses Muster Anwendung?

Anwendbarkeit: Wann wird dieses Muster angewendet?

Struktur: Wie sehen die Diagramme der Klassenhierarchie für die Objekte dieses Musters aus?

Beteiligte Objekte: Welche Objekte sind an diesem Muster beteiligt?

Zusammenarbeit: Wie arbeiten diese Objekte zusammen?

Konsequenzen: Welches sind die Folgen der Verwendung dieses Musters?

Implementierung: Welche Techniken oder Sachverhalte müssen bei der Verwendung dieses Musters beachtet werden?

Beispielcode: Gibt es Quellcode als Beispiel für dieses Muster?

Bekannte Verwendungen: In welchen Systemen wird dieses Muster in der Praxis angewendet?

Verwandte Muster: Welche anderen Muster dieser Mustersammlung sind mit diesem Muster verwandt?

3.5.2 System der Mustervorlage

Das System der Mustervorlage ist eine formale Vorlage für mehrere Ebenen wie Sprachebene, Anwendungsebene und Systemebene [Buschmann 96].

Name: Wie heißt dieses Entwurfsmuster?

Auch bekannt unter dem Namen: Wie heißt das Muster außerdem noch?

Beispiel: Gibt es ein Beispiel für die Notwendigkeit dieses Entwurfsmusters?

Kontext: Wann wird dieses Muster angewendet?

Problem: Welches Problem löst dieses Muster?

Lösung: Welches Prinzip liegt diesem Muster zugrunde?

Struktur: Welche Objekte sind beteiligt und verwandt (Strukturdiagramm)?

Dynamik: Wie arbeitet dieses Objekt mit anderen zusammen (Interaktionsdiagramm)?

Implementierung: Gibt es Hinweise für die Implementierung dieses Musters?

Beispiellösung: Wie wurde das Beispiel mit dem Muster gelöst?

Varianten: Welche wichtigen Varianten dieses Musters gibt es?

Bekannte Verwendungen: Wo wird dieses Muster in der Praxis angewendet?

Konsequenzen: Welche Vor- und Nachteile sind mit der Verwendung dieses Musters verbunden?

Siehe auch: Gibt es verwandte Muster und worin unterscheiden sie sich?

3.6 Die Entwurfsmustervorlage überdenken

Viele praktische Erfahrungen mit den ersten Vorlagen waren sowohl für den Theoretiker als auch für den Praktiker mehr als unbefriedigend. Normalerweise vermitteln Muster eine einfache Idee. Häufig enthielten die Beschreibungen den Lesern aber zu viele Details, Sachverhalte und Vorbesprechungen. Dies ist vor dem Hintergrund der Tatsache, dass die Mustervorlagen seit den rätselhaften »degenerierten Vorlagen« einen weiten Weg hinter sich gebracht haben, eine interessante Reaktion.

Erforderlich war eine schnelle und geeignete Form der Vermittlung. Ein wichtiger Punkt war der wirksame Einsatz der Vorlagen in einem soliden Referenzmodell. An Stelle der völlig unabhängigen Muster (bezüglich des Kontextes und der Kräfte) ließ das Referenzmodell der *CORBA-Entwurfsmuster* die horizontale (allgemeine) Definition des Kontextes und der Kräfte der einzelnen Ebenen des Software-Designs zu. Durch Behandlung dieser Gemeinsamkeit in einem eigenen Kapitel über das Referenzmodell wurden zahlreiche Seiten mit verbalen Präliminarien bei fast allen Entwurfsmustern vermieden.

Darüber hinaus sollte die Vorlage für die Verständlichkeit besser strukturiert werden. Vor dem Hintergrund, dass es sehr viele Entwurfsmuster kennen und anwenden zu lernen gilt und hinsichtlich der Tatsache, dass die meisten Entwickler beruflich unter starkem Zeitdruck stehen, wurden die Vorlagenabschnitte so gegliedert, dass der Leser sehr viel über ein Muster erfährt, bevor er mit einer weiterführenden Erörterung konfrontiert wird.

Die CORBA-Entwurfsmuster sind so gegliedert, dass die meisten erklärenden Informationen am Anfang stehen. Die Vorlage beginnt mit im Referenzmodell definierten Schlüsselwörtern, auf die eine zusammengefasste Intentionsbeschreibung und ein abstrahierendes Diagramm der Lösung folgen. Die Anwendbarkeit wird in einer nach Prioritäten geordneten Liste angegeben, die sehr schnell die wichtigsten Motive für die Verwendung des Musters beschreibt. Die Zusammenfassung der Lösung erklärt die Herangehensweise des Musters knapp. Die auf die Zusammenfassung der Lösung folgenden Abschnitte machen sie plausibel.

In der Praxis hat sich herausgestellt, dass Abschnitte mit Diskussionen von Lösungsvarianten einige Leser verwirren. Den Lösungsvarianten wird ein eigener Abschnitt gewidmet, so dass die Lösung kein verwirrendes Für und Wider enthält. Ein weiterer Abschnitt behandelt alternative Software-Ebenen und die Unterschiede der Entwurfsmuster bei ihrer Anwendung auf andere Ebenen des Software-Designs.

3.6.1 CORBA-Entwurfsmustervorlagen

Lösungsname:

Lösungstyp: Handelt es sich um ein Software-Entwurfsmuster, ein technisches Entwurfsmuster, ein Prozess-Entwurfsmuster oder eine Rollen-Entwurfsmuster (nur Schlüsselwort)?

Intention: Wofür ist dieses Muster gedacht (mit 25 oder weniger Wörtern ausgedrückt)?

Urkräfte: Welche der Horizontalkräfte des Referenzmodells werden von diesem Muster am besten gelöst?

Anwendbarkeit auf dieser Ebene: Wann wird dieses Muster angewendet, welches sind die wichtigen Motive, die diesem Muster zugrunde liegen (in einer geordneten Liste)?

Zusammenfassung der Lösung: Wie sehen Musterlösung und Vorgehensweise aus (kurze und bündige Beschreibung)?

Vorteile: Welche primär positiven Ergebnisse hat die Anwendung dieses Musters (geordnete Liste)?

Andere Konsequenzen: Welches sind die primär negativen Konsequenzen der Anwendung dieses Musters (geordnete Liste)?

Übertragung der Lösung auf andere Ebenen: Worin unterscheidet sich dieses Muster, wenn es auf andere Software-Ebenen angewendet wird?

Verwandte Lösungen: Querverweise und Hinweise zu anderen Mustern (unter Berücksichtigung anderer Veröffentlichungen) und anderen Vorgehensweisen, zu Veröffentlichungen und Quellen. Verweise auf grundsätzlich alles, was außerhalb der Musterbeschreibung vorliegt und dem Leser von Nutzen sein könnte.

Beispiel: Ein praktisches Beispiel für dieses Muster aus dem Kontext einer Anwendung (möglichst mit Quellcode).

Hintergrund: Andere relevante Informationen.

3.7 AntiPattern-Vorlagen

AntiPatterns sind eine neue Form der Entwurfsmuster. Ein grundlegender Unterschied zwischen einem Entwurfsmuster und einem AntiPattern besteht darin, dass bei einem AntiPattern eine Lösung negative Konsequenzen hat. Einige Konsequenzen können offensichtlich sein (die Symptome) und von anderen kann man ausgehen (die Konsequenzen). Sinnvollerweise gehören zu den AntiPatterns auch Lösungsvorschläge. Entwurfsmuster und AntiPatterns lassen sich also auch darin unterscheiden, dass es zwei Lösungen gibt (an Stelle eines Problems und einer Lösung). Die erste Lösung führt zu negativen Konsequenzen (Kräfte, die aufgelöst werden müssen). Die zweite Lösung ist eine Abwandlung (oder ein Refactoring) der ersten Lösung, die entscheidende Vorteile und stark reduzierte Konsequenzen hat.

Für gewöhnliche Entwurfsmuster müssen gemäß Konvention mindestens drei Lösungen bekannt sein. Da es zwei Lösungen gibt, weichen die AntiPatterns von dieser Regel ab. Da drei Lösungen nicht gleich sein können, ist die Lösung des Musters die beste Abstraktion der bekannten Verwendungen.

AntiPatterns sind anders, weil sie zwei Lösungen haben. Die erste Lösung, das AntiPattern, muss wie beim gewöhnlichen Entwurfsmuster mit der Dreierregel übereinstimmen. Leider ist es sehr unwahrscheinlich, dass jedes dieser drei Vorkommen des AntiPatterns auf die genau gleiche Weise gelöst wurde. Die zweite ist die beste praktische Lösung, die auf den für das AntiPattern bekannten Lösungen basiert, falls bekanntermaßen mehrere Lösungen existieren. Sie sind in der Vorlage ebenfalls zu finden.

3.7.1 Pseudo-AntiPattern-Vorlage

Hierbei handelt es sich um eine Art degenerierter Vorlage, mit der der Verfasser eine schlechte Lösung mit unangebrachten Begriffen beschreibt. Einige der ersten AntiPatterns, die im Internet versendet wurden, entsprachen dieser Form. Sie ist nicht besonders nützlich, weil sie subjektiv und durch ihren abwertenden Tonfall zu einseitig ist.

Name: Wie heißt das AntiPattern?

Problem: Welches sind die nachteiligen Eigenschaften?

3.7.2 Mini-AntiPatterns

Wie bereits erläutert, unterscheidet sich eine AntiPattern-Vorlage von einem Entwurfsmuster dadurch, dass zwei Lösungen vorgestellt werden. Die erste Lösung ist das AntiPattern-Problem und die zweite das Refactoring dieser Lösung. Diese Minimalform kann bei Bedarf mit anderen Vorlageabschnitten erweitert werden.

Name: Wie soll dieses AntiPattern für die Praxis bezeichnet werden (abwertend)?

AntiPattern-Problem: Welches ist die immer wieder verwendete Lösung mit den negativen Konsequenzen?

Refactoring: Wie lässt sich das Problem des AntiPatterns vermeiden, minimieren oder die Lösung umgestalten?

Bei einem Mini-AntiPattern kann die Erörterung der Lösung des AntiPatterns mit einem Cartoon oder einer Anekdote versehen werden. Ähnlich wie bei den Mini- und Makromustern sollen sie eine knappe Musterbeschreibung liefern.

3.8 Vollständige AntiPattern-Vorlage

Die folgende AntiPattern-Vorlage wird im verbleibenden Teil dieses Buches benutzt, um AntiPatterns vollständig zu dokumentieren. Eine Reihe einfacher AntiPatterns befinden sich als Mini-AntiPatterns grau hinterlegt in einem Minimalformat (vorherige Vorlage). Die vollständige AntiPattern-Vorlage umfasst eine Reihe erforderlicher und optionaler Abschnitte. Die Hauptabschnitte sind die allgemeine Form des AntiPatterns und das Refactoring der Lösung. Sie enthalten das Lösungspaar, das ein AntiPattern ausmacht.

- *AntiPattern-Name.* Der AntiPattern-Name ist eine eindeutige Nominalphrase mit bewusst abwertender Konnotation. Der Lösungsname des AntiPatterns führt einen neuen Begriff ein. Der Name wird im weiteren Verlauf zum Verweis auf die Grundlagen dieses AntiPatterns benutzt. Jedes AntiPattern benötigt einen Namen, damit es eindeutig identifiziert werden kann. Namen sind insofern wichtig, als sie die Grundlage der Terminologie eines Unternehmens bilden, wenn deren Mitglieder Software und Architekturen diskutieren und dokumentieren.

- *Auch bekannt als*: Weitere verbreitete oder beschreibende Bezeichnungen für das AntiPattern.

- *Häufigste Ebene.* Die Ebene wird mit einem Schlüsselwort aus dem Referenzmodell angegeben. Dieser Abschnitt gibt an, wo dieses AntiPattern im SDLM (Software-Design Level Model = Stufenmodell für das Software-Design) angesiedelt ist (siehe Abbildung 2.7). Jedes Muster wird logischerweise dort platziert, wo es am besten anwendbar ist. Eine sekundäre Erwägung für die Platzierung betrifft die Ebene der resultierenden Lösung. Sie können zwischen Sprache, Mikroarchitektur, Framework, Anwendung, System, Unternehmen oder global wählen. Die Ebene deckt auch die Dimensionen der Lösung ab. Einige Muster definieren auf mehreren Ebenen sinnvolle Lösungen. Die Formen neu angepasster Lösungen werden in der AntiPattern-Vorlage ebenfalls beschrieben.

- *Name der Lösung nach dem Refactoring.* Name der mit dem Refactoring ermittelten Lösung.

- *Lösungstyp des Refactoring.* Dieser Abschnitt enthält Schlüsselwörter aus dem Referenzmodell. Im SDLM bezeichnet er den Typ der Aktion, der sich aus der Lösung des AntiPatterns ergibt. Sie können unter *Software, Technologie, Prozess* oder *Rolle* wählen. *Software* verweist darauf, dass die neue Software von der Lösung geschaffen wurde. *Technologie* zeigt an, dass die Lösung die Anschaffung neuer Technologie oder Produkte bedingt. *Prozess* gibt an, dass die Lösung einen Prozess voraussetzt. *Rolle* gibt an, dass die Lösung die Zuweisung von Verantwortung an eine Person oder Gruppe verlangt. Diese vier unterschiedlichen Lösungstypen lassen sich wie folgt beschreiben:

    1. *Software-Muster* bilden im AntiPattern-Katalog die überragende Mehrheit. Software-Muster verlangen das Erstellen neuer Software. Die große Mehrheit der zurzeit verfügbaren Entwurfsmuster sind Software-Muster.

    2. *Technologiemuster* lösen Software-Probleme durch Einführung einer Technologie wie Java. Technologiemuster sind insofern ebenfalls Entwurfsmuster, als sie zu einem Software-Design und einer Implementierung führen, obwohl die Methode eine andere ist. Technologiemuster können etwas Programmierung verlangen, beispielsweise die Einrichtung eines Objekt-Wrappers für ein kommerzielles Software-Modul.

    3. *Prozessmuster* liefern die Definition von Aktivitäten, die für eine Lösung immer wiederholbar sind.

    4. *Rollenmuster* lösen Software-Probleme durch Zuordnung klarer Verantwortlichkeiten innerhalb des Unternehmens. Prozess- und Rollenmuster werden wegen der großen Bedeutung der Kommunikation und der personellen Organisation für die Lösung von Software-Problemen aufgeführt. Gelegentlich zeigt sich, dass eine einfache Klärung eines Prozesses oder der Verantwortlichkeiten die effektivste Maßnahme zur Beseitigung eines technischen Problems ist.

- *Hauptursachen.* Dieser Abschnitt enthält Schlüsselwörter aus dem Referenzmodell für die allgemeinen Gründe für dieses AntiPattern. Abgeleitet aus dem Abschnitt zu den Hauptursachen in Kapitel 2 können Sie zwischen *Hast, Desinteresse, Engstirnigkeit, Faulheit, Geiz, Ignoranz, Stolz* oder *Verantwortlichkeit* (die allgemeine Ursache) wählen.

- *Nicht ausgeglichene Kräfte.* Dieser Abschnitt enthält Schlüsselwörter aus dem Referenzmodell und nennt die ignorierten, missbrauchten oder überstrapazierten Urkräfte dieses AntiPatterns. Zur Auswahl stehen das *Funktionsmanagement*, das *Performancemanagement*, das *Komplexitätsmanagement*, das *Changemanagement*, das *IT-Ressourcen-Management* und das *Management des Technologietransfers*. Risiko liegt allen diesen Optionen zugrunde. Beachten Sie, dass das Management der IT-Ressourcen auch den allgemeinen und finanziellen Aspekten der Ressourcenverteilung und Beschaffung unterliegt.

- *Anekdotisches.* Dieser optionale Abschnitt enthält anekdotische Anmerkungen und unterhaltsames Material zum AntiPattern.

- *Hintergrund.* Dieser optionale Abschnitt kann weitere Beispiele für das Auftreten des Problems oder allgemeine Hintergrundinformationen enthalten, die nützlich oder interessant sind.

- *Allgemeine Form dieses AntiPattern.* Dieser Abschnitt enthält oft ein Diagramm, das die allgemeinen Symptome und Konsequenzen verdeutlicht. Es handelt sich um eine gegliederte Liste der Symptome und Konsequenzen, die sich aus diesem AntiPattern ergeben.

- *Symptome und Konsequenzen.* Eine gegliederte Liste der Symptome und Konsequenzen dieses AntiPatterns.

- *Typische Ursachen.* Ein gegliederter Abschnitt, in dem die eindeutigen Ursachen für dieses AntiPattern genannt werden (als Ergänzung zu den bereits erwähnten Hauptursachen).

- *Bekannte Ausnahmen.* Verhalten und Prozesse von AntiPatterns sind nicht immer falsch und oft gibt es spezielle Gelegenheiten, in denen dies der Fall ist. Dieser Abschnitt beschreibt kurz die wichtigsten Ausnahmen für jedes vollständige AntiPattern.

- *Refactoring-Lösung.* Dieser Abschnitt erklärt das Refactoring einer Lösung, das die im Abschnitt »Allgemeine Form« im AntiPattern erkannten Kräfte aufhebt. Diese Lösung wird ohne Varianten beschrieben, die im Abschnitt »Varianten« behandelt werden. Diese ist nach Lösungsschritten strukturiert.

- *Varianten.* Dieser optionale Abschnitt führt alle bekannten wichtigen Varianten dieses AntiPatterns auf. Außerdem werden alternative Lösungen beschrieben, sofern es welche gibt. Der Variantenabschnitt wurde zum Teil für eine weitere Verdeutlichung der allgemeinen Form und des Refactoring aufgenommen. Die Lösungen werden klar erläutert, ohne auf Nachteile der Hauptoptionen und alternative Designpunkte einzugehen. Der Variantenabschnitt enthält die Erweiterungen für mögliche Lösungen.

- *Beispiel.* Das Beispiel veranschaulicht, wie die Lösung für das Problem angewendet wird. Dabei werden die Details der Lösung miteinander verglichen. Dieser Abschnitt enthält üblicherweise folgende Teile: Ein Problemdiagramm, eine Problembeschreibung, ein Lösungsdiagramm und eine Lösungsbeschreibung. Er kann ein oder mehrere aus der Erfahrung gewonnene Beispiele für das AntiPattern enthalten.

- *Verwandte Lösungen.* Dieser Abschnitt enthält Literaturverweise oder wichtige Querverweise. Alle AntiPatterns, die mit diesem nahe verwandt sind, werden aufgeführt und die Unterschiede erklärt. Beziehungen zu Entwurfsmustern anderer Mustersprachen werden genannt und erläutert. Ausführliche Literaturangaben finden Sie in der Bibliografie am Ende des Buches. Die Verweise auf verwandte Muster sind ein wichtiger Aspekt der AntiPatterns. Jedes AntiPattern hebt bestimmte Kräfte auf und erzeugt neue. Die neuen Kräfte können mit verwandten Kräften aufgelöst werden, entweder auf der gleichen oder auf einer anderen Ebene. Dieser Abschnitt hebt auch Unterschiede zwischen ähnlichen Entwurfsmustern hervor.

  Außerdem erwähnt dieser Abschnitt verwandte Begriffe, Referenzen und Quellen. Verwandte Begriffe werden aus zweierlei Gründen erläutert: Einmal, um die eigenen Definitionen von den anderen Begriffen mit ähnlichen Bezeichnungen zu unterscheiden und um die Verbindung zu verwandten Konzepten mit anderem Namen herzustellen. Diese Mehrdeutigkeiten sind oft Ursache für Verwirrungen unter Software-Entwicklern. Die Literaturhinweise berücksichtigen die bekannte Terminologie, beispielhafte Technologien und wichtige Untersuchungen. Sie sind besonders für Experten hilfreich, die über diese Hinweise schnell eine Verbindung zwischen diesem Muster und anderen Arbeiten herstellen können. Versteht ein Rezensent einen oder mehrere der Bezüge, dann sind ihm auch die zentralen Ideen des Entwurfsmusters über eine andere Terminologie verständlich. (Dieser Effekt stellt sich auch bei anderen Mustersprachen ein. Ohne diesen Abschnitt wird deutlich mehr Zeit benötigt, um die Terminologieunterschiede zu begreifen.) Dieser Abschnitt dient sowohl als Verweisliste als auch als Hinweis auf synonyme Begriffe in anderen Arbeiten. Die Quellen verweisen auch auf andere Informationen und Institutionen, die sich mit dem Problem befassen.

- *Anwendbarkeit auf andere Gesichtspunkte und Ebenen.* Dieser Abschnitt beschreibt, wie das AntiPattern sich aus anderem Blickwinkel darstellt: aus dem des Managers, des Architekten oder Entwicklers. Er erwähnt auch die Relevanz der Muster für andere Ebenen. Nimmt ein Muster auf unterschiedlichen Ebenen andere »Namen« an, dann sollte dies an dieser Stelle erwähnt werden. Zu den in diesem Abschnitt beantworteten Fragen gehören: Was geschieht, wenn das AntiPattern auf unterschiedlichen Ebenen angewendet wird? Wie effektiv werden die Kräfte auf anderen Ebenen aufgehoben? Welche neuen Kräfte entstehen und wie werden sie aufgehoben? Wie ändern sich die wichtigen Kräfte, die das Entwurfsmuster beeinflussen, auf den unterschiedlichen Ebenen? Wie ändern sich die Funktionen der wichtigen Designelemente mit dem Wechsel der Ebenen?

Die AntiPatterns in den Kapiteln 5 bis 7 benutzen diese Vorlage zur Dokumentation der allgemeinen disfunktionalen Praxis in der Software-Entwicklung und schlagen praktische Lösungen vor, die sich zumindest bei drei bekannten Gelegenheiten als effektiv erwiesen haben. Diese Kapitel erörtern AntiPatterns für die Software-Entwicklung, architektonische AntiPatterns und Management-AntiPatterns. Diese Ebenen wurden gewählt, um die typischen Problembereiche bei der Software-Entwicklung ausreichend zu behandeln.

Kapitel 4

Hinweise für die Verwendung von AntiPatterns

Bei der Verwendung von AntiPatterns besteht die Gefahr, dass etablierte betriebliche Verfahrensweisen gestört werden. Bei ihrer Einführung wurden die AntiPatterns teilweise in einer destruktiven Weise eingesetzt. Es wurden zwar Ähnlichkeiten mit vielen der in diesem Buch vorgestellten AntiPatterns erkannt, sie dienten aber nicht als Katalysator für Veränderungen, sondern leisteten weniger sozialen Praktiken Vorschub, die zu vorzeitigen Versetzungen in den Ruhestand oder in abgelegene Firmenfilialen führten. Das Bloßstellen anderer mag manchem zwar eine kurzzeitige Befriedigung verschaffen, entspricht aber nicht der beabsichtigten Verwendung der Software-AntiPatterns.

In jeder Firma sind zu einem bestimmten Zeitpunkt mehrere AntiPatterns erkennbar. Das Fehlen von AntiPatterns garantiert aber dennoch nicht, dass alles in Ordnung ist. Tatsächlich laufen viele Firmen gut, obwohl an vielen Stellen der gesunde Menschenverstand nicht beachtet wird, was mit den AntiPatterns beschrieben werden kann. Die Auflösung eines AntiPatterns kann zwar zu einer Verbesserung der Software führen, es muss aber nicht jedes AntiPatterns behandelt werden. AntiPatterns eignen sich am besten für die Lösung chronischer Probleme, insbesondere dann, wenn dies zum Erreichen betrieblicher Ziele notwendig ist. Folgen Sie dem Rat: »Wenn etwas nicht kaputt ist, dann repariere es auch nicht, sondern lass es, wie es ist.«

Die AntiPatterns sollen die Aufmerksamkeit nicht auf Disfunktionalitäten richten. Vielmehr sollen mit ihnen Strategien zur Behebung auftretender Probleme entwickelt und implementiert werden. Schwächen bei Software-Projekten werden am besten schrittweise beseitigt. Ein Vorgehen, bei dem gleichzeitig mehrere AntiPatterns korrigiert werden, ist riskant und keine geeignete Vorgehensweise. Wenn Sie sich auf eine schrittweise Korrektur von Prozessen nach einem wohl durchdachten Plan konzentrieren, werden die Chancen für eine erfolgreiche Implementierung einer praktikablen Lösung wesentlich gesteigert. Darüber hinaus ist die Implementierung einer Lösung nur dann durchführbar, wenn die Mitarbeiter über die entsprechenden Fertigkeiten zur Lösung des Problems verfügen. Reicht der Wissensstand für die vollständige Implementierung einer AntiPattern-Lösung nicht aus, kann die Problemlösung unter Umständen schlimmer als die Ausgangslage sein.

4.1 Disfunktionale Umgebungen

Eine disfunktionale Arbeitsumgebung für die Software-Entwicklung ist eine Umgebung, in der mehr über betriebliche Interna und Kontroversen als über technische Probleme diskutiert wird. Wir selbst haben in solchen Umgebungen gearbeitet und sie in mehreren Software-Entwicklungsfirmen erlebt. Eine Arbeit in disfunktionalen Umgebungen ist abzulehnen.

AntiPatterns sollen disfunktionale Arbeitsumgebungen nicht noch weiter verschlimmern. Je disfunktionaler eine Umgebung wird, umso weniger differenziert, angenehm und produktiv ist der technische Diskurs. Nur eine anspruchsvollere technische Diskussion kann die Entwicklung einer Software vorantreiben. Anti-Patterns sollen Problembewusstsein schaffen. Bei der Verwendung von AntiPatterns können Sie frühzeitig erkennen, wann disfunktionale Praktiken zu negativen Konsequenzen führen. AntiPatterns bezeichnen falsche Praktiken eindeutig und nennen ihre Kennzeichen. Sie ermöglichen ein schnelles Erkennen, Vermeiden oder Lösen dieser Praktiken und führen zu interessanteren und produktiven Ansätzen.

AntiPatterns können die eigene Arbeitsweise, mit der man bisher bereits erfolgreich Software entwickelt hat, nicht vollständig umkrempeln. Sie sollen vielmehr ein neues Problembewusstsein schaffen. Sie sind intellektuelle Werkzeuge, die Ihnen in schwierigen Situationen und bei den inhärenten Widersprüchen bei der Software-Entwicklung helfen sollen.

4.2 AntiPatterns und Änderungen

Ein Wandel in der Software-Entwicklung ist offensichtlich unumgänglich. Wenn fünf von sechs Software-Projekten nicht zum Erfolg führen, muss etwas ernsthaft falsch laufen [Johnson 95]. Und wenn etwas in einem Unternehmen falsch läuft, sind die Gründe fast immer die gleichen: Die Bereitschaft zur Übernahme von Verantwortung ist nur mangelhaft ausgeprägt [Block 81]. Daher ist der wichtigste Schritt, die Mitarbeiter zur Übernahme von Verantwortung für die Probleme zu motivieren. Um den Mitarbeitern zu helfen, ihre Verantwortung zu übernehmen, ist eine Intervention erforderlich.

Ein klassisches Interventionsmuster ist eine Interviewtechnik, bei der nacheinander drei Fragen gestellt werden, um den Kern des Problems herauszuschälen:

1. Was ist das Problem?
2. Was wird zur Lösung des Problems beitragen?
3. Was tragen Sie zur Problemlösung bei?

Mit dieser Technik werden in einer Firma Informationen gesammelt. Die Beantwortung dieser Fragen schafft Bewusstsein für die eigene Verantwortlichkeit.

Im ersten Interventionsschritt gestehen sich die Teilnehmer ein, dass ein Problem vorliegt. Damit wird Problembewusstsein geschaffen. Software-AntiPatterns definieren die meisten allgemeinen Probleme deutlich und die Beschreibungen der Symptome und Konsequenzen machen Probleme und deren Auswirkungen erkennbar.

Ein Hauptaspekt bei der Problemlösung ist das Wissen um Alternativen. Optimisten gehen davon aus, dass es immer Alternativen gibt. Es ist wichtig zu wissen, dass es viele Alternativen zur Problemlösung gibt, denn das erleichtert die Implementierung von Änderungen. Die vorgeschlagenen AntiPattern-Lösungen zeigen dabei immer nur eine von vielen möglichen Alternativen. Bestimmte AntiPattern-Lösungen können aber auch für andere AntiPatterns anwendbar sein. Deshalb ist es sinnvoll, sich mit allen Lösungen zu beschäftigen, selbst wenn die allgemeine Form des AntiPatterns auf den ersten Blick nicht anwendbar zu sein scheint.

4.2.1 Feste und improvisierte Antworten

Entwurfsmuster und AntiPatterns dokumentieren einige der bekannten alternativen Lösungen. Als Reaktion auf einen Auslöser gibt es eigentlich zwei Arten von Antworten: improvisierte und feste Antworten. Eine improvisierte Antwort ist eine spontane Reaktion, die kein Muster liefert. Eine feste Antwort ist etwas Erlerntes oder Erprobtes, also ein Muster oder AntiPattern. Ob die Antwort zu positiven oder negativen Konsequenzen führt, hängt vom Kontext und dem Ergebnis des Musters ab. Impliziert der Kontext negative Konsequenzen, ist es ein AntiPattern. Führt der Kontext zu positiven Auswirkungen, handelt es sich um ein Entwurfsmuster.

Im falschen Kontext angewendet, kann ein Muster zum AntiPattern werden. Hierzu kommt es immer wieder durch vorgegebene veraltete Begriffe wie »strukturierte Programmierung« und »Altair 8080«. Wenn ein technologisches Paradigma (Muster) altert, werden seine Nachteile sichtbar. Unter Umständen wird es dann als AntiPattern verstanden. Dieses Schicksal ist ein Auslöser für die Ersetzung durch eine neue Technologie.

4.3 Neue AntiPatterns entwickeln

Mit diesem Buch wird das Forschungsfeld der AntiPatterns eingerichtet, es enthält aber nicht alle denkbaren Software-AntiPatterns. Die Analyse in den Kapiteln 5 bis 7 ist zwar einigermaßen umfangreich, stellt aber nur eine geringe Anzahl der Software-AntiPatterns vor. Interessanterweise haben einige erfahrene Entwickler noch nichts von den grundlegendsten AntiPatterns gehört (Spaghetti-Code und Stovepipe-System) und dem soll mit diesem Buch abgeholfen werden.

Bei der Software-Entwicklung gibt es viele isolierte Prozesse, aus denen viel gelernt werden kann. AntiPatterns bieten eine effektive Möglichkeit, Wissen einzufangen,

Ideen zu übertragen und die Kommunikation zu fördern. Es ist wichtig, dass das Erkennen von AntiPatterns und deren Dokumentation sowie eine vorgeschlagene Lösung von Praktikern der Software-Entwicklung übernommen wird. Die Dokumentation der AntiPatterns ist wichtig für die Verbreitung von Informationen und für das Erreichen eines Konsenses zur Beurteilung disfunktionaler Praktiken und für die effektive Umsetzung einer Lösung. Einige wichtige Beobachtungen werden Ihnen bei der zukünftigen Arbeit mit Mustern und AntiPatterns helfen:

1. *Entwurfsmuster beginnen mit einer wiederholt angewendeten Lösung.* Sie werden gewöhnlich rückwärts beschrieben, das heißt, das Entwurfsmuster beginnt mit einer immer wieder verwendbaren Lösung. Der Verfasser ergänzt später den Kontext und die Kräfte. Diese werden sorgfältig ausgearbeitet, um den Leser zu der eindeutigen, am Anfang stehenden Lösung zu führen. Das erklärt, warum viele Entwurfsmuster schwer zu lesen sind. Der Leser muss zuerst die Logik hinter dem Kontext und den Kräften entschlüsseln. Oft führt diese Logik zu einer vorbereiteten Schlussfolgerung und nicht zu einem tatsächlichen Verständnis der Kräfte, Symptome und Konsequenzen der wirklichen Situation. Die Lösung erscheint meist offensichtlich und einfach zu sein, insbesondere nach der detaillierten und in die Tiefe gehenden Untersuchung. AntiPatterns sind ein Versuch, das Ausgangsmaterial für ein Entwurfsmuster in einer für den Leser angenehmeren Form darzustellen.

2. *AntiPatterns beginnen mit einem immer wieder auftretenden Problem.* Ihre Beschreibung erfolgt der Reihenfolge nach. Das AntiPattern beginnt mit einem in der Praxis immer wieder verwendeten Entwurf. In einem typischen aktuellen Kontext hat diese Lösung offensichtlich negative Konsequenzen. Wählen Sie eine oder mehrere abwertende Bezeichnungen für das AntiPattern. Am besten sind Namen, die allgemein gebräuchlich sind. Die AntiPattern-Beschreibung schließt Symptome, Konsequenzen und Ursachen mit ein. Wir haben uns entschieden, Symptome und Konsequenzen gemeinsam aufzuführen. Symptome sind die Vergangenheit und Gegenwart, Konsequenzen die Zukunft. Eine Trennung von Symptomen und Konsequenzen würde einen Zeitrahmen für den Status des AntiPatterns festlegen.

3. *Nutzen Sie Arbeitsgruppen.* Es ist sinnvoll, die Beschreibung eines AntiPatterns und das Refactoring in einer Arbeitsgruppe zu diskutieren. Darüber hinaus hat sich herausgestellt, dass weniger formale Diskussionsrunden effektive Foren sind. Eine Gruppe kann Ihnen bestätigen, dass Sie wirklich ein AntiPattern beschrieben haben, wenn deren Mitglieder weitere Vorkommen des Musters kennen.

Die Erfahrung hat gezeigt, dass bei der Behandlung von Entwurfsmustern und AntiPatterns in einer Gruppe die AntiPatterns wesentlich mehr Spaß bereiten als die gewöhnlichen Muster. Ein gutes AntiPattern regt die Diskussion an und inspiriert die Diskussionsteilnehmer, eigene Erfahrungen und Ideen einzubringen.

4. *Beschreiben Sie selbst AntiPatterns.* Verfasser neuer AntiPatterns können sich immer wieder auftretenden Problemen widmen, die in verschiedenen Zusammenhängen auftreten (mindestens in drei Zusammenhängen, ähnlich dem Prinzip bei den Software-Entwurfsmustern). Um ein AntiPattern vollständig zu beschreiben, muss die Problembeschreibung des AntiPatterns und der Lösung durch eine Diskussion der Ursachen und Symptome ergänzt sowie ein oder mehrere konkrete Beispiele vorgestellt werden, um den Kontext zu verdeutlichen. Bei der Lösung sollte eines der Beispiele das erfolgreiche Refactoring einer Situation erörtern, die sich an die Anleitungen der Lösung hält. Das Beispiel muss nicht unbedingt aus dem aktuellen Projekt stammen, sondern kann auch eine Beziehung zur Erfahrung mit anderen Projekten aus anderen Unternehmen herstellen, selbst wenn es dort nicht unbedingt von Belang ist. Das Refactoring muss nicht unbedingt eine eindeutige Lösung liefern, sie sollte aber sehr relevant sein.

Beschreibungen verwandter AntiPatterns und alternativer Lösungen werden im Variantenabschnitt der AntiPatterns aufgeführt. Beim CORBA-Entwurfsmuster [Mowbray 97c] hat es sich als sinnvoll erwiesen, jene Varianten gesondert zu behandeln, die die Lösung verdeutlichen. Auf diese Weise wird die abgeleitete Lösung ohne verwirrende Vorbehalte präsentiert.

4.4 Zusammenfassung

Software-AntiPatterns sind ein neues Untersuchungsgebiet, das von den Entwurfsmustern abgeleitet wurde. Zu Beginn der Untersuchungen ging man davon aus, dass Software-AntiPatterns schwer zu erkennen seien. AntiPatterns waren aber bereits ein Allgemeinplatz der Software-Entwicklung und wurden bereits seit der Einführung programmierbarer Computer verwendet.

AntiPatterns bieten eine effektivere Möglichkeit, Software-Wissen auszutauschen, als dies bei den normalen Entwurfsmustern der Fall ist, weil

- AntiPatterns dem Software-Entwickler, dem Architekten und dem Manager Probleme dadurch verdeutlichen, dass sie Symptome und Konsequenzen aufzeigen, die zu disfunktionalen Software-Entwicklungsprozessen führen.

- AntiPatterns ein Motiv für eine Veränderung und die Notwendigkeit des Refactoring vermitteln.

- AntiPatterns für das Verständnis allgemeiner Probleme notwendig sind, mit denen die meisten Software-Entwickler konfrontiert werden. Von den Erfolgen und Fehlern anderer Entwickler zu lernen, ist notwendig und fruchtbar. Ohne diese Einsicht können die AntiPatterns nicht aus der Welt geschafft werden.

Teil II

AntiPatterns

AntiPatterns – Software-Entwicklung

Unser Interesse für AntiPatterns bei der Software-Entwicklung wurde durch die Präsentationen des Software-Beraters Mike Akroyd geweckt [Akroyd 96]. Die AntiPatterns von Akroyd definieren klassische Probleme beim objektorientierten Software-Design. Einige der AntiPatterns aus diesem Kapitel sind Erweiterungen seiner Konzepte (auf die Verweise). Eine interessante Eigenschaft der Akroyd-AntiPatterns ist die Tatsache, dass ein *Refactoring der Lösung* vorgenommen wird. Seine AntiPatterns verweisen daher nicht nur auf ein Problem, sondern zeigen gleichzeitig, wie es gelöst werden kann.

Gute AntiPatterns zeigen einen Weg für die Migration (oder das Refactoring) von der negativen zur positiven Lösung. AntiPatterns, die lediglich die negative Lösung beschreiben, werden *Pseudo-AntiPatterns* genannt. Ein Pseudo-AntiPattern ist eine Art Schmährede per E-Mail. Nach der Arbeit mit den Akroyd-AntiPatterns haben wir Beispiele für AntiPatterns und Pseudo-AntiPatterns im Internet gefunden. Auf der Konferenz für Mustersprachen des Programmdesigns (PLoP = Pattern Languages of Program Design) wurden ebenfalls ähnliche Themen angesprochen, zum Beispiel im Beitrag *Big Ball of Mud* [Foote 97].

5.1 Software-Refactoring

Eines der Hauptziele bei der Entwicklung von AntiPatterns ist die Beschreibung einer sinnvollen Form des Software-Refactoring. *Software-Refactoring* ist eine Art der Codemodifikation zur Verbesserung der Software-Struktur für spätere Erweiterungen und die langfristige Programmpflege. Meist ist es das Ziel, Code umzuwandeln, ohne dessen Korrektheit zu beeinträchtigen.

Eine geeignete Software-Struktur ist für Systemerweiterungen und die Systempflege von essenzieller Bedeutung. Die Software-Entwicklung verläuft oft chaotisch und deshalb weicht die implementierte Systemstruktur häufig von der architektonisch geplanten Struktur ab. Software-Refactoring ist eine effektive Herangehensweise an die Verbesserung der Software-Struktur. Die sich ergebende Struktur muss keine Ähnlichkeit mit der ursprünglich geplanten haben. Sie ändert sich, weil die Programmierer auf Zwänge stoßen und auf Wege geraten, die den Kontext der kodierten Lösungen ändern. Korrekt durchgeführt, ist das Refactoring ein natürlicher Vorgang der Programmierung. Die an anderer Stelle in diesem Kapitel erörterte Lösung für das AntiPattern Spaghetti-Code beschreibt beispielsweise eine Software-Entwicklung, die das Refactoring mit einschließt.

Das Refactoring sollte unbedingt vor der Leistungsoptimierung erfolgen. Optimierungen verlangen häufig Kompromisse für die Programmstruktur. Im Idealfall betreffen sie nur kleinere Programmteile. Das Refactoring wird in der Regel durch eine vorherige Optimierung der Codegliederung erleichtert.

5.1.1 Formale Refactoring-Transformationen

Zu den Transformationen beim *formalen Refactoring* gehören Abstraktionen von Superklassen, Eliminierungen von Bedingungen und Aggregationen. Dieses formale Refactoring hat seinen Ursprung in der PhD-These von Opdyke [Opdyke 92]. Man spricht von formalem Refactoring, weil die Implementierungen erwiesenermaßen die Korrektheit des Programms nicht beeinflussen. Diese Transformationen können auch automatisiert werden. Bei den folgenden Refactoring-Maßnahmen werden Objektklassen, Implementierungen und Beziehungen verändert.

- *Superklassenabstraktion.* Das Refactoring wird auf mehrere ähnliche Klassen angewendet. Eine Superklassenabstraktion erzeugt eine abstrakte Klasse, die die allgemeinen Implementierungen mehrerer konkreter Klassen vermischt. Um eine Superklassenabstraktion durchzuführen, erfordert die Programmtransformation: (a) die Transformation ähnlicher Methodensignaturen in allgemeine Methodensignaturen, (b) das Einrichten einer abstrakten Superklasse, (c) Codeveränderungen zum Vermischen ausgewählter Implementierungen und (d) die Migration von allgemeinen Methoden zur abstrakten Superklasse.

- *Eliminierung von Bedingungen.* Das Refactoring wird angewendet, wenn die Struktur und das Verhalten einer Klasse stark von einer Bedingungsanweisung abhängt. Die einzelnen Schritte sind: (a) Entsprechend der Bedingungen werden neue Unterklassen eingerichtet, (b) der Aktionscode wird von der Bedingung in die neue Unterklasse verschoben und (c) Klassenverweise werden auf die entsprechenden Unterklassentypen umgelenkt. Diese letzte Änderung kann Konstruktoren, Typdeklarationen und Aufrufe überladener Methoden betreffen. Die veränderten Verweise sollten den ursprünglichen logischen Status der Bedingung als Invarianten der neuen Klasse beibehalten.

- *Aggregierte Abstraktion.* Eine aggregierte Abstraktion reorganisiert die Klassenbeziehungen, um deren Struktur und Erweiterbarkeit zu verbessern. Diese Transformation kann mehrere Formen annehmen: (a) Umwandlung von Vererbungsbeziehungen in aggregierte Beziehungen, (b) Migration von aggregierten Klassen in Komponentenbeziehungen oder (c) Migration von Komponentenbeziehungen in aggregierte Beziehungen.

Diese drei groben Refactorings hängen von Dutzenden von feineren Programmtransformationen ab [Opdyke 92], die fast allen Programmierern vertraut sind. Beispiele für die feineren Transformationen sind: (a) Umbenennung von Klassen, Methoden und Attributen, (b) Einrichten neuer Klassen, (c) Migration von Funktionalität zwischen Klassen, (d) Umwandlung direkter Verweise in indirekte Pointer usw. Eine vollständige Liste finden Sie bei Opdyke (1992).

5.2   Entwicklung von AntiPatterns – Zusammenfassung

Bei der Entwicklung von AntiPatterns werden verschiedene formale und formlose Refactoring-Maßnahmen eingesetzt. Die folgende Zusammenfassung bietet einen Überblick über die AntiPatterns für die Software-Entwicklung aus diesem Kapitel und konzentriert sich auf das Problem der Entwicklung von AntiPatterns. Sie enthält Beschreibungen der AntiPatterns für die Software-Entwicklung sowie Mini-AntiPatterns. Das Refactoring finden Sie in den entsprechenden AntiPattern-Vorlagen im Anschluss an diese Zusammenfassung.

> **The Blob:** Prozedurales Design führt zu einem riesigen Objekt mit einem Löwenanteil an den Verantwortlichkeiten, während die meisten anderen Objekte nur Daten enthalten oder einfache Prozesse durchführen. Zur Lösung gehört das Refactoring des Designs für eine einheitlichere Verteilung der Verantwortlichkeiten und zur Isolation der Auswirkungen der Veränderungen.
>
> **Continuous Obsolescence:** Die Technologien verändern sich so rasch, dass es den Entwicklern oft schwer fällt, mit den aktuellen Software-Versionen auf dem Laufenden zu bleiben und Versionskombinationen zu finden, die zusammenarbeiten. Angesichts der Tatsache, dass kommerzielle Produktlinien sich mit neuen Versionen weiterentwickeln, wird es für die Entwickler immer schwieriger, Schritt zu halten. Noch schwieriger ist es, kompatible Produktversionen zu finden, die problemlos zusammenarbeiten. (Eine freie Übersetzung für den Namen dieses AntiPatterns könnte lauten: *Fortschreitende Veralterung*.)
>
> **Lava Flow:** Abgestorbener Code und vergessene Designinformationen sind im sich ständig wandelnden Design eingefroren, was bildlich als Analogie zu den sich verhärtenden Gesteinsklumpen in einem Lavastrom betrachtet werden kann. Zum Refactoring gehört ein Prozess für das Konfigurationsmanagement, der abgestorbenen Code eliminiert und die Qualität des Designs steigert.
>
> **Ambiguous Viewpoint:** Objektorientierte Analyse- und Designmodelle (OOA&D) werden häufig ohne eine Beschreibung des dem Modell zugrunde liegenden Blickwinkels präsentiert. Standardmäßig kennzeichnen OOA&D-Modelle einen Implementierungsblickwinkel, der möglicherweise am wenigsten geeignet ist. Vermischte Perspektiven lassen die fundamentale Trennung von Schnittstellen und Implementierungsdetails nicht zu, die einer der wich-

tigsten Vorteile des objektorientierten Paradigmas sind. (Eine freie Übersetzung für den Namen dieses AntiPatterns könnte lauten: *Unklarer Blickwinkel*.)

Functional Decomposition: Dieses AntiPattern ergibt sich, wenn erfahrene, nicht objektorientierte Entwickler eine Anwendung in einer objektorientierten Sprache entwerfen und implementieren. Der fertige Code erinnert dann in der Klassenstruktur an eine strukturelle Sprache (Pascal, FORTRAN). Er kann außergewöhnlich komplex sein, weil tüchtige prozedurale Entwickler ganz »clevere« Wege finden, ihre erprobten Methoden in einer objektorientierten Architektur zu replizieren. (Eine freie Übersetzung für den Namen dieses AntiPatterns könnte lauten: *Funktionale Auflösung*.)

Poltergeister: Poltergeister sind Klassen mit sehr beschränkten Aufgaben und effektiven Lebenszyklen. Sie starten oft Prozesse für andere Objekte. Zum Refactoring gehört eine Neuzuweisung der Verantwortlichkeiten an langlebigere Objekte, die die Poltergeister ausschalten.

Boat Anchor: Beim AntiPattern Boat Anchor dient ein Stück Soft- oder Hardware im aktuellen Zusammenhang keinem sinnvollen Zweck. Ein Boat Anchor ist ironischerweise häufig eine kostspielige Anschaffung. (Eine freie Übersetzung für den Namen dieses AntiPatterns könnte lauten: *Bootsanker*.)

Der goldene Hammer: Der goldene Hammer ist eine bekannte Technologie oder ein bekanntes Konzept, das wie besessen auf viele Software-Probleme angewendet wird. Zur Lösung gehört eine Erweiterung der Kenntnisse des Entwicklers durch Schulung, Training und Lektüre der Fachliteratur, um ihn mit alternativen Technologien und Herangehensweisen vertraut zu machen.

Dead End: Das AntiPattern Dead End entsteht, wenn man eine wieder verwendbare Komponente verändert und diese Komponente vom Hersteller nicht mehr länger gepflegt oder unterstützt wird. Werden diese Veränderungen durchgeführt, fällt die Last des Supports auf den Entwickler und Anwender des Anwendungssystems. Verbesserungen wieder verwendbarer Komponenten sind nicht leicht zu integrieren und durch die Veränderung können Supportprobleme entstehen. (Eine freie Übersetzung für den Namen dieses AntiPatterns könnte lauten: *Sackgasse*.)

Spaghetti-Code: Ad-hoc-Strukturen erschweren das Erweitern und Optimieren von Code. Oftmals kann ein Code-Refactoring die Software-Struktur verbessern, die Software-Wartung unterstützen und eine schrittweise Entwicklung ermöglichen.

Input Cludge: Software, die einfachen Verhaltenstests nicht standhält, ist möglicherweise ein Beispiel für das AntiPattern Input Cludge, zu dem es kommt, wenn Ad-hoc-Algorithmen für den Umgang mit den Programmeingaben benutzt werden. (Eine freie Übersetzung für den Namen dieses AntiPatterns könnte lauten: *Eingabeprobleme*.)

Walking through a Minefield: Die Verwendung der heutigen Software-Technologien ist mit einem Gang durch ein Hightech-Minenfeld vergleichbar [Beizer 97a]. Frisch auf den Markt gebrachte Software enthält zahlreiche Fehler und Experten gehen sogar davon aus, dass der originale Quellcode zwei bis fünf Fehler pro Zeile enthält.

Cut-and-Paste Programmierung: Code, der durch Ausschneiden und Kopieren von Anweisungen mit dem Editor wiederverwendet wird, führt zu signifikanten Wartungsproblemen. Zu den alternativen Formen der Wiederverwendung gehört die Blackbox-Wiederverwendung, eine Reduzierung des Wartungsaufwands durch verallgemeinerten Quellcode, Testen und Dokumentation.

Mushroom Management: (Eine freie Übersetzung für den Namen dieses AntiPatterns könnte lauten: *Scheuklappen-Management*.)

Außer den oben angeführten AntiPatterns enthält dieses Kapitel eine Reihe von Mini-AntiPatterns, die andere allgemeine Probleme und Lösungen vorstellen.

5.3 The Blob

AntiPattern-Name: Blob

Auch bekannt als: Winnebago [Akroyd 96], The God Class [Riel 96]

Häufigste Ebene: Anwendung

Name des Refactoring: Refactoring der Verantwortlichkeiten

Typ des Refactoring: Software

Hauptursachen: Faulheit, Hast

Nicht ausbalancierte Kräfte: Funktionsmanagement, Performance, Komplexität

Anekdotisches: »Diese Klasse ist das *Herzstück* unserer Architektur.«

5.3.1 Hintergrund

Erinnern Sie sich noch an den alten Schwarz-Weiß-Film *Blob – Schrecken ohne Namen*? Vielleicht kennen Sie nur das letzte Remake, die Story ist aber in beiden Fällen die gleiche: Ein Alien erreicht in Form eines Tropfen Glibbers die Erde. Jedes Mal, wenn der Glibbertropfen isst (normalerweise überraschte Erdlinge), wächst er. Die ungläubigen Erdlinge geraten in Panik und ignorieren den verrückten Wissenschaftler, der allein weiß, was geschieht. Es werden noch viele Menschen gefressen, bevor sie zur Besinnung kommen. Möglicherweise wird der Blob so riesig, dass er den gesamten Planeten auslöschen kann. Der Film dient als Analogie für das Blob-AntiPattern, das dafür bekannt ist, komplette objektorientierte Architekturen zu strapazieren (siehe Abbildung 5.1).

Abb. 5.1: Der Blob

5.3.2 Allgemeine Form

Das AntiPattern The Blob ist in Designs zu finden, in denen eine Klasse die Verarbeitung monopolisiert und andere Klassen in erster Linie Daten einkapseln. Dieses AntiPattern ist durch ein Klassendiagramm gekennzeichnet, bei dem eine einzige komplexe `Controller`-Klasse von einfachen Datenklassen umgeben ist (siehe Abbildung 5.2). Das Hauptproblem besteht darin, dass die meisten Verantwortlichkeiten einer einzigen Klasse zugewiesen wurden.

Im Allgemeinen entspricht das AntiPattern einem prozeduralen Design, auch wenn es mit Objektnotation dargestellt und mit objektorientierten Sprachen implementiert werden kann. Ein prozedurales Design trennt den Prozess von den Daten, während ein objektorientiertes Design Prozess und Datenmodelle zusammen mit den Partitionen vermischt. Der Blob enthält die Mehrheit der Prozessobjekte und die anderen Objekte enthalten die Daten. Bei Architekturen mit dem Blob sind Prozess und Daten getrennt, das heißt, ihr Stil ist eher prozedural als objektorientiert.

Dieses AntiPattern kann Resultat einer nicht angemessenen Zuweisung der Anforderungen sein. Es kann beispielsweise in einem Modul zu finden sein, dem Verantwortlichkeiten zugewiesen werden, die sich mit den meisten anderen Teilen des Systems für Systemsteuerung oder Systemmanagement überschneiden. Das Blob-AntiPattern ist oftmals auch das Ergebnis einer schrittweisen Entwicklung, bei der sich konzeptioneller Code mit der Zeit zu einem Prototyp oder auch einem Produktionssystem entwickelt hat. Dies wird häufig durch die Verwendung primär GUI-zentrierter Programmiersprachen wie Visual Basic noch verstärkt, die es zulassen, dass eine einfache Form seine Funktionalität während der schrittweisen Entwicklung oder beim Prototyping entwickeln kann. Die Zuweisung von Verantwortlichkeiten wird im Laufe der Entwicklung des Systems nicht revidiert, so dass ein Modul die Hauptrolle übernimmt. Der Blob zeichnet sich häufig durch überflüssigen Code aus, der die Differenzierung zwischen sinnvoller Funktionalität der Blob-Klasse und nicht mehr benötigtem Code erschwert (siehe 5.4 *Lava Flow*).

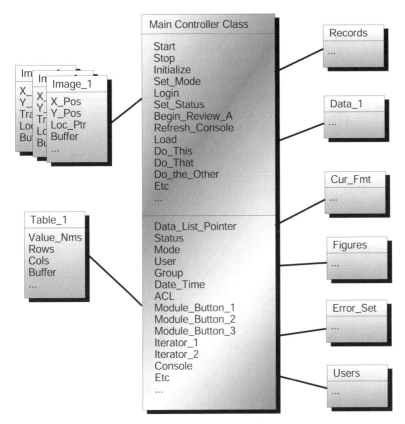

Abb. 5.2: Die Controller-Klasse

5.3.3 Symptome und Konsequenzen

- Eine einzige Klasse mit sehr vielen Attributen, Operationen oder beidem. Eine Klasse mit 60 oder mehr Attributen und Operationen lässt normalerweise auf einen Blob schließen [Akroyd 96].

- Eine ungleichartige Sammlung bezugsloser Attribute und Operationen, die in einer einzigen Klasse eingekapselt sind. Typisch für den Blob ist ein genereller Mangel an Kohäsionskraft der Attribute und Operationen.

- Eine einzige `Controller`-Klasse mit assoziierten einfachen Datenobjektklassen.

- Das Fehlen eines objektorientierten Designs. Eine Hauptschleife innerhalb der Blob-Klasse ist mit verhältnismäßig passiven Datenobjekten verknüpft. Die einzige `Controller`-Klasse kapselt häufig nahezu die gesamte Funktionalität der Anwendung ein, ungefähr so wie ein prozedurales Hauptprogramm.

- Ein überarbeitetes herkömmliches Design wurde keinem korrekten Refactoring in eine objektorientierte Architektur unterzogen.

- Der Blob beeinträchtigt die inhärenten Vorteile eines objektorientierten Designs. Er schränkt beispielsweise die Möglichkeit für Systemveränderungen ohne Einfluss auf die Funktionalität anderer eingekapselter Objekte ein. Veränderungen am Blob betreffen die extensive Software für die Einkapselungen des Blobs. Veränderungen an anderen Objekten des Systems haben in der Regel auch Auswirkungen auf die Software.

- Die Blob-Klasse ist typischerweise zu komplex für die Wiederverwendung und für Tests. Es kann uneffektiv sein oder ausfernde Komplexität mit sich bringen, wenn der Blob für Untergruppen seiner Funktionalität wiederverwendet wird.

- Die Blob-Klasse kann wegen des umfangreichen Gebrauchs von Ressourcen auch für kleinere Operationen beim Laden in den Speicher sehr viel Platz beanspruchen.

5.3.4 Typische Ursachen

- *Keine objektorientierte Architektur.* Möglicherweise fehlt den Entwicklern ein adäquates Verständnis von den objektorientierten Prinzipien oder sie sind nicht in der Lage, die richtigen Abstraktionen vorzunehmen.

- *Überhaupt keine Architektur.* Keine Definition der Systemkomponenten, ihrer Interaktionen und die spezifische Verwendung der gewählten Programmiersprachen. Das führt zu einer Ad-hoc-Entwicklung der Programme, weil die Programmiersprachen für einen anderen als den beabsichtigten Zweck verwendet werden.

- *Mangelnde Umsetzung der Architektur.* Manchmal entwickelt sich dieses Anti-Pattern versehentlich, auch wenn eine vernünftige Architektur entworfen wurde. Das kann das Ergebnis einer inadäquaten architektonischen Überarbeitung im Verlaufe der Entwicklung seien. Hierzu kann es besonders dann kommen, wenn das Entwicklerteam noch unerfahren in der objektorientierten Programmierung ist.

- *Zu geringe Bereitschaft für Erweiterungen.* Bei sich schrittweise entwickelnden Projekten neigen die Entwickler dazu, kleine Erweiterungen der Funktionalität vorhandenen Klassen hinzuzufügen, anstatt neue Klassen hinzuzufügen oder die Klassenhierarchie im Sinne einer effektiveren Zuweisung der Verantwortlichkeiten zu überarbeiten.

- *Vorprogrammierte Katastrophe.* Manchmal entsteht der Blob aus der Art und Weise, wie die Anforderungen definiert werden. Schreiben die Anforderungen eine prozedurale Lösung vor, dann können während der Analyse der Anforderungen architektonische Vorgaben gemacht werden, die kaum veränderbar sind. Eine Definition der Systemarchitektur als Teil der Analyse der Anforderungen ist normalerweise nicht angebracht und führt oftmals zum Blob-AntiPattern oder zu Schlimmerem.

5.3.5 Bekannte Ausnahmen

Das Blob-AntiPattern ist bei einer Ummantelung herkömmlicher Systeme akzeptabel. Eine Gliederung der Software ist nicht notwendig, lediglich eine letzte Codeebene, die das herkömmliche System zugänglicher macht.

5.3.6 Refactoring-Lösung

Wie bei den meisten AntiPatterns aus diesem Abschnitt ist ein Refactoring erforderlich. Die Lösung ist das Verschieben von Operationen aus dem Blob. Es kann angebracht sein, den eingekapselten Datenobjekten Aufgaben zuzuweisen, um die Komplexität des Blobs zu reduzieren. Die Methode für das Refactoring der Verantwortlichkeiten lässt sich wie folgt beschreiben:

1. Identifizieren oder kategorisieren Sie ähnliche Attribute und Operationen, die so etwas wie Vertragspartner für eine gemeinsame Aufgabe, ein Verhalten oder eine Funktion innerhalb des Gesamtsystems sind. Nehmen wir das Architekturdiagramm eines Bibliothekssystems mit einer potenziellen Blob-Klasse `Library` als Beispiel. Abbildung 5.3 zeigt, wie die `Library`-Klasse die Summe der gesamten Systemfunktionalität einkapselt. Deshalb müssen als Erstes zusammengehörige Gruppen von Operationen und Attributen erkannt werden, die den Vertragspartnern entsprechen. In diesem Beispiel können die Operationen für dem Umgang mit dem Katalog zusammengefasst werden, zum Beispiel `Sort_Catalog` und `Search_Catalog` (Abbildung 5.4). Es können auch alle Operationen und Attribute für einzelne Elemente zusammengefasst werden, zum Beispiel `Print_Item`, `Delete_Item` usw.

Kapitel 5
AntiPatterns – Software-Entwicklung

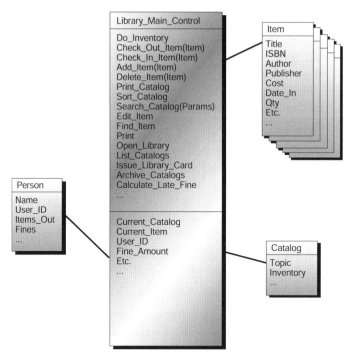

Abb. 5.3: Der Library-Blob

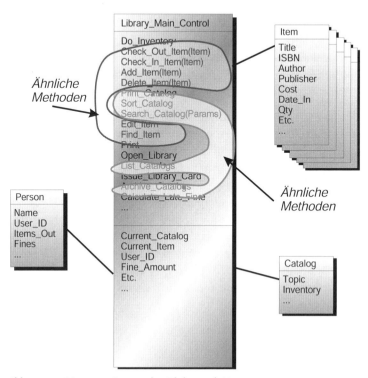

Abb. 5.4: Neugruppierung des Blobs nach Vertragspartnern

2. Im zweiten Schritt wird nach »Eigenheimen« für die Vertragpartner (funktionale Gruppen) gesucht und diese umgesiedelt. Im Beispiel werden die Operationen in Verbindung mit Katalogen zusammengefasst und aus der Library-Klasse in die Catalog-Klasse verschoben (Abbildung 5.5). Das Gleiche geschieht mit Operationen und Attributen für Elemente, die in die Item-Klasse verschoben werden. Dadurch wird die Library-Klasse vereinfacht und die Klassen Item und Catalog werden zu mehr als nur einfachen eingekapselten Datentabellen. Das Ergebnis ist ein besseres objektorientiertes Design.

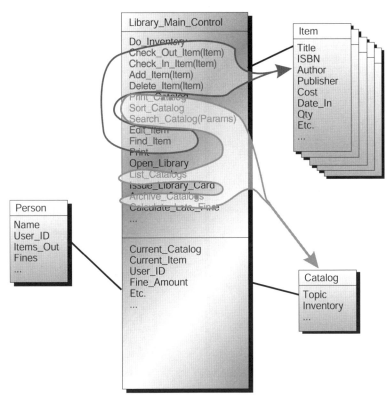

Abb. 5.5: Verschieben der funktionalen Gruppen

3. Im dritten Schritt werden alle »Fernverbindungen« oder redundanten, indirekten Bezüge entfernt. In unserem Beispiel ist die Item-Klasse anfangs mit der Library-Klasse »fernverbunden«, weil jedes Element tatsächlich zu einem Katalog gehört, der seinerseits zu einer Bibliothek gehört.

4. Als Nächstes werden gegebenenfalls zusammengefasste Gruppen in abgeleitete Klassen einer allgemeinen Basisklasse verschoben. Nachdem die Fernverbindungen zwischen den Klassen Library und Item aufgehoben wurden, müssen

in diesem Beispiel Elemente (`Item`) in Kataloge (`Catalog`) verschoben werden (siehe Abbildung 5.6).

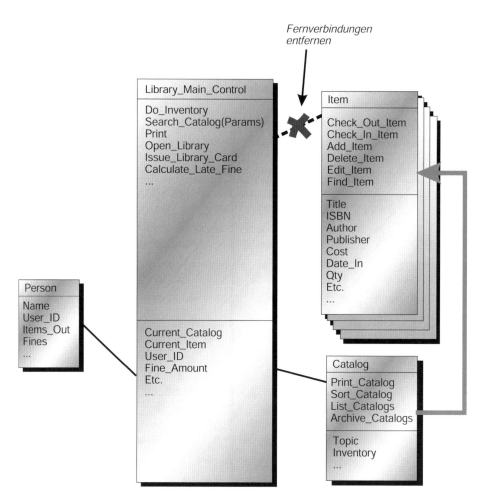

Abb. 5.6: Fernverbindungen entfernen

5. Zum Schluss werden alle transienten Verbindungen entfernt und durch entsprechende Typspezifizierer für Attribute und Operationsargumente ersetzt. In unserem Beispiel wären `Check_Out_Item` oder `Search_For_Item` transiente Prozesse und können in eine separate transiente Klasse mit lokalen Attributen verschoben werden, die die spezifische Position oder Suchkriterien für eine bestimmte Instanz eines Check-out oder einer Suche einrichten. Abbildung 5.7 zeigt diesen Vorgang.

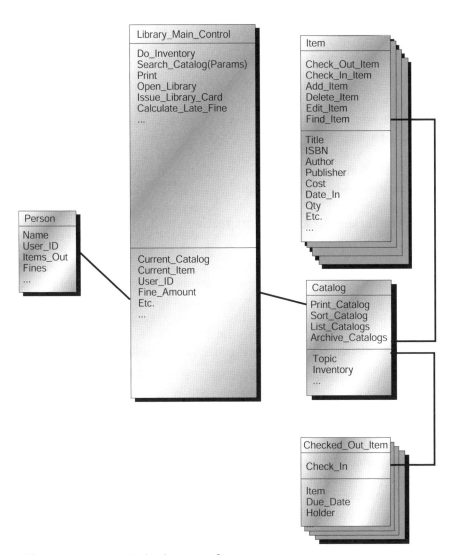

Abb. 5.7: Transiente Verbindungen entfernen

5.3.7 Varianten

Manchmal wird bei einem System, das aus der Blob-Klasse und ihren Datenobjekten besteht, zu viel Arbeit investiert, um ein Refactoring der Klassenarchitektur durchzuführen. Möglicherweise gibt es eine alternative Herangehensweise, die eine »80-prozentige« Lösung bietet. Anstatt eines vollständigen Refactoring der gesamten Klassenhierarchie kann die Blob-Klasse eventuell von einer Controller-Klasse auf eine Koordinator-Klasse herabgestuft werden. Die ursprüngliche Blob-Klasse regelt die Systemfunktionalität; die Datenklassen werden mit eigenen Operationen erweitert. Die Datenklassen operieren in die Richtung der modifizierten

Koordinator-Klasse. Dieser Vorgang kann die Beibehaltung der ursprünglichen Klassenhierarchie erlauben, abgesehen von der Verschiebung der Verarbeitungsfunktionalität von der Blob-Klasse in eine der eingekapselten Datenklassen.

Riel beschreibt zwei Hauptformen des Blob-AntiPatterns. Er nennt sie Gott-Klassen: Verhaltensform und Datenform [Riel 96]. Die *Verhaltensform* ist ein Objekt mit einem zentralisierten Prozess, der mit den meisten anderen Teilen des Systems zusammenarbeitet. Die *Datenform* ist ein Objekt, das gemeinsam genutzte Daten enthält, die von den meisten anderen Objekten des Systems benutzt werden. Riel führt eine Reihe objektorientierter heuristischer Methoden für das Erkennen und das Refactoring dieses Klassendesigns ein.

5.3.8 Anwendbarkeit für andere Perspektiven und Ebenen

Sowohl der architektonische und als auch der projektorientierte Blickwinkel spielen bei Vermeidung des Blob-AntiPatterns eine Schlüsselrolle. Das Umgehen dieses AntiPatterns kann eine fortwährende Überprüfung der Architektur verlangen, um eine adäquate Verteilung der Verantwortlichkeiten sicherzustellen. Das Entstehen des Blobs wird aus der architektonischen Perspektive erkannt. Mit einem wohl durchdachten, objektorientierten Analyse- und Designprozess sowie einem aufmerksamen Projektleiter, der das Design versteht, können die Entwickler die Bildung eines Blobs vermeiden.

Der wichtigste Faktor ist dabei in den meisten Fällen, dass es wesentlich kostengünstiger ist, für ein entsprechendes Design zu sorgen, als das Design nach der Implementierung zu überarbeiten. Wenn von vornherein in eine gute Architektur und ein gut ausgebildetes Team investiert wird, kann ein Projekt vor dem Blob und den meisten anderen AntiPatterns bewahrt werden. Versicherungsvertreter werden Ihnen bestätigen können, dass die meisten Versicherungen erst nach einem Schadensfall abgeschlossen werden.

5.3.9 Beispiel

Ein GUI-Modul, das die Schnittstelle zu einem Verarbeitungsmodul bilden soll, übernimmt teilweise die Funktionalität des im Hintergrund arbeitenden Moduls. Ein Beispiel hierfür ist ein `PowerBuilder`-Bildschirm für die Eingabe und Suche nach Kundendaten. Der Bildschirm kann:

1. Daten anzeigen
2. Daten bearbeiten
3. Einfache Überprüfungen durchführen. Hierfür fügt der Entwickler der Entscheidungs-Engine, die für Folgendes vorgesehen ist, Funktionalität hinzu:
   - Umfangreiche Überprüfung
   - Algorithmen, die mit den überprüften Daten weitere Aktionen durchführen

4. Dem Entwickler werden neue Anforderungen gestellt:
   - Erweiterung der GUI für drei Formulare
   - Ein Skriptsteuerung einrichten (Entwicklung Skript-Engine)
   - Neue Algorithmen für die Entscheidungs-Engine

Der Entwickler erweitert das derzeitige Modul um die geforderte Funktionalität. Anstatt mehrere Module zu entwickeln, entwickelt er ein einziges Modul (Abbildung 5.8). Beim Entwurf und Aufbau der beabsichtigten Anwendung fallen Wartung und Erweiterung leichter. Abbildung 5.9 zeigt das Ergebnis.

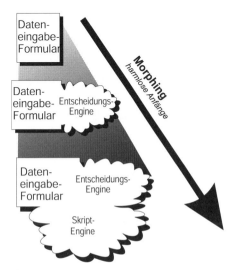

Abb. 5.8: Prototyp-GUI

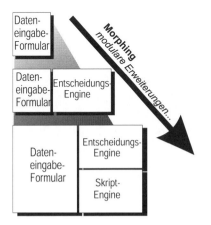

Abb. 5.9: Prototypanwendung

5.3.10 Mini-AntiPattern: Continuous Obsolescence

AntiPattern-Problem

Die Technologien verändern sich so rasch, dass es den Entwicklern oft schwer fällt, mit den aktuellen Software-Versionen auf dem Laufenden zu bleiben und Versionskombinationen zu finden, die zusammenarbeiten. Angesichts der Tatsache, dass kommerzielle Produktlinien sich mit neuen Versionen weiterentwickeln, wird es für die Entwickler immer schwieriger, Schritt zu halten. Noch schwieriger ist es, kompatible Produktversionen zu finden, die problemlos zusammenarbeiten.

Java ist mit alle Monate herausgegebenen neuen Versionen ein bekanntes Beispiel für dieses Phänomen. Wenn beispielsweise ein Buch über Java 1.X erschienen ist, dann ist es mit einem neuen Java Development Kit bereits veraltet. Java ist nicht das einzige Beispiel, viele andere Technologien unterliegen ebenfalls der schnellen Alterung. Besonders üble Beispiele sind Produkte, die nach dem Muster *Produkt98* das Jahr in ihrem Namen tragen und so das Fortschreiten der Veralterung offensichtlich machen. Ein anderes Beispiel ist die schnelle Abfolge der dynamischen Technologien von Microsoft:

- DDE
- OLE 1.0
- OLE 2.0
- COM
- ActiveX
- DCOM
- COM+

Aus der Sicht der Hersteller gibt es zwei Faktoren: Produkttreue und Marktanteil. Schnell aufeinander folgende Innovationen verlangen die dedizierte Aufmerksamkeit der Kunden, um über die neuesten Produkteigenschaften, Ankündigungen und die Terminologie informiert zu bleiben. Wer mit der schnellen technologischen Entwicklung Schritt hält, trägt zur Produkttreue bei, denn es gibt immer neue Nachrichten über das Produkt X. Ist erst einmal ein dominierender Marktanteil erreicht, dann erzielen die Hersteller ihre Gewinne primär über den Alterungsprozess und den Austausch früherer Produktversionen. Je schneller die Technologie veraltet (oder als veraltet betrachtet wird), umso höher sind die Einnahmen.

Refactoring-Lösung

Ein wichtiger Stabilisierungsfaktor für den Technologiemarkt sind die Open-System-Standards. Der Standard eines Konsortiums ist das Ergebnis einer Übereinkunft der Hersteller, die Zeit und Investitionen verlangt. Joint-Marketing-Initiativen wecken das Bewusstsein und die Akzeptanz der Benutzer, wenn Technologien in den Mainstream übergehen. Der Anwender profitiert von einer immanenten Trägheit, denn wenn ein Produkt eines Herstellers erst einmal einem Standard entspricht, ist es unwahrscheinlich, dass die konformen Eigenschaften des Produkts verändert werden. Die Vorteile einer schnell veraltenden Technologie sind transitiv. Architekten und Entwickler sollten sich auf Schnittstellen stützen können, die stabil sind oder die sie selbst kontrollieren. Die Open-System-Standards verleihen einem ansonsten chaotischen Technologiemarkt ein gewisses Maß an Stabilität.

Varianten

Das Mini-AntiPattern Wolf Ticket (Kapitel 6) beschreibt verschiedene Möglichkeiten, wie Kunden die Produktentwicklung in Richtung einer verbesserten Produktqualität beeinflussen können.

5.4 Lava Flow

AntiPattern-Name: Lava Flow

Auch bekannt als: Dead Code

Häufigste Ebene: Anwendung

Name des Refactoring: Architektonisches Konfigurationsmanagement

Typ des Refactoring: Prozess

Hauptursachen: Geiz, Habgier, Faulheit

Nicht ausbalancierte Kräfte: Funktionsmanagement, Performance, Komplexität

Anekdotisches: »Ach *das*! Hans und Emil (sie sind nicht mehr in der Firma) haben das umgeschrieben, als Herbert (der uns letzten Monat verlassen hat) eine provisorische Lösung für Utas Ausgabeverarbeitungscode gesucht hat (auch Uta ist inzwischen leider ausgeschieden). Ich glaube, es wird nicht mehr benutzt, aber sicher bin ich mir nicht. Uta hat es nicht sehr genau dokumentiert, so dass wir uns entschieden haben, es nicht anzufassen. Schließlich läuft's doch prima, oder?!«

Kapitel 5
AntiPatterns – Software-Entwicklung

5.4.1 Hintergrund

Bei einer Datamining-Expedition haben wir nach Erkenntnissen für die Entwicklung einer Standardschnittstelle für ein bestimmtes System gesucht. Das System, auf das wir stießen, war demjenigen sehr ähnlich, von dem wir hofften, es würde eventuell den Standard unterstützen, mit dem wir uns gerade beschäftigten. Es war ebenfalls ein forschungsorientiertes System und in höchstem Maße komplex. Als wir uns einarbeiteten, haben wir viele der Entwickler bezüglich bestimmter Kom-

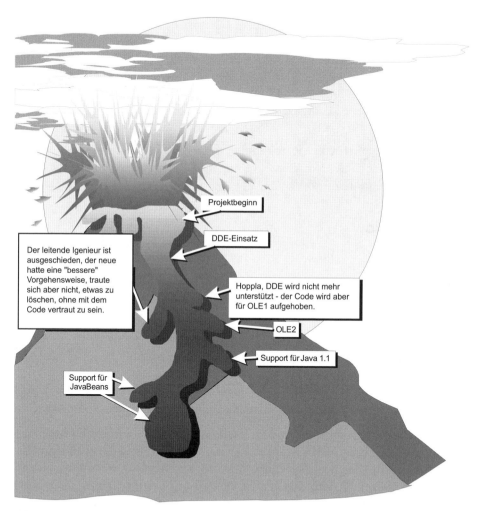

Abb. 5.10: Der Lavastrom veralteter Vorgehensweisen und vergessener Erweiterungen lässt erstarrte Brocken toten Codes zurück.

ponenten in den vielen für uns ausgedruckten Codeseiten gefragt. Wir bekamen immer wieder die gleiche Antwort: »Ich weiß nicht, wofür diese Klasse vorgesehen ist, sie wurde vor meiner Zeit programmiert.« Nach und nach kamen wir zu der Erkenntnis, dass 30 bis 50 Prozent des aktuellen Codes dieses komplexen Systems nicht verstanden oder von niemandem, der augenblicklich daran arbeitete, dokumentiert wurden. Ferner stellten wir bei unserer Analyse fest, dass der fragliche Code im aktuellen System tatsächlich keinem Zweck mehr diente. Er war von früherer Ansätzen und Versuchen längst ausgeschiedener Mitarbeiter zurückgeblieben. Die aktuelle Mannschaft war zwar sehr aufgeweckt, aber nicht geneigt, Code zu verändern oder zu entfernen, den sie nicht programmiert hatten oder von dem sie nicht wussten, wofür er vorgesehen war, aus Angst, etwas zu beschädigen, von dem man nicht wusste, warum und wie es zu beheben ist.

Von diesem Zeitpunkt an nannten wir diese Code-Blobs »Lava«, in Anspielung auf den flüssigen Aggregatzustand, aus dem sie entstanden sind, im Gegensatz zur basaltähnlichen Härte, die das Entfernen der erstarrten Masse so schwer macht. Plötzlich dämmerte es uns, dass wir möglicherweise ein AntiPattern vor uns hatten.

Ungefähr ein Jahr später und nach weiteren Datamining-Expeditionen sowie weiteren Bemühungen, ein Schnittstellendesign zu entwerfen, stießen wir so häufig auf das gleiche Muster, dass es in unserer Abteilung routinemäßig als Lava Flow bezeichnet wurde (siehe Abbildung 5.10).

5.4.2 Allgemeine Form

Das Lava-Flow-AntiPattern findet man gemeinhin in Systemen, die mit einer Untersuchung begannen und in der Produktion endeten. Charakterisiert wird es durch frühere Entwicklungsversionen, die sich wie ein Lavastrom über die Code-Landschaft ergießen, der inzwischen zu basaltähnlichem, nicht zu entfernenden und im Allgemeinen nutzlosen Code erstarrt ist, an den sich kaum noch jemand erinnert (siehe Abbildung 5.11). Er ist das Überbleibsel urzeitlicher Entwicklungsphasen, wo Entwickler auf verschiedene Arten versucht haben, bestimmte Dinge zu erledigen, häufig um schnell eine Demo zusammenzuzimmern, und sich dabei nicht an korrekte Design- und Dokumentationspraktiken gehalten haben.

Das Resultat sind etliche Codefragmente, missratene variable Klassen und Prozeduren, die in keinem eindeutigen Bezug zum Gesamtsystem stehen. Diese Ströme sind oft so kompliziert, dass sie wichtig erscheinen, ohne dass jemand erklären könnte, was sie leisten oder warum sie vorhanden sind. Manchmal erinnert sich noch ein inzwischen ergrauter Entwickler an bestimmte Details, aber in der Regel haben alle beschlossen, den Code links liegen zu lassen, weil er keinen Schaden anrichtet und vielleicht doch von Bedeutung ist. Aber leider hat keiner Zeit, sich mit ihm zu beschäftigen.

```
// Diese Klassen hat jemand anderes für die Indizierung oder etwas Ähnliches
// geschrieben (Alex?). Sie sind vielleicht wichtig. Nicht löschen! Ich glaube nicht, dass
// er irgendwo gebraucht wird, zumindest nicht im neuen Modul MacroNndexer,
// welches eigentlich ersetzt werden kann...
class IndexFrame extends Frame
{
    // IndexFrame-Konstruktor
    //---------------------------------------------------------------
    public IndexFrame(String index_parameter_1)
    {
        // Achtung: Hier sind Ergänzungen notwendig...
        super (str);
    }
    //---------------------------------------------------------------
    ...
```

Abb. 5.11: Codebeispiel für einen Lava Flow

»*Architektur ist die Kunst, Platz zu vergeuden.*«

– *Phillip Johnson*

Es mag zwar interessant sein, diese Ströme zu zerlegen und zu studieren, normalerweise ist dafür aber keine Zeit. Stattdessen machen die Entwickler meist einen großen Bogen um diesen Code.

Dieses AntiPattern ist leider bei innovativen Designschmieden sehr weit verbreitet, wo Konzepte oder Prototypcode sehr schnell in die Produktion gehen. Dieses Design ist aus mehreren Gründen schlecht:

- Analyse, Überprüfung und Test von Lavaströmen sind so teuer, dass sich der ganze Aufwand kaum lohnt oder reine Verschwendung ist. In der Praxis sind Überprüfungen und Tests nur selten möglich.

- Das Laden von Lava-Flow-Code in den Arbeitsspeicher kann sehr umständlich sein und wichtige Ressourcen vergeuden und die Leistung mindern.

- Wie bei vielen AntiPatterns gehen die Vorteile des objektorientierten Designs verloren. In diesem Fall verlieren Sie die Möglichkeit, die Modularisierung und die Wiederverwendungsmöglichkeiten ohne weitere Auswucherungen des AntiPatterns zu verbessern.

5.4.3 Symptome und Konsequenzen

- Das System enthält oft unmotivierte Variablen und Codefragmente.

- Es enthält komplexe, wichtig erscheinende Funktionen, Klassen oder Segmente, die in keiner klaren Beziehung zur Systemarchitektur stehen.

- Die Systemarchitektur »entwickelt« sich unkontrolliert.
- Ganze Blöcke auskommentierten Codes werden nicht erklärt oder dokumentiert.
- Sehr viele Codeabschnitt sind »in Entwicklung« oder »sollten ersetzt werden«.
- Nicht mehr benötigter Code wird nicht entfernt.
- In den Header-Dateien gibt es unerklärliche oder veraltete Schnittstellen.
- Wird vorhandener Lava-Flow-Code nicht entfernt, kann er weiterwuchern, wenn Code in anderen Bereichen wiederverwendet wird.
- Wird der Auslöser für den Lava Flow nicht ausgeschaltet, kann er exponential anwachsen, wenn nachfolgende Entwickler zu sehr in Eile oder zu verzagt sind, den ursprünglichen Code zu analysieren. Bei ihrem Versuch, die ursprünglichen Lavaströme zu umgehen, produzieren sie neue Ströme, was das Problem noch verschlimmert.
- Je ärger und verhärteter die Ströme werden, umso unmöglicher wird es, den Code zu dokumentieren oder die Architektur hinreichend zu verstehen, um Verbesserungen vornehmen zu können.

5.4.4 Typische Ursachen

- R&D-Code wird ohne Rücksicht auf das Konfigurationsmanagement eingefügt.
- Unfertiger Code wird ungeprüft auf den Markt gebracht. Es werden verschiedene Versuche unternommen, Funktionalität zu implementieren.
- Ein Entwickler allein schreibt den Code (der einsame Wolf).
- Es fehlt das Konfigurationsmanagement oder die Abstimmung mit den Richtlinien des Prozessmanagements.
- Es fehlt eine Architektur oder die Entwicklung wird nicht über die Architektur gesteuert. Das gilt insbesondere bei sehr transienten Entwicklerteams.
- Einzelne Entwicklungsabläufe werden wiederholt durchgeführt. Die Ziele des Software-Projekts sind unklar oder ändern sich immer wieder. Um mit den Änderungen Schritt zu halten, müssen Prototypen überarbeitet, zurückverfolgt und entwickelt werden. Infolge des Termindrucks für anstehende Demonstrationen werden übereilte Änderungen am Code vorgenommen, um vordergründige Probleme aus der Welt zu schaffen. Der Code wird nie bereinigt und architektonische Überlegungen und die Dokumentation werden immer weiter hinausgeschoben.
- Manchmal werden während der Analyse der Anforderungen architektonische Voraussetzungen festgelegt, die sich nach einiger Zeit als nicht realisierbar erweisen. Die Systemarchitektur kann neu konfiguriert werden, aber diese einge-

betteten Fehler werden selten behoben. Es kann sogar unmöglich sein, unnötigen Code auszukommentieren, insbesondere in einer modernen Entwicklungsumgebung, wo Hunderte von einzelnen Dateien das Codesystem bilden. Niemand macht sich die Mühe, die betroffenen Stellen einzeln herauszusuchen.

5.4.5 Bekannte Ausnahmen

Kleinere Wegwerf-Prototypen in einer R&D-Umgebung eignen sich ideal für die Implementierung des Lava-Flow-AntiPatterns. Sie müssen schnell fertig gestellt werden und müssen nicht weiter zukunftsfähig sein.

5.4.6 Refactoring-Lösung

Es gibt nur einen sicheren Weg, das Lava-Flow-AntiPattern zu vermeiden: Sorgen Sie dafür, dass vor Beginn der Codeentwicklung eine passende Architektur festgelegt wird. Diese Architektur muss durch ein Konfigurationsmanagement gestützt werden, das für die Einhaltung der architektonischen Struktur sorgt und Änderungen an den Anforderungen zulässt. Werden architektonische Überlegungen nicht berücksichtigt, wird Code entwickelt, der nicht in die gewünschte Architektur passt und daher redundant oder nutzlos ist. Mit der Zeit wird der nutzlose Code ein Problem bei der Analyse, beim Testen und beim Überarbeiten.

Hat sich das AntiPattern erst einmal etabliert, kann nur schwer Abhilfe geschaffen werden. Ein wichtiges Prinzip ist die Vermeidung von Änderungen an der Architektur während der aktiven Entwicklungsphase. Dies gilt insbesondere für die Software-Schnittstellen für die Integration der Systeme. Das Projektmanagement muss die Entwicklung so lange hinten anstellen, bis eine klare Architektur definiert und von den Entwicklern angenommen wurde. Zur Festlegung der Architektur können mehrere Aktivitäten zum Systemaufbau erforderlich sein, um die tatsächlich benötigten und für das System wichtigen Komponenten zu ermitteln. Bei diesem Prozess werden auch die problemlos zu löschenden Codezeilen erkannt. Der Vorgang ist mühsam und kann die detektivischen Fähigkeiten eines erfahrenen Software-Entwicklers verlangen.

Wird vermutlich nicht genutzter Code entfernt, können sich Fehler einschleichen. Ist dies der Fall, dann widerstehen Sie dem Drang, sofort die Symptome zu beseitigen, ohne vollständig verstanden zu haben, welches die Fehlerursachen sind. Untersuchen Sie die Abhängigkeiten, das wird Ihnen helfen, die angestrebte Architektur zu definieren.

Um das AntiPattern Lava Flow zu vermeiden, sollten stabile Schnittstellen zwischen den Systemebenen eingerichtet werden, die richtig definiert und verständlich dokumentiert sind. Investitionen in qualitativ hochwertige Software-

Schnittstellen können sich im Unterschied zum hartnäckigen Aufhacken erstarrter Lavaströme längerfristig auszahlen.

Das Konfigurationsmanagement wird durch Werkzeuge wie das Source-Code Control System (SCCS) unterstützt. SCCS ist Bestandteil der meisten Unix-Umgebungen und verfügt über die Grundfähigkeiten zur Aufzeichnung der Geschichte von Updates in von der Konfiguration überwachten Dateien.

5.4.7 Beispiel

Vor kurzem waren wir an einem Datamining-Projekt zu Identifizierung vorhandener Schnittstellen beteiligt, die das Ergebnis vorläufiger Schnittstellenarchitekturen waren, die von uns stammten und aktualisiert wurden. Das untersuchte System wurde ausgewählt, weil die Entwickler unsere ursprüngliche Architektur in einer einzigartigen Weise verwendet hatten, die uns faszinierte: Sie hatten aus unserem generischen Anwendungs-Framework gleichsam einen Ereignisdienst gemacht.

Bei der Untersuchung dieses Systems stießen wir auf große Codesegmente, die uns verwirrten. Diese Segmente schienen nicht Bestandteil der Gesamtarchitektur zu sein, die wir vorzufinden erwartet hatten. Sie waren etwas zusammenhanglos und bestenfalls spärlich dokumentiert. Auf Nachfrage bei dem zurzeit mit dem Code beschäftigten Entwickler erhielten wir die Antwort: »Oh, das? Das wird nicht mehr benutzt. Tom hat etwas ausprobiert, wir haben aber eine bessere Lösung gefunden. Es kann aber sein, dass der übrige Code von Tom das noch benötigt, deshalb haben wir nichts gelöscht.« Als wir weiter nachhakten, stellte sich heraus, dass Tom die Firma bereits vor längerer Zeit verlassen hatte, so dass die Codesegmente bereits mehrere Monate alt waren.

Nach zwei weiteren Tagen der Codeanalyse stellten wir fest, dass der größte Teil des Systemcodes dem ähnelte, den wir bereits untersucht hatten: ein Lava-Flow-Anti-Pattern in Reinkultur. Wir hatten nur sehr wenig zur Verfügung, um herauszufinden, wie diese Architektur tatsächlich aufgebaut war, so dass die ganze Suche am Ende erfolglos blieb. Stattdessen konzentrierten wir uns auf die Angaben des derzeitigen Entwicklers dazu, was »wirklich« geschehen war, in der Hoffnung, ihre Arbeitsergebnisse in Schnittstellenerweiterungen umwandeln zu können, die mit unserer Neuüberarbeitung des generischen Anwendungs-Framework zusammenarbeiten sollten.

Eine Lösung bestand darin, die Schlüsselfigur, nämlich den allein arbeitenden Entwickler, der das System am besten verstand, zu isolieren und es gemeinsam mit ihm in IDL zu fassen. Oberflächlich sollte damit eine Demonstration der Krise ermöglicht werden, die sich vor Wochen vollzogen hatte. Mit Hilfe des Mini-Anti-Patterns Fire Drill konnten wir den Systementwickler dazu bringen, unsere IDL anzunehmen und sie für den schnellen Aufbau eines CORBA-Wrappers für eine Präsentation zu benutzen. Das kostete einige schlaflose Nächte, aber am Ende verlief die Präsentation gut. Diese Lösung hatte allerdings einen Nebeneffekt: Das Ergebnis war eine IDL-Schnittstelle, nach der wir eigentlich suchen wollten.

5.4.8 Verwandte Lösungen

Unter dem heutigen Wettbewerbsdruck ist es oft wünschenswert, die Zeit zwischen R&D und Fertigstellung zu verkürzen. In vielen Bereichen ist das für das Überleben einer Firma unerlässlich. In solchen Situationen bietet manchmal ein angepasster Konfigurationsmanagement-Prozess (KM) mit einschränkenden Kontrollen in der Prototypphase Schutz vor dem AntiPattern Lava Flow. Gegebenenfalls kann auch die Automation eine wichtige Rolle spielen, der Schlüssel liegt aber in der Anpassung eines annähernden KM-Prozesses, der leicht zu einem vollwertigen KM-Steuersystem ausgebaut werden kann, wenn das Produkt in den Einsatz kommt. Die Schwierigkeit ist die Balance zwischen der Behinderung der kreativen Prozesse durch das KM und der zunehmenden KM-Kontrolle der Entwicklung, nachdem der kreative Prozess etwas Sinnvolles und Vermarktbares hervorgebracht hat.

Diese Herangehensweise kann durch eine periodische Abbildung eines Prototypsystems auf eine aktualisierte Systemarchitektur erleichtert werden, die auch eine eingeschränkte, aber standardisierte Inline-Dokumentation des Codes berücksichtigt.

5.4.9 Anwendbarkeit für andere Perspektiven und Ebenen

Die architektonische Perspektive spielt bei der Vermeidung des AntiPatterns Lava Flow eine wichtige Rolle. Auch die Projektleiter können das AntiPattern oder Umstände, die dazu führen, frühzeitig erkennen. Sie müssen genügend Autorität besitzen, bei den ersten Anzeichen die Notbremse zu ziehen, und die weitere Entwicklung aufzuschieben, bis eine eindeutige Architektur definiert und übernommen wird.

Wie bei den meisten AntiPatterns ist Vorbeugen immer billiger als spätere Korrekturen. Investitionen in eine geeignete Architektur und Schulung des Teams können daher Projekte vor diesem und anderen AntiPatterns bewahren. Die zu Anfang höheren Kosten werden sich langfristig als gerechtfertigt herausstellen.

5.4.10 Mini-AntiPattern: Ambiguous Viewpoint

AntiPattern-Problem

Objektorientierte Analyse- und Designmodelle (OOA&D) werden häufig ohne eine Beschreibung des dem Modell zugrunde liegenden Blickwinkels präsentiert. Standardmäßig kennzeichnet OOA&D-Modelle ein Implementierungsblickwinkel, der möglicherweise am wenigsten geeignet ist. Vermischte Blickwinkel lassen die fundamentale Trennung von Schnittstellen und Implementierungsdetails nicht zu, die einer der wichtigsten Vorteile des objektorientierten Paradigmas ist.

Refactoring-Lösung

Bei OOA&D-Modellen gibt es drei grundlegende Perspektiven: die betriebliche, die auf Spezifikationen bezogene und die Implementierungsperspektive. Aus der betrieblichen Perspektive wird das Modell der Informationen und Prozesse für den Anwender beschrieben. Dieses Modell kann von Fachleuten gerechtfertigt und erklärt werden (man spricht allgemein vom Analysemodell). Analysemodelle gehören zu den stabilsten Modellen eines Informationssystems und es lohnt sich, sie zu unterhalten. Modelle sind weniger nützlich, wenn sie nicht die richtige Perspektive berücksichtigen.

Eine Perspektive filtert Informationen. Die Definition des Klassenmodells für ein Telefonsystem unterscheidet sich beispielsweise deutlich, wenn der Blick aus folgenden Perspektiven kommt:

- Telefonbenutzer sind an einer einfachen Bedienung und aufgeschlüsselten Rechnungen interessiert.

- Telefonoperatoren kümmern sich um den Verbindungsaufbau zwischen dem Benutzer und der gewählten Nummer.

- Die Abrechnungsstelle zeichnet die vom Benutzer getätigten Anrufe auf und stellt sie in Rechnung.

In nur wenigen Fällen werden die gleichen Klassen identifiziert und wo sie vorhanden sind, sind die Methoden nicht die gleichen. Aus dem Blickwinkel der Spezifikationen stehen die Software-Schnittstellen im Vordergrund. Da Objekte (wie abstrakte Datentypen) Implementierungsdetails hinter den Schnittstellen verbergen sollen, werden aus dieser Sicht die Abstraktionen und Verhaltensweise des Objektsystems definiert. Aus ihr werden Software-Grenzen zwischen Objekten im System festgelegt.

Aus der Perspektive der Implementierung werden die internen Details der Objekte definiert. Implementierungsmodelle werden manchmal in der Praxis als Designmodelle bezeichnet. Um ein genaues Modell der Software zu vermitteln, müssen Designmodelle mit der Entwicklung und den Änderungen an der Software Schritt halten. Veraltete Modelle sind nutzlos, nur ausgewählte Designmodelle sind dauerhaft zu unterhalten, insbesondere die Designmodelle, die komplexe Aspekte des Systems wiedergeben.

5.5 AntiPattern: Functional Decomposition

AntiPattern-Name: Functional Decomposition

Auch bekannt als: Nicht objektorientiertes AntiPattern »No OO« [Akroyd 96]

Häufigste Ebene: Anwendung

Name des Refactoring: Objektorientierter Strukturwandel

Typ des Refactoring: Prozess

Hauptursachen: Geiz, Habgier, Faulheit

Nicht ausbalancierte Kräfte: Konfigurationsmanagement, Änderungen

Anekdotisches: »Das ist unsere »Main«-Routine, hier in der `Listener`-Klasse.«

5.5.1 Hintergrund

Das AntiPattern Functional Decomposition ist in einer prozeduralen Programmierumgebung gut. Es erleichtert sogar das Verständnis der modularen Natur einer größeren Anwendung. Leider lässt es sich nicht direkt in eine Klassenhierarchie übertragen und da beginnt das Problem. Die Definition dieses AntiPatterns beginnt mit den ursprünglichen Gedanken Michael Akroyds zu diesem Thema. Wir haben sie für unsere Vorlage überarbeitet und mit Erklärungen und Diagrammen erweitert.

5.5.2 Allgemeine Form

Dieses AntiPattern ergibt sich, wenn erfahrene, nicht objektorientierte Entwickler eine Anwendung in einer objektorientierten Sprache entwerfen und implementieren. Sind Entwickler mit einer `Main`-Routine zufrieden, die mehrere Subroutinen aufruft, dann neigen sie manchmal dazu, jede Subroutine zur Klasse zu machen, wobei die gesamte Klassenhierarchie (und die Objektorientierung) ignoriert wird. Der fertige Code erinnert dann in der Klassenstruktur an eine strukturelle Sprache (Pascal, FORTRAN). Er kann außergewöhnlich komplex sein, weil tüchtige prozedurale Entwickler ganz »clevere« Wege finden, ihre erprobten Methoden in einer objektorientierten Architektur zu replizieren.

Dieses AntiPattern findet man sehr oft bei C-Entwicklern, die vor kurzem zu C++ gewechselt haben oder die versucht haben, CORBA-Schnittstellen einzubinden, oder die gerade irgendein Objekt-Tool implementiert haben, das ihnen helfen soll. Längerfristig ist es wahrscheinlich billiger, Geld für eine Schulung zum Thema objektorientierte Programmierung auszugeben oder einfach einen neuen Programmierer anzustellen, der in Objekten denkt.

5.5.3 Symptome und Konsequenzen

- Klassen mit »Funktionsnamen« wie `Calculate_Interest` oder `Display_Table` können auf dieses AntiPattern hinweisen.

- Alle Klassenattribute sind privat und werden nur innerhalb der Klasse verwendet.

- Klassen beinhalten nur eine einzige Aktion wie etwa eine Funktion.

- Die Architektur ist so stark degeneriert, dass der objektorientierte Ansatz völlig fehlt.

- Objektorientierte Prinzipien wie Vererbung und Polymorphismus werden außer Acht gelassen. Das kann sehr aufwändig für die Wartung sein (wenn es überhaupt jemals funktioniert hat; allerdings sollte man niemals den Einfallsreichtum älterer Programmierer unterschätzen, die langsam den Anschluss verlieren).
- Es ist weder dokumentiert noch wird erklärt, wie das System funktioniert. Die Klassenmodelle sind völlig sinnlos.
- Für eine Wiederverwendung besteht keine Hoffnung.
- Die Tester sind frustriert und desillusioniert.

5.5.4 Typische Ursachen

- Es mangelt an einem objektorientierten Verständnis der Zusammenhänge, die Implementierung ist misslungen. Das ist ein bekanntes Problem bei Entwicklern, die von der Programmierung in einer nicht objektorientierten zu einer objektorientierten Programmiersprache wechseln. Die Paradigmen der Architektur, des Designs und der Implementierung verändern sich, es kann bis zu drei Jahren dauern, bis sich das Konzept der Objektorientierung vollständig durchgesetzt hat.
- Die Architektur wird nur mangelhaft realisiert. Wenn Kenntnisse über die objektorientierte Programmierung nicht ausreichend vorhanden sind, ist es egal, wie gut ausgeprägt die Architektur ist. Und ohne richtige Überwachung werden normalerweise die altbekannten Techniken eingesetzt.
- Katastrophen sind vorhersehbar, wenn diejenigen, die die Spezifikationen und Anforderungen festlegen, keine Erfahrung mit objektorientierten Systemen haben. Stehen architektonische Verbindlichkeiten vor einer Analyse der Anforderungen fest, entsteht oft das AntiPattern Functional Decomposition.

5.5.5 Bekannte Ausnahmen

Dieses AntiPattern ist angebracht, wenn keine objektorientierte Lösung benötigt wird. Diese Ausnahme kann für Lösungen erweitert werden, die rein funktionaler Natur sind, aber ummantelt werden, um eine objektorientierte Schnittstelle für den Implementierungscode bereitzustellen.

5.5.6 Refactoring-Lösung

Wenn die Grundanforderungen für die Software noch zu ermitteln sind, wird ein Analysemodell für die Software definiert, um die wichtigen Eigenschaften der Software aus dem Blickwinkel des Benutzers zu klären. Das ist eine wesentliche Voraussetzung für die Offenlegung der vielen Code-Konstrukten zugrunde liegenden Motivation, die im Laufe der Zeit vergessen wurde. Alle Lösungsschritte für dieses

AntiPattern müssen als Grundlage für die zukünftige Programmpflege ausführlich dokumentiert werden.

Formulieren Sie als Nächstes ein Designmodell, das die wichtigsten Teile des vorhandenen Systems berücksichtigt. Konzentrieren Sie sich nicht darauf, das Modell zu verbessern, sondern schaffen Sie eine Basis dafür, so viel wie möglich vom System zu erklären. Im Idealfall begründet oder rechtfertigt das Designmodell den größten Teil des Software-Moduls. Die Entwicklung eines Designmodells für vorhandenen Code ist sehr aufschlussreich, denn es gewährt Einblick in die Funktionsweise des gesamten Systems. Es ist durchaus zu erwarten, dass mehrere Teile des Systems aus nicht mehr nachvollziehbaren Gründen vorhanden sind.

Halten Sie sich bei Klassen, die aus dem Rahmen des Designmodells fallen, an folgende Richtlinien:

1. Enthält die Klasse eine einzige Methode, dann versuchen Sie sie als Teil einer vorhandenen Klasse zu modellieren. Oft ist es besser, als Hilfsklassen gedachte Klassen in der Basisklasse zusammenzufassen, die sie unterstützen.

2. Versuchen Sie, mehrere Klassen zu einer neuen Klasse zusammenzufassen, die den Designzielen entspricht. Die Funktionalität mehrerer Typen soll in einer einzigen Klasse konsolidiert werden, die einen breiteren Bereich abdeckt als die zuvor feinkörnigeren Klassen. Fassen Sie beispielsweise die Methoden mehrerer Klassen für den Gerätezugriff, die Informationen für und von den Geräten filtern und das Gerät steuern, in einem einzigen `Controller`-Objekt zusammen.

3. Enthält die Klasse keinerlei Statusinformationen, sollten Sie in Erwägung ziehen, sie zu einer Funktion umzuschreiben. Möglicherweise lassen sich Teile des Systems besser als Funktionen modellieren, auf die aus unterschiedlichen Teilen des Systems ohne Einschränkungen zugegriffen werden kann.

Untersuchen Sie das Design und identifizieren Sie vergleichbare Subsysteme. Hierbei ist eventuell eine Wiederverwendung angebracht. Als Teil der Programmpflege sollten Sie beim Refactoring der Codegrundlagen die Wiederverwendung von Code für ähnliche Subsysteme in Angriff nehmen (eine ausführliche Beschreibung des Software-Refactoring finden Sie in der Erörterung des AntiPatterns Spaghetti-Code).

5.5.7 Beispiel

Das AntiPattern Functional Decomposition basiert auf voneinander getrennten Funktionen für die Datenmanipulation, beispielsweise die Verwendung der Jackson Structured Programmierung. Innerhalb einer objektorientierten Umgebung sind Funktionen häufig Methoden. Die Gliederung von Funktionen basiert auf einem anderen Paradigma, das zu unterschiedlichen Funktionsgruppen und den damit verbundenen Daten führt.

Das einfache Beispiel in Abbildung 5.12 zeigt eine funktionale Version eines Kreditsystems:

1. Einen neuen Kunden hinzufügen.
2. Eine Kundenadresse aktualisieren.
3. Einen Kundenkredit berechnen.
4. Die Kreditzinsen berechnen.
5. Einen Tilgungsplan berechnen.
6. Einen Tilgungsplan ändern.

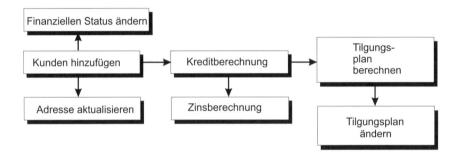

Abb. 5.12: Das AntiPattern Functional Decomposition bei einem Kundenkreditsystem

Abbildung 5.13 zeigt die objektorientierte Ansicht des Kreditprogramms. Die vorherigen Funktionen wurden Objektmethoden zugeteilt.

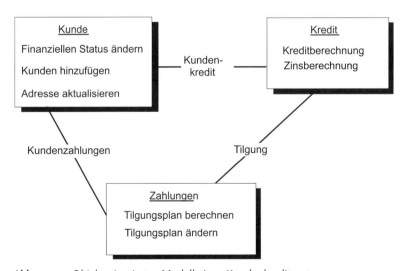

Abb. 5.13: Objektorientiertes Modell eines Kundenkreditsystems

5.5.8 Verwandte Lösungen

Wurde bereits zu viel Arbeit in ein unter funktionaler Auflösung leidendes System investiert, dann können Sie die Dinge retten, wenn Sie ähnlich vorgehen wie beim Blob-AntiPattern.

Anstatt ein vollständiges Refactoring der gesamten Klassenhierarchie durchzuführen, können Sie möglicherweise die Klasse der `Main`-Routine in eine `Coordinator`-Klasse umbauen, die die gesamte oder den Hauptteil der Systemfunktionalität übernimmt. Funktionsklassen können dann in quasi objektorientierte Klassen umgewandelt werden, indem sie kombiniert und so erweitert werden, dass ein Teil der eigenen Verarbeitung in Richtung der modifizierten `Coordinator`-Klasse verlagert wird. Dieser Vorgang kann zu einer geeigneteren Klassenhierarchie führen [Fowler 97].

5.5.9 Anwendbarkeit für andere Perspektiven und Ebenen

Sowohl die Perspektive der Architektur als auch die des Managements spielen eine Schlüsselrolle in der Vorbeugung und in der nachhaltigen Überwachung des AntiPatterns Functional Decomposition. Wurde ursprünglich eine korrekte objektorientierte Architektur geplant und trat das Problem in der Entwicklungsphase auf, dann ist es eine Aufgabe des Managements, die ursprüngliche Architektur durchzusetzen. Auch wenn die Ursache eine grundsätzlich falsche Architektur zu Beginn des Projekts war, ist es trotzdem Aufgabe des Managements, dies zu erkennen, die Notbremse zu ziehen und die Architektur zu korrigieren – je früher, desto billiger.

5.6 AntiPattern: Poltergeister

AntiPattern-Name: Poltergeister

Auch bekannt als: Gypsy [Akroyd 96], Proliferation of Classes [Riel 96] und Big-DoIt-Controler-Klasse [Fowler 97]

Häufigste Ebene: Anwendung

Name des Refactoring: Ghostbusting

Typ des Refactoring: Prozess

Hauptursachen: Ignoranz

Nicht ausbalancierte Kräfte: Funktionsmanagement, Komplexität

Anekdotisches: »Ich bin mir nicht ganz sicher, was diese Klasse macht, aber es ist sicher wichtig!«

5.6.1 Hintergrund

Als Michael Akroyd 1996 auf der *Objekt World West* das Gypsy-AntiPattern vorstellte, verglich er die durchsichtige Erscheinung und das diskrete Verschwinden der Gypsy-Klasse mit einem »Zigeunerwagen«, der eines Tages auftaucht und am nächsten Tag schon wieder verschwunden ist. Als wir uns mit Akroyds Modell beschäftigten, entschieden wir uns, mehr in den Namen des AntiPatterns hineinzulegen. Da Poltergeister rastlose Geister sind, die das Phänomen eines Polterns in der Nacht hervorrufen können, fanden wir, dass diese Bezeichnung treffender für das plötzlich »etwas Auslösende« dieses AntiPatterns im Gegensatz zum »Auftauchen und plötzlichen Verschwinden« der ursprünglichen Bezeichnung ist (siehe Abbildung 5.14).

Abb. 5.14: Poltergeister: Geisterhafte Klassen

Einige Programmierer nutzen die »Nebenwirkungen« bestimmter Sprachfunktionen der Programmiersprache LISP oder andere Programmiersprachen, um auf geheimnisvolle Weise die Kernfunktionalität der Software-Systeme zu realisieren. Eine Analyse und das Verstehen solcher Systeme ist nahezu unmöglich und jeder Versuch der Codewiederverwendung wird kläglich scheitern.

Wie die `Controller`-Klasse des AntiPatterns Poltergeist ist die Ausnutzung von »Nebenwirkungen« für grundsätzliche Aufgaben einer Implementierung eine falsche Verwendung der Sprache oder Architektur und sollte vermieden werden.

5.6.2 Allgemeine Form

Poltergeister sind Klassen mit begrenzten Verantwortlichkeiten und Aufgaben im System, weshalb ihr effektiver Lebenszyklus sehr kurz ist. Poltergeister stören das Software-Design, weil sie unnötige Abstraktionen einführen. Sie sind äußerst komplex, schwer zu verstehen und zu pflegen.

Dieses AntiPattern ist typisch für Situationen, in denen Designer zwar die Prozessmodellierung beherrschen, denen aber das objektorientierte Design für den Entwurf von Architekturen noch neu ist. Bei diesem AntiPattern sind eine oder mehrere Klassen zu beobachten, die kurz wie ein Geist auftauchen, um eine Aktion in einer anderen, etwas dauerhafteren Klasse auszulösen. Akroyd nennt diese Klassen »Zigeunerwagen« [Akroyd 96]. Normalerweise dienen sie als `Controller`-Klassen, die lediglich Methoden anderer Klassen in einer gewöhnlich vordefinierten Reihenfolge aufrufen. Zu erkennen sind sie häufig an den Suffixen `_manager` oder `_controller`.

Das Poltergeist-AntiPattern wird von unerfahrenen Software-Architekten, die das objektorientierte Konzept nicht verstanden haben, bewusst verwendet. Poltergeist-Klassen sind aus drei Gründen ungeeignete Designartefakte:

1. Sie sind überflüssig und beanspruchen bei ihrem »Erscheinen« unnötigerweise Ressourcen.
2. Sie sind uneffektiv, weil sie zahlreiche redundante Navigationspfade verwenden.
3. Sie stehen einem sauberen objektorientierten Design im Wege, weil sie das Objektmodell durcheinander bringen.

5.6.3 Symptome und Konsequenzen

- Redundante Navigationspfade
- Flüchtige Zuordnungen
- Zustandslose Klassen
- Temporäre Objekte und Klassen mit kurzer Lebensdauer

- Klassen mit nur einer Operation, die nur vorhanden sind, um andere Klassen über temporäre Verbindungen aufzurufen
- Klassen mit Bezeichnungen, die `control` enthalten, oder mit Namen wie `start_process_alpha`

5.6.4 Typische Ursachen

- Die objektorientierte Architektur wird von den Designern nicht beherrscht.
- Es wird die falsche Herangehensweise gewählt, denn entgegen der allgemeinen Meinung ist die Objektorientierung nicht unbedingt immer der richtige Weg (nach dem Motto »Es gibt keinen richtigen Weg zum falschen Ziel.«). Wenn also die Objektorientierung nicht das richtige Mittel ist, kann sie auch nicht auf die richtige Weise implementiert werden.
- Die Katastrophe ist vorgezeichnet, ähnlich wie beim Blob, wo das Management manchmal während der Analyse der Anforderungen architektonische Vorgaben festlegt. Das ist unangebracht und führt nicht selten zu Problemen durch dieses AntiPattern.

5.6.5 Bekannte Ausnahmen

Ausnahmen sind für das Poltergeister-AntiPattern nicht bekannt.

5.6.6 Refactoring-Lösung

Poltergeister können durch vollständiges Entfernen aus der Klassenhierarchie beseitigt werden. Nach dem Entfernen muss aber ihre Funktionalität ersetzt werden. Mit einfachen Korrekturen an der Architektur ist das problemlos möglich.

Die in den Poltergeist eingekapselten steuernden Aktionen müssen in die Klassen verschoben werden, die sie aufgerufen haben. Dieser Vorgang wird im nächsten Abschnitt näher erläutert.

5.6.7 Beispiel

Um den Poltergeist genauer zu erklären, betrachten wir das Beispiel aus Abbildung 5.15. Die Klasse PEACH_CANNER_CONTROLLER enthält einen Poltergeist, weil

- sie redundante Navigationspfade zu anderen Klassen des Systems besitzt.
- alle Beziehungen flüchtig sind.
- sie keinen Zustand hat.
- sie eine temporäre Klasse mit kurzer Lebensdauer ist, die nur in Erscheinung tritt, um andere Klassen über temporäre Beziehungen aufzurufen.

Kapitel 5
AntiPatterns – Software-Entwicklung

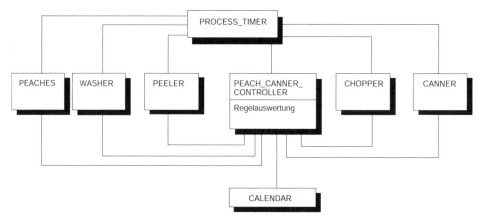

Abb. 5.15: Die Controller-Klasse

Wird die Poltergeist-Klasse aus diesem Beispiel entfernt, verlieren die übrigen Klassen die Möglichkeit zur Interaktion. Die Prozesse sind nicht mehr geordnet. Daher müssen die Interaktionsmöglichkeiten wie in Abbildung 5.16 gezeigt in anderen Klassen der Hierarchie untergebracht werden. Beachten Sie, dass jedem Prozess bestimmte Operationen hinzugefügt werden, damit die einzelnen Klassen zusammenarbeiten und Ergebnisse liefern können.

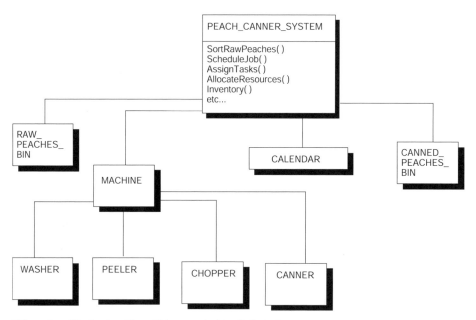

Abb. 5.16: Die Controller-Klasse nach dem Refactoring

5.6.8 Verwandte Lösungen

Die 80%-Lösung, wie sie beim Blob-AntiPattern vorgestellt wurde, führt zu einem ähnlichen Konstrukt wie dem Poltergeist. Die vorgestellte Koordinator-Klasse übernimmt immer noch die gesamte oder den größten Teil der Funktionalität des Systems und weist typischerweise noch viele der Eigenschaften eines Poltergeists auf.

5.6.9 Anwendbarkeit für andere Perspektiven und Ebenen

Dieses AntiPattern wird im Kapitel über die Software-Entwicklung und nicht im Zusammenhang mit den architektonischen AntiPatterns behandelt, weil es normalerweise auftritt, wenn Entwickler ein System entwerfen und es implementieren, obwohl es auch das Ergebnis einer fehlerhaften Systemarchitektur sein kann. Zu beurteilen, ob das Erscheinen der Poltergeister tatsächlich Ursache einer falschen Projektleitung ist, bleibt dem Leser überlassen.

Wie bei den meisten AntiPatterns in der Software-Entwicklung spielen sowohl architektonische als auch das Management betreffende Gesichtspunkte Schlüsselrollen für die Vermeidung oder das Einschleichen dieses AntiPatterns. Häufig wird die Entstehung dieser AntiPatterns aus der architektonischen Sicht erkannt und durch ein effektives Management behandelt oder von vornherein abgewendet.

Die Projektleitung sollte so früh wie möglich sorgfältig darauf achten, dass die objektorientierte Architektur von qualifizierten objektorientierten Systemarchitekten umgesetzt wird und während der fortschreitenden Entwicklung eines Projekts darauf achten, dass sich Fehler wie dieses AntiPattern nicht einschleichen.

5.6.10 Mini-AntiPattern: Boat Anchor

AntiPattern-Problem

Ein Boat Anchor ist ein Stück Soft- oder Hardware, das im aktuellen Projekt keinem sinnvollen Zweck dient. Er ist eine teure Anschaffung, deren Erwerb letztlich überflüssig war. Die Gründe für die Anschaffung des Boat Anchor waren zu einem bestimmten Zeitpunkt durchaus überzeugend. Eine Vorgabe oder programmatische Zielsetzung kann beispielsweise die Anschaffung und den Einsatz einer bestimmten Hard- oder Software infolge einer Prämisse (oder Bedingung) zu Beginn des Projekts notwendig machen, wenn das Management von der Nützlichkeit der Anschaffung überzeugt ist. Beim so genannten VIP-Marketing werden Kaufentscheidungen von Entscheidungsträgern auf höherer Ebene getroffen, bei kleineren bis mittleren Unternehmen von den Abteilungsleitern. Eine Produktempfehlung wird dabei oft ohne Berücksichtigung technischer Aspekte übernommen. Die Konsequenz ist, dass Projektleitung und Software-Entwickler viel

Mühe darauf verwenden müssen, das Produkt funktionsfähig zu machen. Nachdem viel Zeit und viele Ressourcen eingesetzt wurden, stellt die technische Abteilung dann fest, dass das Produkt in dieser Umgebung nicht einsetzbar ist, und wendet sich einer anderen technischen Lösung zu. Der Boat Anchor wird beiseite gelegt und verstaubt in irgendeiner Ecke (sofern es sich um Hardware handelt).

Refactoring-Lösung

Die technische Seite muss von vornherein berücksichtigt und eine Alternative vorgesehen werden, die mit minimalem Software-Aufwand realisiert werden kann. Die Auswahl der technischen Alternativen ist eine wichtige Strategie zur Risikominderung. Sie sollte für die wichtigsten infrastrukturellen Technologien (von denen fast die gesamte Software abhängig ist) sowie für andere eingesetzte Technik in mit hohem Risiko behafteten Netzplanbereichen berücksichtigt werden. Dabei sollten äußerst wichtige technische Lösungen für die Netzplanung während der Beschaffungsphase prototyphaft mit Erprobungslizenzen (die von den meisten Herstellern angeboten werden) getestet werden.

Verwandte AntiPatterns

Die rationale Entscheidungsfindung wird bei der Lösung des AntiPatterns Irrationales Management erörtert. Sie sollte Grundlage eines sachlich orientierten Auswahlprozesses für die eingesetzte Technik sein, damit die Boat Anchors vor der Anschaffung identifiziert werden können. Die Lösung des Smoke-and-Mirrors-AntiPatterns ist die technische Erprobung vor der Anschaffung, einschließlich Produktdokumentation und Schulung vor dem Kauf.

5.7 AntiPattern: Goldener Hammer

AntiPattern-Name: Goldener Hammer

Auch bekannt als: Old Yeller, Head-in-the Sand

Häufigste Ebene: Anwendung

Name des Refactoring: Erweitern Sie Ihren Horizont

Typ des Refactoring: Prozess

Hauptursachen: Ignoranz, Stolz, Engstirnigkeit

Nicht ausbalancierte Kräfte: Management des Technologietransfers

Anekdotisches: »Ich besitze einen Hammer und alles Übrige sind Nägel (Abbildung 5.17).« »Unsere Datenbank ist unsere Architektur.« »Vielleicht hätten wir hierfür doch einfach Excel-Makros verwenden sollen.«

AntiPattern: Goldener Hammer

Abb. 5.17: Wenn Ihr einziges Werkzeug ein Hammer ist, ist alles andere ein Nagel.

5.7.1 Hintergrund

Dieses ist eines der am weitesten verbreiteten AntiPatterns. Hersteller (insbesondere Datenbankhersteller) preisen ihre kontinuierlich weiterentwickelte Produktsuite als die Lösung an, die den meisten Anforderungen eines Unternehmens gerecht wird. Angesichts der Einführungskosten für eine bestimmte Datenbanklösung verweisen die Hersteller oft auf die erheblich reduzierten Kosten für Erweiterungen, die mit dem Grundprodukt erwiesenermaßen gut funktionieren sollen.

5.7.2 Allgemeine Form

Ein Team von Software-Entwicklern hat ein hohes Maß an Kompetenz für eine bestimmte Lösung oder ein bestimmtes Produkt erreicht, das hier als der goldene Hammer bezeichnet wird und das für jedes neue Produkt oder Entwicklungsprojekt als beste Lösung betrachtet wird. In vielen Situationen ist der goldene Hammer geeignet, es werden aber nur minimale Anstrengungen unternommen, alternative Lösungen zu suchen.

Dieses AntiPattern ist Ergebnis der falschen Anwendung eines bevorzugten Werkzeugs oder Konzepts. Entwickler und Manager sind mit einer gewohnten Herangehensweise vertraut und nicht bereit, dazuzulernen und etwas Geeigneteres einzusetzen. Zusammenfassen lässt sich das unter dem Motto »Unsere Datenbank ist unsere Architektur«, was besonders im Bereich von Banken häufig anzutreffen ist.

Befürworter dieses Mottos preisen den goldenen Hammer und die entsprechenden Produkte als Patentlösung für alle anfallenden Aufgaben innerhalb eines Unternehmens an. Mit Blick auf die Einführungskosten für eine bestimmte Lösung argumentieren die Verfechter der Patentlösung, dass zukünftige Erweiterungen, die für die Zusammenarbeit mit dem vorhandenen Produkt entworfen wurden, Risiko und Kosten reduzieren.

5.7.3 Symptome und Konsequenzen

- Für konzeptionell unterschiedliche Produkte werden identische Werkzeuge und Produkte eingesetzt.
- Performance, Skalierbarkeit usw. dieser Lösungen sind im Vergleich zu anderen Lösungen wesentlich schlechter.
- Die System-Architektur entspricht der eines bestimmten Produkts, einer Anwendungssuite oder eines Werkzeugs von einem bestimmten Hersteller.
- Bei der Erörterung der Systemanforderungen mit den Systemanalysten und Endanwendern stellen die Entwickler Anforderungen in den Vordergrund, die mit diesem Werkzeug leicht zu erfüllen sind, und lenken dabei von Bereichen ab, bei denen die Lösung unbefriedigend ist.
- Die Entwickler verlieren den Kontakt zu aktuellen Entwicklungen. Sie zeigen einen Mangel an Wissen und Erfahrungen im Umgang mit alternativen Herangehensweisen.
- Beim Versuch, getätigte Investitionen auszunutzen, werden die Anforderungen nicht vollständig erfüllt.
- Eingeführte Produkte bestimmen das Design und die Systemarchitektur.
- Neue Entwicklungen hängen sehr stark vom Produkt und der Technologie eines bestimmten Herstellers ab.

5.7.4 Typische Ursachen

- Mit einer bestimmten Vorgehensweise wurden viele Erfolge erzielt.
- Es wurden hohe Investitionen in Schulung und/oder den Austausch von Erfahrungen für ein bestimmtes Produkt oder eine bestimmte Technologie getätigt.
- Die Entwicklergruppe isoliert sich von der industriellen Entwicklung und von anderen Firmen.
- Die Eigenschaften eines bestimmten Produkts werden bevorzugt, die mit den Produkten anderer Hersteller nicht angeboten werden.
- Lösungen erfolgen nach dem AntiPattern Corncob (siehe Kapitel 7).

5.7.5 Bekannte Ausnahmen

Manchmal funktioniert der goldene Hammer:

1. Wenn das Produkt, das die architektonischen Zwänge festlegt, als langfristige strategische Lösung gedacht ist, beispielsweise bei einer Oracle-Datenbank für die dauerhafte Speicherung und mit ummantelten Stored Procedures für den sicheren Datenzugriff.
2. Wenn das Produkt Teil einer Herstellersuite ist, die die meisten Software-Bedürfnisse abdeckt.

5.7.6 Refactoring-Lösung

Diese Lösung beinhaltet sowohl einen philosophischen Aspekt als auch eine Änderung des Entwicklungsprozesses. Philosophisch betrachtet muss ein Unternehmen Engagement für die Nutzung neuer Technologien entwickeln. Ohne ein solches Engagement besteht die Gefahr, dass sich ein blindes Vertrauen in eine spezifische Technologie oder zu einem bestimmten Hersteller einschleicht. Die Lösung verlangt ein doppeltes Vorgehen: Eine größere Bereitschaft des Managements zu einer professionellen Weiterbildung der Entwickler, verbunden mit einer Entwicklungsstrategie, die klare Grenzen festlegt, um einen Wechsel der Technologien zu ermöglichen.

Beim Entwurf und der Entwicklung von Software-Systemen müssen klare Grenzen festgelegt werden, die einen Austausch einzelner Software-Komponenten ermöglichen. Eine Komponente sollte das System vor proprietären Eigenschaften seiner Implementierung schützen. Wird das System unter Berücksichtigung expliziter Software-Grenzen entwickelt, dann werden die Schnittstellen, die diese Grenzen bilden, zu den Punkten, an denen die in der Implementierung verwendete Software durch neue ersetzt werden kann, ohne dass andere Systemkomponenten davon betroffen sind. Ein Industriestandard wie die OMG-IDL-Spezifikation ist ein unschätzbares Werkzeug für die Einbindung klarer Software-Grenzen zwischen den Komponenten.

Außerdem müssen Software-Entwickler auf dem aktuellen Stand der Technik sein, sowohl im Fachgebiet des eigenen Unternehmens als auch hinsichtlich der Software-Entwicklung im Allgemeinen. Das kann durch verschiedene Maßnahmen erfolgen, die den Austausch technischer Ideen fördern. Entwickler können beispielsweise Diskussionsgruppen bilden, in denen Entwurfsmuster, neue Standards, neue Produkte usw. behandelt werden, die für das Unternehmen zukünftig von Bedeutung sein könnten. Sie können auch Lesezirkel veranstalten, um sich mit der aktuellen Literatur und Veröffentlichungen zu beschäftigen, die neue Verfahren für die Software-Entwicklung beschreiben. In der Praxis hat sich das als sehr effektive Möglichkeit erwiesen, Ideen und neue Herangehensweisen auszutauschen. Auch ohne externes Management können Entwickler informelle Netzwerke technikinteressierter Menschen einrichten, um neue Technologien und Lösungen zu erforschen und auf dem aktuellen Stand zu bleiben. Von der Industrie veranstaltete Konferenzen sind gleichfalls eine gute Gelegenheit, Kontakte zu anderen Entwicklern und Herstellern aufzunehmen und sich über die Trends bei den Herstellern zu informieren.

Auf Seiten des Managements wäre es sinnvoll, das Engagement für offene Systeme und Architekturen zu verstärken. Andernfalls bildet sich bei den Entwicklern leicht die Einstellung, dass das Erreichen kurzfristiger Ergebnisse mit allen nur erdenklichen Mitteln akzeptabel sei. Für kurzfristige Aufgabenstellungen kann dies zwar angebracht sein, für längerfristige Ziele ist das jedoch problematisch, weil nicht auf dem soliden Fundament der Erfahrungen aus der Vergangenheit aufgebaut, sondern ältere Software umgebaut wird, um neuen Anforderungen zu genügen. Flexibler, wiederverwendbarer Code erfordert Investitionen in die anfängliche Entwicklung, andernfalls werden keine längerfristigen Vorteile erreicht [Jacobson 97]. Das Vertrauen auf eine spezifische Technologie oder einen bestimmten Hersteller ist außerdem ein mögliches Risiko für die Projekt- und Produktentwicklung. Eigene Forschungsprogramme, die erprobte Konzeptprototypen liefern, sind effektiv zum Test der Integrationsmöglichkeiten weniger riskanter, offener Technologien geeignet.

Eine weitere Möglichkeit, das AntiPattern des goldenen Hammers auf Managementebene auszuschließen, ist die Anwerbung von Mitarbeitern aus unterschiedlichen Bereichen und mit unterschiedlichen Hintergründen. Die Teams profitieren von der breiteren Erfahrungsbasis, auf die sie bei der Entwicklung von Lösungen zurückgreifen können. Die Zusammenstellung eines Teams für ein Datenbankprojekt, bei dem alle Mitarbeiter Erfahrungen mit der gleichen Datenbank haben, schränkt den Lösungsspielraum im Vergleich zu einem Team ein, dessen Erfahrungsschatz eine Reihe von Datenbanksystemen abdeckt.

Abschließend sei darauf hingewiesen, dass das Management aktiv die professionelle Weiterbildung der Software-Entwickler unterstützen und honorieren muss.

5.7.7 Varianten

Eine häufige Variante des goldenen Hammers entsteht, wenn ein Entwickler obsessiv ein Software-Konzept bevorzugt. Manche Entwickler lernen beispielsweise von einem oder zwei GoF-Entwurfsmustern [Gamma 94] und wenden sie in allen Phasen der Software-Analyse, des Designs und der Implementierung an. Diskussionen über Zweck und Intention reichen nicht aus, um sie zu veranlassen, über die Anwendbarkeit der Struktur des Entwurfsmusters und deren Durchsetzung für den gesamten Entwicklungsprozess nachzudenken. Ausbildung und Beratung sind erforderlich, um ihnen bei der Suche nach anderen verfügbaren Alternativen für die Einrichtung eines Software-Systems zu helfen.

5.7.8 Beispiel

Ein weit verbreitetes Beispiel für den goldenen Hammer ist eine Datenbank-zentrierte Umgebung ohne weitere Architektur, abgesehen von der durch den Datenbank-Hersteller vorgegebenen Architektur. In einer solchen Umgebung wird die Verwendung einer bestimmten Datenbank bereits entschieden, noch bevor die objektorientierte Analyse begonnen wurde. Daher beginnt der Lebenszyklus der Software mit dem Erstellen eines Beziehungsdiagramms zwischen den Entitäten, das als Pflichtenheft mit dem Kunden angefertigt wird. Das ist oft nicht förderlich, weil das Diagramm Datenbankanforderungen endgültig festlegt. Eine Gliederung der Struktur eines Subsystems vor dem Entwurf des Systems setzt voraus, dass die Auswirkungen der tatsächlichen Kundenanforderungen an das Systemdesign minimal sind. Das Sammeln der Anforderungen sollte den Systementwickler dazu befähigen, die Anwenderbedürfnisse in einem Maß zu verstehen, dass das externe Verhalten des Systems vom Anwender wie eine Blackbox [Davis 93] betrachtet wird. Viele Systeme werden den Anforderungen der Anwender gerecht, ohne überhaupt eine Datenbank zu verwenden. Beim goldenen Hammer sind solche Möglichkeiten aber von vornherein ausgeschlossen, was zu Problemen bei der Einbindung eines Datenbankelements führt.

Im Laufe der Zeit kann ein Unternehmen mehrere Datenbank-zentrierte Produkte entwickeln, die als unabhängige Systeme implementiert werden könnten. Die Datenbank entwickelt sich zur Grundlage für die Kommunikation zwischen den Anwendungen und regelt die Verteilung der Daten sowie den Zugriff. Darüber hinaus werden viele Implementierungsprobleme mit proprietären Eigenschaften der Datenbank gelöst, so dass bei zukünftigen Migrationen gleichzeitig die Entwicklung einer Technik für Implementierungen der Datenbank durchgeführt werden muss. An einem gewissen Punkt kann es erforderlich sein, mit Systemen zusammenzuarbeiten, die entweder nicht die gleiche Datenbank-zentrierte Architektur teilen oder die mit einer anderen Datenbank implementiert wurden, die keinen uneingeschränkten Zugriff auf ihre Informationen zulässt. Die Entwicklung wird plötzlich sehr teuer, weil einzigartige, spezielle Verbindungen eingerichtet werden, um zwischen den einzelnen Systemen eine Brücke zu schlagen. Wird jedoch dem Problem etwas Aufmerksamkeit gewidmet, bevor es außer Kontrolle gerät, kann ein allgemeines Rahmenwerk geschaffen werden, in dem die Produkte für die einzelnen Bereiche auf der Grundlage standardmäßiger Schnittstellen-Spezifikationen wie CORBA, DCOM oder TCP/IP ausgewählt werden.

Als weiteres Beispiel können auch Versicherungsunternehmen mit mehreren herkömmlichen Stovepipe-Systemen dienen, die sich beim Wechsel zum Client-/Serversystem dafür entschieden haben, dass die Access-Datenbank von Microsoft die Grundlage für eine dauerhafte Lösung sein soll. Das gesamte Frontend des Call-Center-Systems wurde um die frühere Version dieses Produkts herumkonstruiert. Anschließend war die zukünftige Entwicklung des Systems durch den Entwicklungsgang der Datenbank infolge einer falschen Entscheidung für die Architektur eingeschränkt. Es ist überflüssig, darauf hinzuweisen, dass das System keine sechs Monate Bestand hatte.

5.7.9 Verwandte Lösungen

- *Lava Flow.* Zu diesem AntiPattern kommt es, wenn der goldene Hammer über einen Zeitraum von mehreren Jahren und bei vielen Projekten angewendet wird. Typischerweise werden ältere Abschnitte, die auf früheren Versionen des goldenen Hammers basieren, an entfernte, selten benutzte Teile der kompletten Anwendung delegiert. Die Entwickler sind nicht geneigt, diese Abschnitte zu ändern, was mit der Zeit dazu führt, dass der Gesamtumfang der Anwendung durch Implementierung selten genutzter Funktionen anschwillt.

- *Vendor Lock-In.* Das AntiPattern Vendor Lock-In entsteht, wenn die Entwickler aktiv vom Hersteller darin unterstützt und bestärkt werden, den goldenen Hammer anzuwenden. Ein Software-Projekt ist dann bezüglich des Designs und der Implementierung eines objektorientierten Systems von den Vorgehensweisen eines einzigen Herstellers abhängig.

5.7.10 Mini-AntiPattern: Dead End

Auch bekannt als: Kevorkian-Komponente

AntiPattern-Problem

Das AntiPattern Dead End tritt auf, wenn sich eine wiederverwendbare Komponente verändert, die vom Lieferanten nicht mehr weiter gepflegt und unterstützt wird. Werden die Veränderungen durchgeführt, liegt die Supportlast bei den Entwicklern der Anwendung. Verbesserungen an der wiederverwendbaren Komponente sind nicht einfach zu integrieren und können zu Supportproblemen führen.

Beim Lieferanten kann es sich um einen kommerziellen Hersteller handeln, in diesem Fall wird das AntiPattern COTS-Anpassung genannt. Werden später Nachfolgeversionen des Produkts herausgegeben, müssen die Veränderungen noch einmal durchgeführt werden, falls dies möglich ist. Tatsächlich kann ein Upgrade der angepassten Komponente aus verschiedenen Gründen wie zum Beispiel wegen der Kosten oder des Weggangs von Mitarbeitern unmöglich werden.

Die Entscheidung für die Veränderung einer wiederverwendbaren Komponente bei der Systemintegration ist oft als Workaround für Anpassungsschwierigkeiten eines Produkts gedacht. Als kurzfristige Maßnahme kann das dem Fortgang der Produktentwicklung helfen und Zeitverzögerungen verhindern. Die Belastung durch den notwendigen Support für zukünftige Einsätze der Anwendung und die

Integration der »wiederverwendbaren« Komponente des Herstellers ist längerfristig aber nicht tragbar. Funktionieren kann das nur, wenn bei der Integration der wiederverwendbaren Komponente mit dem Hersteller vereinbart wird, dass die Veränderungen bei der nächsten Version des Produkts vom Hersteller berücksichtigt werden, wobei es reiner Zufall ist, wenn die Ziele beider Seiten sich decken.

Refactoring-Lösung

Vermeiden Sie COTS-Anpassungen und Veränderungen an wiederverwendbarer Software. Minimieren Sie das Risiko, in eine Sackgasse zu geraten, indem Sie Mainstream-Plattformen und COTS-Infrastrukturen verwenden und sich beim Upgrading an den Fahrplan des Herstellers für neue Versionen halten. Lässt sich eine Anpassung nicht vermeiden, dann benutzen Sie eine Isolierungsschicht (mehr hierzu folgt beim AntiPattern Vendor Lock-In in Kapitel 7). Benutzen Sie Isolierschichten und andere Techniken, um Abhängigkeiten des größten Teils der Anwendungssoftware vor Anpassungen und proprietären Schnittstellen abzuschirmen.

Das AntiPattern Dead End kann in Testumgebungen für die Grundlagenforschung eine akzeptable Lösung sein, wo der Code einmal verwendet wird und die Anpassung deutliche Vorteile bietet.

5.8 AntiPattern: Spaghetti-Code

AntiPattern-Name: Spaghetti-Code

Häufigste Ebene: Anwendung

Name des Refactoring: Software-Refactoring, Codebereinigung

Typ des Refactoring: Software

Hauptursachen: Ignoranz, Faulheit

Nicht ausbalancierte Kräfte: Konfigurationsmanagement, Veränderungen

Anekdotisches: »Was für ein Durcheinander!« »Sie wissen aber schon, dass diese Programmiersprache mehr als nur eine Funktion zulässt?« »Es ist einfacher, den Code neu zu schreiben, als ihn zu verändern.« »Software-Ingenieure schreiben keinen Spaghetti-Code.« »Die Qualität der Software-Struktur ist eine Investition für zukünftige Änderungen und Erweiterungen.«

5.8.1 Hintergrund

Der Spaghetti-Code ist ein klassisches und äußerst berüchtigtes AntiPattern. In der einen oder anderen Form existiert es bereits seit der Einführung der Programmiersprachen. Nicht objektorientierte Sprachen scheinen für dieses AntiPattern empfänglicher zu sein, es ist aber allgemein bei Entwicklern anzutreffen, die den erweiterten Konzepten der zugrunde liegenden Objektorientierung noch nicht gewachsen sind.

5.8.2 Allgemeine Form

Spaghetti-Code erscheint in Form eines Programms oder eines Software-Systems, das nur sehr wenig strukturiert ist. Die Codierung und die zunehmenden Erweiterungen beschädigen die Software-Struktur in einem solchen Ausmaß, dass der Struktur jegliche Klarheit verloren geht und selbst der ursprüngliche Entwickler den Überblick verliert, wenn er sich länger nicht mit der Software beschäftigt hat. Wurde eine objektorientierte Programmiersprache benutzt, kann die Software einige wenige Objekte mit Methoden mit sehr umfangreichen Implementierungen enthalten, die einen einzigen vielstufigen Prozessfluss auslösen. Des Weiteren werden die Objektmethoden in einer leicht vorhersehbaren Form aufgerufen und es gibt nur ein unerhebliches Maß an dynamischer Interaktion zwischen den Objekten des Systems. Das System ist schwer zu pflegen oder zu erweitern und es gibt keine Möglichkeit, Objekte und Module in anderen vergleichbaren Systemen wiederzuverwenden.

5.8.3 Symptome und Konsequenzen

- Nach einer Codeanalyse erscheinen nur Teile der Objekte und Methoden für eine Wiederverwendung geeignet zu sein. Die Untersuchung von Spaghetti-Code ist oftmals wenig ertragreich, was man vorab berücksichtigen sollte.

- Die Methoden sind sehr prozessorientiert und nicht selten werden Objekte tatsächlich als Prozesse bezeichnet.

- Der Ablauf der Ausführung wird von der Objektimplementierung und nicht von den Clients der Objekte vorgeschrieben.

- Zwischen den Objekten gibt es nur minimale Beziehungen.

- Viele Objektmethoden besitzen keine Parameter und verwenden für die Verarbeitung Klassenvariablen oder globale Variablen.

- Das Verwendungsmuster für die Objekte ist vorhersehbar.

- Der Code ist nur schwer wiederverwendbar und falls es dazu kommt, dann geschieht das häufig durch Klonen. In vielen Fällen ist eine Wiederverwendung aber gar nicht vorgesehen.

- Objektorientierte Eigenschaften sind schwer beizubehalten.

- Die Vorteile der Objektorientierung gehen verloren. Die Vererbung wird nicht benutzt, um das System zu erweitern, auch der Polymorphismus wird nicht genutzt.

- Nachfolgende Wartungsbemühungen verstärken das Problem.
- Die Software erreicht schnell den Punkt, wo die Einnahmen zurückgehen. Der Aufwand für die Pflege des Codes ist höher als die Kosten für die Entwicklung einer vollständig neuen Lösung.

»Das Erste zuerst, das Zweite niemals.«

– Shirley Conran

5.8.4 Typische Ursachen

- Unerfahrenheit im Umgang mit objektorientierten Designtechniken
- Keine Beratung und ineffektive Codeüberarbeitungen
- Keine Designphase vor der Implementierung
- Die Entwickler arbeiten isoliert voneinander

5.8.5 Bekannte Ausnahmen

Spaghetti-Code ist akzeptabel, wenn die Schnittstellen kohärent und nur die Implementierung dem AntiPattern entspricht, was an das Einkapseln von nicht objektorientiertem Code erinnert. Ist die Lebensdauer der Komponente kurz und ist sie deutlich vom übrigen System getrennt, kann eine gewisse Menge schlechten Codes toleriert werden.

Im alltäglichen Geschäft der Branche ist die Software normalerweise den Geschäftsinteressen untergeordnet und gelegentlich hängt der Markterfolg davon ab, dass die Software so schnell wie möglich auf den Markt gebracht wird. Ist den Software-Architekten und -Entwicklern ein bestimmtes Fachgebiet nicht so vertraut, dann kann es besser sein, erst einmal Produkte zu entwickeln, um ein Verständnis von dem Fachgebiet zu erlangen, damit später Produkte mit einer verbesserten Architektur entworfen werden können [Foote 97].

5.8.6 Refactoring-Lösung

Software-Refactoring (oder Codebereinigung) ist ein wesentlicher Bestandteil der Software-Entwicklung [Opdyke 92]. 70% der Software-Kosten entstehen durch Erweiterungen, deshalb ist es wichtig, eine kohärente Software-Struktur zu unterhalten, die Erweiterungen unterstützt. Wird die Struktur durch nicht vorhergesehene Anforderungen gefährdet, können die Unterstützungsmöglichkeiten eingeschränkt werden oder eine Unterstützung ist gar nicht möglich. Leider spricht der Begriff »Codebereinigung« manche Manager nicht an, daher wird das Thema besser unter der Überschrift »Software-Investitionen« diskutiert, denn schließlich ist eine Codebereinigung ja nichts anderes als die Pflege der Software-

Investitionen. Gut strukturierter Code lebt länger und ist besser in der Lage, Veränderungen im Unternehmensablauf und der Technologie zu unterstützen.

Im Idealfall ist die Codebereinigung natürlicher Bestandteil des Entwicklungsprozesses. Mit dem Hinzufügen von Eigenschaften (oder ganzen Gruppen von Eigenschaften) sollte bei der Codebereinigung berücksichtigt werden, wie die Codestruktur erhalten bleibt oder verbessert wird. Je nach der Häufigkeit des Hinzufügens neuer Eigenschaften kann sie stündlich oder täglich erfolgen.

Die Codebereinigung dient auch Leistungsverbesserungen. Bei Leistungssteigerungen gilt normalerweise die Regel 90 zu 10, wonach nur 10% des Codes geändert werden müssen, um eine 90-prozentige Leistungssteigerung zu erreichen. Bei der Programmierung von einzelnen Subsystemen oder Anwendungen muss die Codestruktur oft verletzt werden. Das primäre Ziel ist es, eine befriedigende Struktur zu erreichen. An zweiter Stelle wird durch Messungen ermittelt, wo sich der leistungskritische Code befindet. Als Drittes werden vorsichtig die erforderlichen Strukturabwandlungen vorgenommen, um die Leistungssteigerung zu erreichen. Manchmal müssen die Veränderungen für Leistungssteigerungen wieder rückgängig gemacht werden, um wichtige Systemerweiterungen zuzulassen. Damit die Software-Struktur in zukünftigen Versionen gewahrt bleibt, ist eine zusätzliche Dokumentation erforderlich.

Das AntiPattern Spaghetti-Code lässt sich am besten durch Prävention vermeiden. Zuerst sollte nachgedacht, dann ein Plan entwickelt und erst danach programmiert werden. Ist der Code jedoch bereits so weit degeneriert, dass er nicht mehr zu unterhalten ist, und ist eine Überarbeitung der Software nicht mehr realisierbar, können dennoch Schritte unternommen werden, eine Verschärfung des Problems zu verhindern. Als Erstes sollte beim Hinzufügen neuen Codes die Spaghetti-Codebasis nicht so verändert werden, dass Code in einem ähnlichen Stil hinzugefügt wird, um den neuen Anforderungen minimal gerecht zu werden. Nehmen Sie sich stattdessen immer die Zeit, die vorhandene Software in eine besser zu unterhaltende Form zu bringen. Zum Refactoring der Software gehören folgende Operationen, die mit dem vorhandenen Code durchgeführt werden müssen:

1. Verschaffen Sie sich mit Zugriffsfunktionen abstrakten Zugriff auf die Variablen einer Klasse. Schreiben Sie neuen und überarbeiteten Code für die Verwendung der Zugriffsfunktionen.

2. Wandeln Sie ein Codesegment in eine Funktion um, die bei zukünftigen Pflegemaßnahmen und beim Refactoring genutzt werden kann. Dem als Nächstes behandelten AntiPattern Cut-and-Paste Programmierung müssen Sie dabei widerstehen. Verwenden Sie stattdessen eine *überarbeitete* Lösung, um frühere Implementierungen dieses AntiPatterns zu reparieren.

3. Ordnen Sie die Funktionsargumente neu, um größere Konsistenz im Code zu erreichen. Selbst durchgängig schlechter Spaghetti-Code ist einfacher als inkonsistenter Spaghetti-Code zu unterhalten.

4. Entfernen Sie Codeteile, die bereits jetzt unerreichbar sind oder dies später werden können. Werden überflüssige Codeabschnitte wiederholt nicht erkannt und entfernt, dann schafft dies beste Voraussetzungen für das Lava-Flow-AntiPattern.

5. Nennen Sie Klassenfunktionen oder Datentypen um, damit sie mit einem Unternehmens- oder Industriestandard übereinstimmen und/oder zu unterhaltbaren Einheiten werden. Die meisten Software-Tools unterstützen eine globale Umbenennung.

Führen Sie ein aktives Refactoring und eine Verbesserung des Spaghetti-Codes bis zu dem Grad durch, den die Ressourcen zulassen. Es ist äußerst nützlich, Testprogramme für Programmeinheiten und Systeme einzusetzen, um sicherzustellen, dass das Refactoring nicht gleich wieder neue Mängel in den Code einführt. Empirische Erfahrungen belegen, dass die Vorteile des Refactoring einer Software bei weitem das Risiko aufwiegen, dass zusätzliche Modifikationen neue Schwachstellen erzeugen.

Können präventive Maßnahmen ergriffen werden oder sind Sie selber in der Situation, möglicherweise eine Spaghetti-Code-Anwendung zu programmieren, dann können folgende Vorkehrungen getroffen werden:

1. Bestehen Sie auf einer sauberen objektorientierten Analyse, um das fachspezifische Modell zu erstellen, unabhängig davon, wie genau Sie sich in dem Fachgebiet auskennen. Es ist äußerst wichtig, dass bei mittleren oder größeren Projekten ein fachbezogenes Modell als Grundlage für das Design und die Entwicklung festgelegt wird. Haben Sie die Thematik so weit verstanden, dass Sie zu der Einsicht kommen, dass ein fachspezifische Modell nicht benötigt wird, dann halten Sie dem entgegen, dass die dafür benötigte Zeit vernachlässigt werden kann. Wird es benötigt, dann macht die dafür benötigte Zeit deutlich, wie nötig es ist.

2. Nachdem ein fachspezifisches Modell entwickelt wurde, das die Systemanforderungen und die erforderliche Variabilität erklärt, wird ein eigenes Designmodell entwickelt. Das fachspezifische Modell kann zwar auch als Ausgangspunkt für das Designmodell dienen, das fachspezifische Modell muss aber als solches unterhalten werden, um nützliche Informationen aufzubewahren, die verloren gingen, wenn der direkte Übergang in das Designmodell zugelassen würde. Zweck des Designmodells ist es, die Gemeinsamkeit zwischen Fachobjekten und abstrakten Objekten zu abstrahieren, um die Notwendigkeit der Objekte und Beziehungen im System zu verdeutlichen. Wird es korrekt eingerichtet, legt es den Rahmen für die Software-Implementierung fest. Die Implementierung sollte nur zur Erfüllung der Systemanforderungen vorgenommen werden, die entweder explizit vom fachspezifischen Modell aufgezeigt oder vom Systemarchitekten oder Entwickler antizipiert werden.

3. Bei der Entwicklung des Designmodells muss sichergestellt werden, dass Objekte so weit zerlegt werden, dass sie für den Entwickler voll verständlich sind. Der Entwickler und der Designer müssen davon ausgehen, dass das Software-Modul einfach zu implementieren ist.

4. Nach einem Durchgang beider Modelle beginnen Sie nach dem auf dem Design basierenden Plan mit der Implementierung. Das Design muss noch nicht vollständig sein. Die Implementierung der Software-Komponenten sollte immer nach einem vorher festgelegten Plan verlaufen. Nach dem Beginn der Entwicklung fahren Sie schrittweise damit fort, weitere Teile des fachspezifischen Modells und des Designs anderer Systemteile zu untersuchen. Mit der Zeit werden das fachspezifische und das Designmodell für weitere entdeckte Anforderungen infolge von Designentscheidungen und für die Implementierung verfeinert. Es sei noch einmal darauf hingewiesen, dass die Entstehung von Spaghetti-Code viel unwahrscheinlicher ist, wenn für den gesamten Software-Entwicklungsprozess die Anforderungen und das Design vor der Implementierung festgelegt werden und nicht beide Vorgänge parallel laufen.

5.8.7 Beispiel

Das folgende Problem tritt häufig auf, wenn es noch keine Erfahrungen mit der objektorientierten Entwicklung gibt und Systemanforderungen direkt Funktionen zugeordnet werden, wobei Objekte zur Gruppierung verwandter Funktionen dienen. Jede Funktion enthält einen vollständigen Prozessfluss, der eine bestimmte Aufgabe komplett implementiert. Der folgende Codeauszug enthält beispielsweise Funktionen wie `initMenus()`, `getConnection()` und `executeQuery()`, die die angegebene Operation durchführen. Jede Objektmethode enthält einen einzigen Prozessfluss, der alle für die Erfüllung der Aufgabe erforderlichen Schritte nacheinander ausführt. Das Objekt enthält zwischen den Aufrufen wenig oder gar keine Statusinformationen, vielmehr sind die Klassenvariablen nur temporäre Speicherpositionen für Zwischenergebnisse eines einzigen Prozessflusses.

```
implements EventOutObserver {
//Global
String
homeUrl="http://www.webserver.com
/images/"
;
int caseState;
String url="jdbc:odbc:WebApp";
Driver theDriver;
Connection con null;
ResultSet rs,counter;
int theLevel;
```

AntiPattern: Spaghetti-Code

```
int count 0;
String tino;
int [] clickx;
int [] clicky;
String [] actions;
String [] images;
String [] spectra;
String showcaseQuery null;
TextArea output null;
Browser browser null;
Node material null;
EventInSFColor diffuseColor null;
EventOutSFColor outputColor null;
EventOutSFTime touchTime null;
boolean error false;
EventInMFNode addChildren;
Node mainGroup?null;
EventOutSFVec2f coord?null;
EventInSFVec3f translation?null;
EventOutSFTime theClick?null;
Image test;
int rx,ry;
float arx,ary;
int b=0;
Graphics gg?null;
//Applet initialisieren
public void init() {
super.init(); setLayout(null);
initMenus();
output=new TextArea(5, 40);
add(output);
browser=(Browser)
Browser.getBrowser((Applet)this);
addNotify(); resize(920,800);
initUndoStack();
caseState=0; theLevel=0;
setClock(0);
try { theDriver=new postgresql
.Driver(); }
catch(Exception e) {};
try { con=DriverManager
.getConnection(
```

```
"jdbc:postgresql://www.webserver
.com/WebApps",
"postgres","");
Statement stmt=con
.createStatement();
showcaseQuery="SELECT sid,
case,
button, text, name, actions FROM
WebApp
WHERE case="+caseState+" and
level="+theLevel+";";
rs=stmt.executeQuery
(showcaseQuery);
count=0; while (rs.next())
count++;
System.out.println("Count=
"+count+"\n");
rs=stmt.executeQuery
(showcaseQuery);
}
catch(Exception e) {System.out
.println(
"Fehler beim Verbinden und Ausführen:
"+e);};
nextButton=new
symantec.itools.awt.ImageButton();
lastButton=new
symantec.itools.awt.ImageButton();
try {
nextButton.setImageURL(new
java.net.URL(
"http://www.webserver.com:8080/
images/next.jpg"));
if (count<7) nextButton
.setVisible(false);
else nextButton.setVisible
(true);
lastButton.setImageURL(new
java.net.URL(
"http://www.webserver.com:8080/
images/last.jpg"));
}
```

AntiPattern: Spaghetti-Code

```
catch(Exception e) {};
imageButtons=new
symantec.itools.awt.ImageButton[6];
l1=new
symantec.itools.awt.shape.
HorizontalLine();
l2=new
symantec.itools.awt.shape.
HorizontalLine();
v1=new
symantec.itools.awt.shape.Vertical
Line();
v2=new
symantec.itools.awt.shape.Vertical
Line();
bigspectralabel=new
java.awt.Label("Spectra");
gtruthlabel=new
java.awt.Label("GroundTruth");
clickx=new int[6];
clicky=new int[6];
actions=new String[6];
images=new String[6];
spectra=new String[6];
imageLabels = new java.awt.Label[6];
for (int I=0; i<6 ; i++) {
imageButtons[i]=new
symantec.itools.awt.ImageButton();
imageLabels[i]=new java.awt
.Label();
actions[i]=new String();
images[i]=new String();
spectra[i]=new String();
};
for (int i=0; i<6 ; i++) {
try{
rs.next();
tino=rs.getString(4);
System.out.println(tino+"\n");
actions[i]=rs.getString(6);}
catch(Exception e) {System.out
.println("SQL
```

```
Fehler :"+e);}
try{
System.out.print(tino+ln"\n");
int len=tino.length();
if (tino.startsWith
("INVISIBLE")) {
imageButtons[i]
.setVisible(false);
imageLabels[i]
.setVisible(false);}
else {
imageButtons[i].setImageURL(
new java.net.URL
(homeUrl+tino));
imageButtons[i].setVisible
(true);
imageLabels[i].setText
(rs.getString(5));
imageLabels[i].setVisible
(true);
}
} catch (Exception e) { System.out
.println(
"Fehler bei Zugriffsanweisung:
"+e);
}
}
l1.reshape(0,6,775,1);add(l1);
l2.reshape(0,120,775,1);add(l2);
v1.reshape(0,6,1,114);add(v1);
v2.reshape(775,6,1,114);add(v2);
bigspectralabel.reshape
(460,122,200,16);
bigspectralabel.setVisible(false);
gtruthlabel.reshape(124,122,200,16);
gtruthlabel.setVisible(false);
add(bigspectralabel);add
(gtruthlabel);
nextButton.reshape(2,12,84,40);
add(nextButton);
lastButton.reshape(2,56,84,40);
add(lastButton);
imageLabels[0].reshape
```

```
    (124,12,84,16);
add(imageLabels[0]);
imageButtons[0].reshape(124,
30,84,84;)
add(imageButtons[0]);
imageLabels[1].reshape
(236,12,84,16);
add(imageLabels[1]);
imageButtons[1].reshape
(236,30,84,84);
add(imageButtons[1]);
imageLabels[2].reshape
(348,12,84,16);
add(imageLabels[2]);
imageButtons[2].reshape
(348,30,84,84);
add(imageButtons[2]);
imageLabels[3].reshape
(460,12,84,16);
add(imageLabels[3]);
imageButtons[3].reshape
(460,30,84,84);
add(imageButtons[3]);
imageLabels[4].reshape
(572,12,84,16);
add(imageLabels[4]);
imageButtons[4].reshape
(572,30,84,84);
add(imageButtons[4]);
imageLabels[5].reshape
(684,12,84,16);
add(imageLabels[5]);
imageButtons[5].reshape
(684,30,84,84);
add(imageButtons[5]);
// Entfernen Sie diese Zeile, wenn Sie
// symantec.itools.net.RelativeURL nicht verwenden
symantec.itools.lang.Context
.setDocumentBase(
getDocumentBase());
//{{INIT_CONTROLS
//}}
}
```

5.8.8 Verwandte Lösungen

- *Analysis Paralysis*. Dieses AntiPattern ist das Resultat, wenn die Lösung bis zum logischen Extrem getrieben wird. Anstatt Code ad hoc ohne ein Design für die Gesamtstruktur des Codes zu entwickeln, produziert dieses AntiPattern ein detailliertes Design, ohne jemals den Punkt zu erreichen, an dem die Implementierung beginnen kann.

- *Lava Flow*. Dieses AntiPattern enthält oft mehrere Spaghetti-Code-Beispiele, die nicht zu einem Refactoring des vorhandenen Codes ermutigen. Beim Lava Flow hatte der Code zu einem gewissen Zeitpunkt einen logischen Zweck, aber Teile davon sind inzwischen überflüssig, jedoch immer noch im Code vorhanden.

5.8.9 Mini-AntiPattern: Input Cludge

AntiPattern-Problem

Software, die einfachen Verhaltenstests nicht standhält, ist möglicherweise ein Beispiel für das AntiPattern Input Cludge, zu dem es kommt, wenn Ad-hoc-Algorithmen für den Umgang mit den Programmeingaben benutzt werden. Akzeptiert das Programm beispielsweise freie Texteingaben vom Benutzer, behandelt ein Ad-hoc-Algorithmus viele Kombinationen zulässiger und unzulässiger Eingabezeichenfolgen falsch. Humoristisch lässt sich das wie folgt umschreiben: »Der Anwender kann ein neues Programm zum Absturz bringen, ohne die Tastatur zu berühren.«

Refactoring-Lösung

Benutzen Sie für Programme, die nicht für Demonstrationszwecke gedacht sind, ausgereifte Eingabealgorithmen. Lexikografische Analyseprogramme gibt es beispielsweise bereits als Freeware. Programme wie lex und yacc ermöglichen einen soliden Umgang mit Text, der reguläre Ausdrücke und kontextfreie Grammatik enthält. Der Einsatz solcher Programme für Software in Produktionsqualität wird für den korrekten Umgang mit unerwarteten Eingaben empfohlen.

Varianten

Viele Software-Fehler entstehen durch unerwartete Kombinationen von für den Benutzer zugänglichen Eigenschaften. Für ausgereifte Anwendungen mit einer grafischen Benutzeroberfläche wird die Verwendung einer Eigenschaftsmatrix empfohlen. Eine Eigenschaftsmatrix enthält Statusinformationen, über die Eigenschaften vor den Benutzeraktionen aktiviert oder deaktiviert werden können. Ruft der Benutzer eine Eigenschaft auf, dann zeigt die Eigenschaftsmatrix an, welche anderen Eigenschaften aktiviert sein müssen, um Konflikte zu vermeiden. Eine Eigenschaftsmatrix wird häufig dafür verwendet, aktivierte Menüoptionen bei der Anzeige eines Menüs hervorzuheben und nicht aktivierte grau zu unterlegen.

Hintergrund

Programmierer sind darin geübt, Eingabekombinationen zu vermeiden, die zum Programm- oder Systemabsturz führen können. Bei praktischen Schulungen für OpenDoc haben wir eine Vorabversion verwendet, die noch nicht ausreichend störungssicher für den Einsatz war. Das gesamte Betriebssystem konnte mit scheinbar korrekten Eingabesequenzen und Mausoperationen zum Absturz gebracht werden. Die Teilnehmer haben den ersten Tag mit zahlreichen Systemabstürzen und anschließendem Warten auf den Systemneustart verbracht. Nach der Beobachtung der Crash-Ursachen waren wir gespannt, ob die Version stabil genug war, um den Anforderungen einer ausgereiften Software gerecht zu werden. Am Ende der Woche hatten wir gelernt, die Schwachstellen auszuschalten und Programmieraufgaben und Eingabeoperationen durchzuführen, die weit über unsere Erwartungen hinausgingen. Wir hatten die Eingabesequenzen zur Vermeidung von Systemabstürzen verinnerlicht.

Abb. 5.18: Am sichersten kommt man durch ein Minenfeld, wenn man jemandem folgt.

5.8.10 Mini-AntiPattern: Walking through a Minefield

AntiPattern-Problem

Der Umgang mit der heutigen Software-Technologie ist mit einem Gang durch ein Hightech-Minenfeld vergleichbar [Beizer 97b] (Abbildung 5.18.). Dieses Mini-Anti-Pattern ist auch unten dem Namen »Nichts läuft« oder »Glauben Sie an Wunder?«

bekannt. Bereits auf den Markt gebrachte Software-Versionen enthalten noch zahlreiche Fehler. Experten gehen davon aus, dass der ursprüngliche Quellcode zwei bis fünf Fehler pro Codezeile enthält. Das bedeutet, dass zwei oder mehr Änderungen pro Zeile erforderlich sind, um alle Mängel zu beseitigen. Viele Produkte werden fraglos auf den Markt gebracht, bevor sie in der Lage sind, arbeitende Systeme unterstützen zu können. Ein sachkundiger Software-Ingenieur behauptet, dass »es kein wirklich funktionierendes System gibt, nicht einmal unseres.«

Die Positionen und Konsequenzen von Software-Fehlern stehen in keiner Beziehung zu ihren scheinbaren Ursachen und selbst ein kleinerer Fehler kann katastrophale Folgen haben. Betriebssysteme wie beispielsweise UNIX, Windows oder andere enthalten viele bekannte und unbekannte Sicherheitslücken, so dass sie durch Angriffe verletzt werden können. Darüber hinaus hat sich die Wahrscheinlichkeit von Attacken durch das Internet dramatisch erhöht.

Auch der Endbenutzer stößt oft auf Software-Fehler. Beispielsweise wird eine von sieben korrekt gewählten Telefonnummern nicht korrekt von der Telefon-Software vervollständigt (eine Software-intensive Anwendung). Dabei ist zu beachten, dass die Anzahl bemängelter Fehler im Vergleich zu den tatsächlich auftretenden Fehlern gering ist.

Software-Tests durch die Hersteller sollen das Risiko und insbesondere Support-Kosten senken [Beizer 97a]. Bei der in Plastikfolie eingeschweißten Software, die nur über den Ladentisch geschoben wird, geht ein großer Teil des Gewinns oder der gesamte Gewinn verloren, wenn die Kunden technischen Support vom Hersteller einholen müssen.

Bei den einfacheren Systemen der Vergangenheit gab es dieses Problem nicht. Tauchte ein Software-Fehler auf, war es sehr wahrscheinlich, dass nichts passierte. Bei den heutigen computergesteuerten Eisenbahn- und Raumfahrtsystemen können die Folgen katastrophal sein. Es hat bereits in einem halben Dutzend von Fällen Software-Fehler gegeben, bei denen die finanziellen Einbußen bei über 100 Millionen Dollar lagen.

Refactoring-Lösung

Für Software-Tests muss eine angemessene Summe investiert werden, um die Systeme relativ fehlerfrei zu machen. In einigen fortschrittlichen Firmen ist mehr Personal mit den Tests als mit dem Programmieren beschäftigt [Cusumano 95]. Die wichtigste Änderung, die an den Testabläufen vorzunehmen ist, ist die Konfigurationskontrolle von Teststudien [Beizer 97a]. Ein typisches System kann fünf Mal so viel Teststudien-Software erfordern wie Produktions-Software. Test-Software ist häufig komplexer als Produktions-Software, weil sie ein detailliertes Ausführungsmanagement verlangt, um viele Fehler entdecken zu können. Deckt

Test-Software einen Fehler auf, liegt die Ursache häufiger im Test als im getesteten Code. Die Konfigurationskontrolle ermöglicht das Management der Test-Software, beispielsweise die Unterstützung von Regressionstests.

Weitere effektive Verfahren sind die Automatisierung der Testausführung und der Entwurf von Tests. Die manuelle Testausführung ist arbeitsintensiv und es gibt keine hinreichenden Belege für ihre Effektivität. Die automatische Testausführung ermöglicht dagegen die Ausführung von Tests im Einklang mit dem Aufbauzyklus. Regressionstests können ohne manuelle Intervention ausgeführt werden und sicherstellen, dass Software-Veränderungen nicht zu Mängeln am vorher getesteten Verhalten führen. Die Automatisierung des Testentwurfs unterstützt die Einrichtung von strengen Testfolgen und für die Entwurfsautomation stehen Dutzende von guten Werkzeugen zur Verfügung.

Varianten

Formale Überprüfungen werden in einer Reihe von Anwendungen zur Sicherung eines fehlerfreien Designs verwendet [Bowen 97]. Zu einer formalen Überprüfung gehört die Probe (in mathematischem Sinn) der Erfüllung der Anforderungen. Leider sind EDV-Fachleute, die in dieser Analyse geübt sind, relativ selten. Darüber hinaus sind die Ergebnisse einer formalen Analyse teuer und können subjektiv sein. Dementsprechend ist dieses Verfahren für die meisten Unternehmen nicht durchführbar.

Eine Alternative ist eine Software-Inspektion, die sich in vielen Fällen als effektiv erwiesen hat [Gilb 95]. Eine Software-Inspektion ist eine formale Untersuchung des Codes und der Dokumentation. Sie erfordert eine aufmerksame Untersuchung der Software-Dokumentation im Hinblick auf Mängel. Es wird beispielsweise empfohlen, dass jede Seite der Dokumentation ungefähr 45 Minuten lang untersucht wird. Die von mehreren Inspekteuren gefundenen Mängel werden dann während eines Inspektionsmeetings vorgetragen. Der Verfasser kann die Mängel vor einer weiteren Inspektion durch das Team beseitigen. Für die Akzeptanz der Dokumentation und deren Abschluss werden einleitend Qualitätskriterien festgelegt. Die Software-Inspektion ist ein besonders wichtiger Vorgang, weil sie in jeder Entwicklungsphase angewendet werden kann, angefangen vom Pflichtenheft bis hin zur Kodierung.

Hintergrund

»Glauben Sie an Wunder?«, diese Frage wird manchmal von Computerspezialisten gestellt. Wer glaubt, die modernen Software-Systeme seien solide, der glaubt an Zauberei.

> Die Kurzgeschichte *Mind at Play* von Stephen Gaskin [Gaskin 79] beschreibt eine Analogie zur modernen Software-Technologie. In der Geschichte fahren Menschen glänzende neue Autos und leben in komfortablen Häusern. Einer von ihnen möchte die Welt aber so sehen, wie sie wirklich ist. Er wendet sich an eine Autoritätsperson, die alle Illusionen aus seiner Wahrnehmung entfernen kann. Als er anschließend auf die Welt schaut, sieht er Menschen durch die Straßen laufen, die vorgeben, schöne Autos zu fahren. Der ganze luxuriöse Lebensstil war ein Trugbild. Die Geschichte endet damit, dass der Mann sich wieder in den Zustand der Illusionen zurückversetzen lässt.
>
> Die heutigen Technologien haben sehr viel mit der Geschichte von Gaskin gemeinsam. Es ist leicht zu glauben, dass wir ausgereifte Software unter leistungsfähigen, stabilen Betriebssystemen besitzen. Tatsächlich ist das eine Illusion, Software-Fehler sind überall zu finden und kein Betriebssystem ist wirklich stabil.

5.9 AntiPattern: Cut-and-Paste Programmierung

AntiPattern-Name: Cut-and-Paste Programmierung

Auch bekannt als: Clipboard Coding, Software Cloning, Software Propagation

Häufigste Ebene: Anwendung

Name des Refactoring: Blackbox-Wiederverwendung

Typ des Refactoring: Software

Hauptursachen: Faulheit

Nicht ausbalancierte Kräfte: Ressourcenmanagement, Management des Technologietransfers

Anekdotisches: »Ich dachte, du hast den Fehler behoben, er taucht aber schon wieder auf?!« »Ihr arbeitet schnell, über 400.000 Codezeilen in drei Wochen ist eine enorme Leistung!«

> *»Die Qualität ist nicht so wichtig, genießen Sie die Weite.«*
>
> *– Vince Powell und Harry Driver*

5.9.1 Hintergrund

Ausschneiden und Einfügen ist eine weit verbreitete, aber degenerierte Form der Wiederverwendung von Software, die ein Alptraum für die Programmpflege ist. Sie hat ihre Ursache in der Auffassung, dass es einfacher ist, vorhandene Software zu modifizieren, als ein Programm neu zu schreiben. In der Regel trifft das zu und zeigt einen gesunden Instinkt, aber dieses Verfahren kann auch übertrieben werden.

5.9.2 Allgemeine Form

Dieses AntiPattern ist durch das Vorhandensein zahlreicher ähnlicher Codeabschnitte gekennzeichnet, die sich über das gesamte Projekt verteilen. Normalerweise sind an einem Projekt viele Programmierer beteiligt, die die Entwicklung von Software anhand der Beispiele erfahrenerer Entwickler lernen. Sie lernen aber dadurch, dass sie Code verändern, von dem sich herausgestellt hat, dass er in ähnlichen Situationen funktioniert und passen ihn eventuell so an, dass er neue Datentypen oder ein leicht abgewandeltes Verhalten unterstützt. Das führt zu Codedubletten mit vielleicht kurzfristig positiven Auswirkungen wie ein Hochtreiben der Zeilenanzahl, die bei Performanceauswertungen berücksichtigt werden. Darüber hinaus lässt sich der Code leicht erweitern, da der Entwickler die vollständige Kontrolle über den in der Anwendung verwendeten Code hat und kurzfristige Änderungen schnell neue Anforderungen befriedigen können.

5.9.3 Symptome und Konsequenzen

- Ein an einer Stelle behobener Fehler taucht an anderen Stellen im Programm immer wieder auf.
- Der Codeumfang nimmt zu, ohne dass die Produktivität zunimmt.
- Codeüberarbeitungen und Inspektionen werden unnötig in die Länge gezogen.
- Es wird schwierig, alle Instanzen eines bestimmten Fehlers zu lokalisieren und zu beseitigen.
- Code wird bei der Dokumentation als selbsterklärend betrachtet.
- Code kann mit minimalem Aufwand wiederverwendet werden.
- Dieses AntiPattern führt zu einem Anstieg der Software-Wartungskosten.
- Software-Mängel wiederholen sich an anderen Stellen im System.
- Wiederverwendbare Elemente werden nicht in eine leicht wiederzuverwendende, dokumentierte Form gebracht.
- Die Entwickler beseitigen ohne Methode mehrfach auftretende Fehler auf jeweils eigene Weise, ohne eine Standardlösung für die Varianten zu erstellen.
- Die Wiederverwendung durch Ausschneiden und Einfügen führt zu einem trügerischen Anschwellen der Zeilenanzahl ohne die zu erwartende Reduzierung der Wartungskosten, die mit anderen Formen der Wiederverwendung verbunden ist.

5.9.4 Typische Ursachen

- Das Erstellen von wiederverwendbarem Code ist aufwändig und die Unternehmen ziehen häufig kurzfristige Gewinne längerfristigen Investitionen gegenüber vor.

- Der Kontext oder die Absicht, die hinter einem Software-Modul steht, geht verloren.

- Für die Firma stehen nicht die wiederverwendbaren Komponenten, sondern die Entwicklungsgeschwindigkeit im Vordergrund.

- Den Entwickler fehlt es an Abstraktionsvermögen, was häufig mit mangelhaften Kenntnissen über die Vererbung, Komposition und andere Entwicklungsstrategien einhergeht.

- Das Unternehmen besteht darauf, dass der Code perfekt die anstehende Aufgabe lösen muss, um eine Wiederverwendung zuzulassen. Code wird zur Behebung vorgefundener Unzulänglichkeiten dupliziert, die als einmaliges Problem betrachtet werden.

- Einmal erzeugte wiederverwendbare Komponenten werden nicht ausreichend dokumentiert oder den Entwickler nicht in leserlicher Form zur Verfügung gestellt.

- In der Entwicklungsabteilung fällt häufiger der Spruch: »Das ist nicht von mir.«

- Es fehlt an Vorausschau oder Vorausplanung.

- Das AntiPattern Cut-and-Paste Programmierung taucht verstärkt auf, wenn neue Technologien oder Werkzeuge noch nicht beherrscht werden. Es werden Arbeitsvorlagen als Beispiel genommen und verändert, um sie den eigenen Bedürfnissen anzupassen.

5.9.5 Bekannte Ausnahmen

Das Ausschneiden und Einfügen ist akzeptabel, wenn das einzige Ziel darin besteht, den Code so schnell wie möglich fertig zu stellen. Allerdings führt das zu erhöhten Wartungskosten.

5.9.6 Refactoring-Lösung

Zum Klonen kommt es oft in Umgebungen, in denen die Whitebox-Wiederverwendung die vorherrschende Form der Systemerweiterung ist. Bei der Whitebox-Wiederverwendung erweitern Entwickler Systeme primär über die Vererbung. Die Vererbung ist sicherlich ein wichtiger Bestandteil der objektorientierten Software-Entwicklung, sie hat aber bei umfangreichen Systemen einige Nachteile. Zum einen verlangen die Bildung von Unterklassen und die Erweiterung von Objekten gewisse Kenntnisse darüber, wie das Objekt implementiert ist, sowie über intendierte Zwänge und Verwendungsmuster der geerbten Basisklassen. Die meisten objektorientierten Programmiersprachen erlegen nur wenige Einschränkungen auf, wie Typen von Erweiterungen in einer abgeleiteten Klasse implementiert werden, und führen zu einer nicht optimalen Verwendung bei der Unterklassenbildung. Ferner ist die Whitebox-Verwendung üblicherweise nur während des Kompilierens der Anwendung möglich (bei kompilierten Programmiersprachen), da alle Unterklassen vollständig definiert werden müssen, bevor die Anwendung erzeugt wird.

Auf der anderen Seite besitzt die Blackbox-Wiederverwendung andere Vorteile und Einschränkungen und ist oftmals für Objekterweiterungen in mittleren und großen Systemen besser geeignet. Bei der Blackbox-Wiederverwendung wird ein Objekt über die angegebene Schnittstelle so benutzt, wie es ist. Der Client kann an der Implementierung der Objektschnittstelle keine Änderungen vornehmen. Der Hauptvorteil der Blackbox-Wiederverwendung liegt darin, dass mit Unterstützung von Tools wie Schnittstellen-Definitionssprachen die Implementierung eines Objekts unabhängig von der Objektschnittstelle sein kann. Auf diese Weise kann der Entwickler die Vorteile der späten Bindung dadurch nutzen, dass er eine Schnittstelle während der Laufzeit einer spezifischen Implementierung zuordnet. Clients, die für eine statische Objektschnittstelle programmiert wurden, können im zeitlichen Verlauf von weiterentwickelten Diensten profitieren, die die gleiche Objektschnittstelle unterstützen. Nachteilig ist selbstverständlich, dass die unterstützten Dienste auf diejenigen beschränkt sind, die von der gleichen Schnittstelle unterstützt werden. Änderungen an der Schnittstelle müssen üblicherweise während der Kompilierzeit vorgenommen werden, ähnlich wie Schnittstellen- oder Implementierungsänderungen bei der Whitebox-Wiederverwendung.

Der Unterschied zwischen der Whitebox- und der Blackbox-Wiederverwendung spiegelt sich im Unterschied zwischen objektorientierter Programmierung (OOP) und komponentenorientierten Programmierung (KOP) wider. Während die Whitebox-Unterklassenbildung die traditionelle Signatur der OOP ist, ist die dynamische späte Bindung der Schnittstelle an die Implementierung Kennzeichen der COP.

Eine Neustrukturierung von Software zum Reduzieren oder Entfernen des Klonens erfordert Codeveränderungen, um die Blackbox-Wiederverwendung duplizierter Software-Teile zu erweitern. In Situationen, wo das Ausschneiden und Einfügen während eines Software-Projekts zu intensiv durchgeführt wurde, ist die effektivste Methode zur Sicherung der Investitionen ein Refactoring des Codes zu wiederverwendbaren Bibliotheken oder Komponenten, die sich auf die Blackbox-Wiederverwendung der Funktionalität konzentrieren. Wird dieses Refactoring als einzelnes Projekt durchgeführt, ist es normalerweise sehr schwierig, zeitraubend und kostenaufwändig und setzt einen guten Systemarchitekten voraus, der den Prozess überschaut, durchführt und Diskussionen über die Vorteile und Einschränkungen der unterschiedlichen erweiterten Versionen des Software-Moduls anregt.

Ein effektives Refactoring zum Eliminieren mehrerer Versionen durchläuft drei Phasen: die Codeuntersuchung, das Refactoring und das Konfigurationsmanagement. Die Codeuntersuchung ist das systematische Identifizieren mehrerer Versionen des gleichen Software-Abschnitts. Das Refactoring umfasst die Entwicklung einer Standardversion des Codeabschnitts und das Einfügen dieser Version in den Code. Das Konfigurationsmanagement besteht aus einer Reihe von Maßnahmen zur Unterstützung der Prävention zukünftiger Vorkommen des AntiPatterns. Hierfür ist neben Schulungsmaßnahmen eine Überwachung und ein Festlegen von Maßnahmen (Codeinspektionen, Überarbeitungen, Überprüfungen) erforderlich. Eine Übernahme durch externes Management ist für die Konsolidierung und Unterstützung aller drei Phasen von grundlegender Bedeutung.

5.9.7 Beispiel

Es gibt einen Codeabschnitt, der in vielen Unternehmen vermutlich wiederholt geklont wurde und wahrscheinlich auch heute noch geklont wird. Dieser Codeabschnitt ist hundertfach in Dutzenden von Firmen zu finden. Es handelt sich um eine Codedatei, die eine Klasse für eine verknüpfte Liste ohne die Verwendung von Vorlagen und Makros implementiert. Stattdessen werden die von der verknüpften Liste gespeicherten Datenstrukturen in einer Header-Datei definiert, so dass jede verknüpfte Liste für die angegebene Datenstruktur angepasst wird. Leider hat der ursprüngliche Autor dieses Codes (Gerüchte sagen, es sei ein LISP-Programmierer gewesen) einen Schönheitsfehler in den Code der verknüpften Liste eingebaut: Er hat vergessen, den von einem Element belegten Speicherplatz wieder freizugeben, wenn es gelöscht wurde. Stattdessen wurden lediglich die Pointer verschoben. Dann und wann wurde der Fehler aus dem Code entfernt, aber in der Mehrheit der Fälle ist er noch vorhanden. Es handelt sich eindeutig um den gleichen Code. Die Variablennamen, die Anweisungen und selbst die Formatierung stimmen in allen Fällen überein. Selbst der Dateiname `<prefix>link.c` wird üblicherweise beibehalten, wobei das Präfix aus einem oder zwei Buchstaben besteht, die hintergründig auf die von der Liste behandelte Datenstruktur verweisen.

5.9.8 Verwandte Lösungen

Spaghetti-Code enthält oft viele Instanzen des AntiPatterns Cut-and-Paste Programmierung. Da Spaghetti-Code nicht für eine problemlose Wiederverwendung von Komponenten strukturiert ist, ist das Ausschneiden und Einfügen in vielen Fällen die einzige Möglichkeit, vorhandene Codeabschnitte wiederzuverwenden. Das führt selbstverständlich zu einer überflüssigen Aufblähung des Codes und zu einem Alptraum hinsichtlich der Programmpflege, aber die Praxis zeigt, dass Spaghetti-Code, der ohne Ausschneiden und Einfügen programmiert wird, normalerweise noch schlimmer ist.

Das Klonen kann bei Neuentwicklungen durch die Implementierung eines Software-Wiederverwendungsprozesses verhindert werden [Jacobson 97]. Ein gewisses Maß des Klonens ist bei umfangreichen Software-Entwicklungen allerdings unvermeidbar, es muss aber ein formalisierter Prozess sein, mit dem der geklonte Code mit dem Programmcode vermischt wird [Kane 97].

5.9.9 Mini-AntiPattern: Mushroom Management

Das AntiPattern Mushroom Management wird oft mit dem Satz beschrieben: »Halten Sie Ihre Entwickler im Dunkeln und ernähren Sie sie mit Kunstdünger.« Von einem erfahrenen Systemarchitekten stammt die Aussage: »Lassen Sie Software-Entwickler niemals mit dem Endanwender sprechen.« Ohne die Beteiligung des Endanwenders ist die Gefahr groß, dass ein falsches System entwickelt wird.

AntiPattern-Problem

In einigen Kreisen ist es üblich, Systementwickler von den Endanwendern zu isolieren. Die Systemanforderungen werden von Mittelsmännern an die Software-Architekten, Projektleiter oder an die Anforderungsanalysten weitergereicht. Beim AntiPattern Mushroom Management wird davon ausgegangen, dass die Anforderungen sowohl dem Endanwender als auch dem Software-Projekt bei der Projektinspektion bekannt sind. Es wird unterstellt, die Anforderungen stünden fest.

Beim Mushroom Management gibt es mehrere falsche Grundannahmen:

- Tatsächlich ändern sich die Anforderungen häufig und machen zirka 30% der Entwicklungskosten aus. Bei einem Projekt mit Mushroom Management werden diese Veränderungen erst bei der Auslieferung des Systems erkannt. Die Akzeptanz durch den Benutzer ist immer ein wichtiger Risikofaktor, der beim Mushroom Management besonders hoch ist.

- Die Implikationen der Pflichtenhefte werden selten vom Endanwender verstanden, der sich die Bedeutung der Anforderungen besser veranschaulichen kann, wenn er einen Prototyp der Benutzerschnittstelle kennen lernt. Mit Hilfe des Prototyps kann er seine wirklichen Anforderungen im Kontrast zu den Eigenschaften des Prototyps besser formulieren.

- Wenn die Entwickler den Gesamtumfang der Anforderungen an das Produkt nicht begreifen, dann verstehen sie nur selten die Interaktionen der erforderlichen Komponenten und die benötigten Schnittstellen. Aus diesem Grund werden schlechte Designentscheidungen getroffen. Das Ergebnis sind dann Stovepipe-Komponenten mit schwachen Schnittstellen, die die funktionalen Anforderungen nicht erfüllen.

Für die Entwickler schafft das Mushroom Management eine Atmosphäre der Ungewissheit. Die Anforderungen aus dem Pflichtenheft sind oft nicht ausführlich genug und Klarheit kann nicht auf einfachem Wege hergestellt werden. Damit sie ihre Arbeit tun können, müssen sie von Annahmen ausgehen, die zu einer Pseudo-Analyse führen können, also zu einer objektorientierten Analyse, die unter Ausschluss des Endanwenders stattfindet. Manche Projekte mit Mushroom Management lassen die Analyse vollständig ausfallen und gehen von den Anforderungen auf der obersten Ebene zum Design und zur Kodierung über.

Refactoring-Lösung

Risikogesteuerte Programmentwicklungen verlaufen spiralförmig auf der Grundlage des Prototyping und des Feedbacks der Endanwender. Die risikogesteuerte Entwicklung ist ein Spezialfall des schrittweise sich wiederholenden Entwicklungsprozesses (siehe 7.3 *Analysis Paralysis*). Jeder Schritt ist mit einer externen Wiederholung verbunden. Das bedeutet, dass bei jeder Erweiterung der Funktionalität der Benutzerschnittstelle praktische Erfahrungen gesammelt werden müssen. Die Akzeptanz und Brauchbarkeit jeder Erweiterung wird im Experiment überprüft und führt zu einer Beeinflussung des Projekts durch die Auswahl des nächsten Schrittes. Da das Projekt häufig auf die Akzeptanz durch den Benutzer zugreift und dies die Software-Entwicklung beeinflusst, wird das Risiko einer Ablehnung verringert.

Risikogesteuerte Programmentwicklung ist bei Anwendungen möglich, bei denen ausgeprägter Gebrauch von der Benutzerschnittstelle gemacht wird, und erfordert eine relativ geringe Unterstützung der Infrastruktur. Personalcomputer-Anwendungen, die lokale Dateien für die Speicherinfrastruktur benötigen, eignen sich für diese Art der Entwicklung.

Varianten

Durch Aufnahme eines Fachexperten in das Entwicklungsteam kann sichergestellt werden, dass fachliche Aspekte in die Projektentscheidungen einfließen. Bei jeder fachspezifischen Entscheidung steht dem Team fachliche Kompetenz zur Verfügung. Ein wichtiges Risiko liegt bei dieser Vorgehensweise jedoch darin, dass der Fachmann nur eine Meinung zu fachspezifischen Fragen hat.

Kapitel 6

AntiPatterns – Software-Architektur

AntiPatterns der Software-Architektur beziehen sich auf die System- und Unternehmensstruktur von Anwendungen und Komponenten. Wenngleich auch die Disziplin der Software-Architektur noch relativ jung ist [Shaw 96], wurde die überragende Rolle der Architektur für die Software-Entwicklung dennoch wiederholt von der Forschung hervorgehoben. Auch in der Praxis hat sich gezeigt,

- dass eine gute Architektur ein entscheidender Faktor für die erfolgreiche Systementwicklung [Booch 96, Shaw 96, Mowbray 95] ist.
- dass eine von der Architektur gesteuerte Software-Entwicklung die sicherste Grundlage für den Aufbau von Systemen ist [Booch 96, Horowitz 93]. Sie ist den durch Anforderungen, Dokumentation und Methodik gesteuerten Vorgehensweisen übergeordnet. Sie führt oft trotz der Methodik zu erfolgreichen Projekten [Mowbray 95].

Die Software-Architektur ist ein Teil der gesamten Systemarchitektur, der alle Aspekte des Designs und der Implementierung einschließlich der Auswahl der Hardware und Technologie umfasst. Zu den wichtigen Prinzipien gehören:

- Die Architektur verschafft einen Überblick über das gesamte System [Hilliard 96]. Dies unterscheidet sie von anderen Analyse- und Designmodellen, die sich auf Teile des Systems konzentrieren.
- Bei einem effektiven Modell des Gesamtssystems werden mehrere Perspektiven berücksichtigt [ISO 96]. Die Perspektiven entsprechen unterschiedlichen Interessensgruppen und den Fachexperten des Systementwicklungsprozesses [Hilliard 96].

Die Software-Architektur unterscheidet sich von der Programmierung in mehrerlei Hinsicht. Zum einen liegt der Unterschied zwischen einem Architekten und einem Programmierer darin, dass der Architekt den aus einer Entscheidung resultierenden Aufwand berücksichtigt. Die Komplexität wird von vielen aus den Bereichen Architektur, Management und metrischen Bereichen als Hauptelement des Designs betrachtet [Shaw 96] und steht in einem direktem Verhältnis zu den Software-Kosten [Horowitz 93]. Bis zu einem gewissen Grad ist der Architekt für die Komplexität verantwortlich.

Die Software-Architektur hat drei Aspekte des Software-Designs als Schwerpunkt [Shaw 96]:

1. *Gliederung*. Die funktionale Gliederung der Software-Module.
2. *Schnittstellen*. Die Software-Schnittstellen zwischen Modulen.
3. *Verbindungen*. Auswahl und Eigenschaften der Technologie für die Implementierung der Schnittstellenverbindungen zwischen Software-Modulen.

Diese architektonischen Entscheidungen werden normalerweise von einer sehr viel größeren Entwicklergruppe implementiert. Um mit diesen Elementen effektiv umgehen zu können, wird vom Architekten ein geschickter Umgang mit den Mitarbeitern, Verpflichtungen und Zusammenhänge verlangt. Zum Beispiel muss er den Entwicklern das Design vermitteln, Kompetenz von außen einbinden und die Implementierung und Erweiterung des Designs im Auge behalten.

6.1 Architektur-AntiPatterns – Zusammenfassung

Die folgenden AntiPatterns betreffen Probleme und Fehler beim Erstellen, Implementieren und beim Management der Architektur. Sie werden an dieser Stelle zusammengefasst und im Verlaufe dieses Kapitels erklärt.

Ein Mangel an Gemeinsamkeiten zwischen Systemen hinsichtlich des Designs und der Technologie ist der Auslöser für Frustrationen und die Unmöglichkeit, Kompatibilität und Wiederverwendungsmöglichkeiten bei verwandten Systemen zu schaffen. Mit einer verbesserten Planung der Architektur ist ein Ausgleich möglich.

Autogenerated Stovepipe: Dieses AntiPattern entsteht beim Übergang eines Software-Systems zu einer verteilten Infrastruktur. Es entsteht, wenn vorhandene Software-Schnittstellen in verteilte Schnittstellen umgewandelt werden. Wird für die verteilte Umgebung das gleiche Design verwendet, entsteht eine Reihe von Problemen. (Frei übersetzt werden kann *Autogenerated Stovepipe* mit *Selbst erzeugtes Flickwerk*).

Stovepipe Enterprise: Ein Stovepipe-System ist durch eine Software-Struktur gekennzeichnet, die Veränderungen blockiert. Das Refactoring beschreibt, wie Subsysteme und Komponenten abstrahiert werden, um eine verbesserte Systemstruktur zu erreichen. Dieses AntiPattern zeichnet sich durch das Fehlen von Koordination und Planung für mehrere Systeme aus.

Jumble: Werden horizontale und vertikale Designelemente vermischt, entsteht eine instabile Architektur. Die Vermischung horizontaler und vertikaler Designelemente schränkt die Wiederverwendbarkeit und Robustheit der Architektur und der Systemkomponenten ein. (Frei übersetzt werden kann *Jumble* mit *Kuddelmuddel*).

Stovepipe-System: Subsysteme werden mit mehreren Integrationsstrategien und Mechanismen ad hoc Punkt für Punkt integriert. Das Integrationsverfahren für jedes Paar von Subsystemen lässt sich nicht einfach in anderen Subsystemen einsetzen. Das AntiPattern Stovepipe-System ist die Einzelsystemanalogie zum Stovepipe-Unternehmen und betrifft die Koordination der Subsysteme in einem einzigen System.

Cover Your Assets: Über Pflichtenhefte gesteuerte Software-Entwicklungen liefern häufig weniger sinnvolle Anforderungen und Spezifikationen, weil wichtigen Entscheidungen aus dem Weg gegangen wird. Um Fehler zu vermeiden, wird ein sicherer Weg gewählt und an Alternativen gearbeitet.

Vendor Lock-In: Das AntiPattern Vendor Lock-In entsteht, wenn Systeme in hohem Maße von proprietären Architekturen abhängen. Die Verwendung architektonischer Isolierschichten kann eine Unabhängigkeit von herstellerspezifischen Lösungen ermöglichen. (Frei übersetzt werden kann *Vendor Lock-In* mit *Herstellerfalle*).

Wolf Ticket: Ein Wolf Ticket ist ein Produkt, das Offenheit und Konformität mit Standards vortäuscht. Die Produkte werden mit eigenen Schnittstellen ausgeliefert, die von veröffentlichten Standards deutlich abweichen können Der Begriff *Wolf Ticket* stammt aus dem Umgangssprachlichen und bezeichnet eine von einem Schwarzverkäufer inoffiziell erworbene Eintrittskarte.

Architecture by Implication: Die Gefahren für nachfolgende Systeme werden bei der Systementwicklung aus Vermessenheit und unter dem Eindruck erfolgreicher Systementwicklungen häufig außer Acht gelassen. Ein generelles Herangehen an die Architektur, das für jedes Anwendungssystem passt, kann das Erkennen einmaliger Anforderungen und von Risikobereichen erleichtern. (Frei übersetzt werden kann *Architecture by Implication* mit *Architektur durch Implikation*).

Warm Bodies: An Software-Projekten sind in der Regel Programmierer mit unterschiedlichen Fähigkeiten beteiligt, die nicht mit der gleichen Produktivität arbeiten. Manche dieser Mitarbeiter wurden ausgewählt, um die entsprechende Teamstärke zu erreichen. Fähige Programmierer sind eine wichtige Voraussetzung für den Erfolg eines Software-Projekts. Es gibt besonders produktive und talentierte Programmierer, die allerdings sehr selten sind. Sie leisten ein Vielfaches dessen, was durchschnittliche Programmierer schaffen.

Design by Committee: Dies ist das klassische AntiPattern, das durch Standardisierungsinstanzen ausgelöst wird. Es führt zu übermäßig komplexen Architekturen, denen die Kohärenz fehlt. Ein Refactoring ist mit einer Klarstellung architektonischer Aufgaben möglich. Ein verbesserter Prozessablauf kann schleppende Meetings in hochproduktive Ereignisse verwandeln.

Swiss Army Knife: Als Schweizer Messer wird eine übermäßig komplexe Klassenschnittstelle bezeichnet. Der Designer versucht, für alle nur denkbaren Verwendungen der Klasse gewappnet zu sein. In diesem Sinne fügt er eine Vielzahl von Schnittstellensignaturen hinzu.

Reinvent the Wheel: Ein durchgängiger Mangel an Technologietransfer zwischen Software-Projekten führt zur Neuerfindung des Rades. An anderer Stelle vorhandenes Wissen kann genutzt werden, um die Produkteinführungszeit zu verkürzen, um Risiken zu mindern und Kosten zu sparen.

The Grand Old Duke of York: Gleichartige Software-Prozesse ignorieren oft die Fähigkeiten von Mitarbeitern zum Schaden des Projekts. Programmierfähigkeiten sind nicht identisch mit der Fähigkeiten zu abstrahieren. An der Software-Entwicklung sind scheinbar zwei Gruppen beteiligt: Eine die *abstrahiert* und eine andere die *implementiert*.

6.1.1 Mini-AntiPattern: Autogenerated Stovepipe

AntiPattern-Problem

Dieses AntiPattern ist bei der Migration eines Software-Systems in eine verteilte Infrastruktur zu beobachten. Es entsteht bei der Umwandlung der vorhandenen Software-Schnittstellen in verteilte Schnittstellen. Wird das gleiche Design für die verteilte Verarbeitung benutzt, kommt es zu einer Reihe von Problemen. Die vorhandenen Schnittstellen können beispielsweise feinere Operationen für das Weiterreichen von Informationen verwenden, die für eine verteilte Umgebung weniger geeignet sind. Die vorhandenen Schnittstellen sind meist implementierungsspezifisch und führen zu Subsystemabhängigkeiten, wenn sie in einem umfangreicheren verteilten System eingesetzt werden. Lokale Operationen gehen manchmal von verschiedenen Voraussetzungen für die Position, den Adressraum und den Zugriff auf das lokale Dateisystem aus. Wenn mehrere vorhandene Schnittstellen in einem größeren verteilten System benutzt werden, kann es zu einer übermäßigen Komplexität kommen.

Refactoring-Lösung

Beim Entwurf verteilter Schnittstellen für ein bestehendes Software-System sollten die Schnittstellen überarbeitet werden. Ein eigenes, grobkörnigeres Objektmodell sollte für die verteilten Schnittstellen in Betracht gezogen werden. Die von mehreren Subsystemen genutzte Funktionalität sollte das eigentliche Design der neuen Schnittstellen bilden. Ein von bestimmten Subsystemen unabhängiges Design kann durch Architektur-Mining erreicht werden. Die Stabilität der neuen Schnittstellen ist angesichts der Tatsache, dass separat kompilierte Software von diesem neuen Design abhängig ist, äußerst wichtig.

6.2 AntiPattern: Stovepipe Enterprise

AntiPattern-Name: Stovepipe Enterprise

Auch bekannt unter dem Namen: Islands of Automation

Häufigste Ebene: Unternehmen

Refactoring: Planung der Unternehmensarchitektur

Typ des Refactoring: Prozess

Hauptursachen: Eile, Apathie, Engstirnigkeit

Nicht ausbalancierte Kräfte: Changemanagement, Ressourcen, Technologietransfer

Anekdotisches: »Kann ich eine eigene Insel (der Automatisierung bekommen)?« (Siehe Abbildung 6.1.) »Wir sind einmalig!«

6.2.1 Hintergrund

Als Stovepipe-Systeme werden Software-Systeme mit Ad-hoc-Architekturen bezeichnet. Das Ofenrohr eines alten Holzofens wird als Metapher benutzt, weil bei der Holzverbrennung korrosive Substanzen entstehen, die das Metall erodieren, so dass das Ofenrohr ständig geflickt werden muss. Die Ofenrohre werden mit gerade verfügbarem Material repariert, so dass mit der Zeit ein buntes Flickwerk entsteht, das mit der Ad-hoc-Struktur vieler Software-Systeme vergleichbar ist.

Abb. 6.1: Inseln der Automatisierung

6.2.2 Allgemeine Form

Mehrere Systeme eines Unternehmens werden unabhängig voneinander auf den einzelnen Ebenen entworfen. Fehlende Gemeinsamkeiten verhindern die Interoperabilität und Wiederverwendbarkeit zwischen den Systemen und treiben die Kosten in die Höhe. Ferner lassen eine neu erfundene Systemarchitektur und neue Dienste eine Qualitätsstruktur vermissen, die die Anpassungsfähigkeit unterstützt.

Auf der untersten Ebene liegen die Standards und Vorlagen. Sie funktionieren im Unternehmenssystem wie architektonische Bauvorschriften und Grenzregelungen. Die nächste Ebene der Hierarchie bildet die Umgebung des Betriebssystems [Mowbray 97c] und umfasst die Infrastruktur und Objektdienste. Die beiden obersten Ebenen sind die ergänzenden funktionalen und die aufgabenspezifischen Dienste. Durch die voneinander unabhängige Auswahl und Definition dieser Technologien, erzeugen die Stovepipe-Unternehmen »Insel der Automatisierung«, die vom übrigen Teil des Unternehmens isoliert sind (siehe Abbildung 6.2).

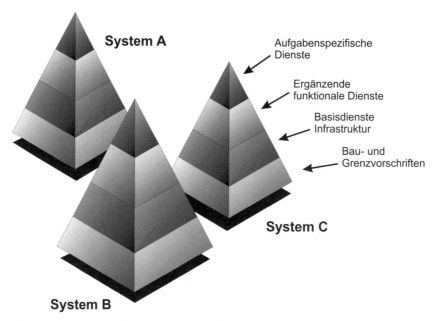

Abb. 6.2: Stovepipe-Unternehmen entstehen durch isolierte technologische Entscheidungen auf den einzelnen Koordinationsebenen.

6.2.3 Symptome und Konsequenzen

- Inkompatible Terminologie und Technologie zwischen Unternehmenssystemen
- Fragile, monolithische und nicht dokumentierte Systemarchitekturen

- Die Systeme können den Unternehmensbedürfnissen nicht angepasst werden
- Falsche Verwendung eines technologischen Standards
- Keine Möglichkeit der Wiederverwendung in Unternehmenssystemen
- Fehlende Kompatibilität zwischen Unternehmenssystemen
- Auch bei Verwendung gleicher Standards können die Systeme nicht zusammenarbeiten
- Hohe Verwaltungskosten bei Veränderungen der Unternehmensanforderungen, das System muss für die Einbindung neuer Produkte und Technologien erweitert werden
- Das Ausscheiden von Mitarbeitern führt zu Diskontinuitäten und Verwaltungsproblemen

6.2.4 Typische Ursachen

- Dem Unternehmen fehlt eine Strategie für die Technologie, insbesondere:
  - Ein standardmäßiges Referenzmodell [Mowbray 97a] und
  - Systemprofile [Mowbray 97a]
- Kein Anreiz für die Zusammenarbeit bei Systementwicklungen
- Konkurrierende Geschäftsbereiche und leitende Angestellte
- Keine Kommunikation zwischen Entwicklungsprojekten
- Keine Kenntnisse über den verwendeten technologischen Standard
- Fehlende horizontale Schnittstellen in Systemintegrationslösungen

6.2.5 Bekannte Ausnahmen

Dieses AntiPattern ist heutzutage für neue Systeme auf einer Unternehmensebene inakzeptabel, insbesondere weil die meisten Firmen vor der Notwendigkeit der Erweiterung ihrer Systeme stehen. Werden die Unternehmen jedoch infolge von Übernahmen und Fusionen größer, kann dieses AntiPatterns entstehen. In diesem Fall kann ein Wrapping oder eine Ummantelung einiger Systeme eine Zwischenlösung sein.

Eine weitere Ausnahme ist die Implementierung einer allgemeinen Dienstschicht für die Systeme. Gewöhnlich ist dies ein Anzeichen des AntiPatterns Vendor Lock-In (das an anderer Stelle in diesem Kapitel behandelt wird). Diese Systeme besitzen eine gemeinsame horizontale Komponente, bei Software-Systemen für Banken sind dies zum Beispiel oft Datenbanken wie DB2 und Oracle.

6.2.6 Refactoring-Lösung

Die Koordination der Technologien auf den unterschiedlichen Ebenen ist wichtig, um das AntiPattern zu vermeiden (siehe Abbildung 6.3). Anfangs kann die Auswahl der Standards über die Definition eines Standard-Referenzmodells [Mowbray 97a] gelöst werden. Das Standard-Referenzmodell definiert die allgemeinen Standards und eine Richtung für die Migration von Unternehmenssystemen. Die Einrichtung einer allgemeinen Betriebsumgebung koordiniert die Auswahl von Produkten und kontrolliert die Konfiguration von Produktversionen. Wichtig ist auch die Definition von Systemprofilen, die die Verwendung von Produkten und Standards koordinieren, um die Vorteile der Standards zu sichern und Wiederverwendungsmöglichkeiten sowie Kompatibilität zu gewährleisten. Mindestens ein Systemprofil sollte die Verwendungskonventionen für die Systeme definieren.

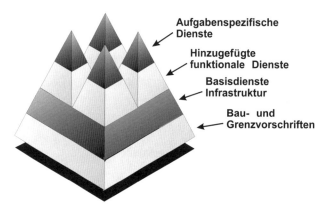

Abb. 6.3: Koordinierte Technologien ermöglichen die Einrichtung einer allgemeinen Infrastruktur und von Standards.

Aufgrund vieler Erfahrungen haben große Unternehmen einige nützliche Konventionen für die Definition objektorientierter Architekturen zusammengestellt, die für viele Firmen anwendbar sind. Eine Hauptaufgabe bei umfangreicheren Architekturen ist die Definition detaillierter Interoprabilitätskonventionen zwischen Systemen hinsichtlich der technologischen Strategien und Anforderungen. Bei sehr großen Unternehmen hat die Erfahrung gezeigt, dass vier Anforderungsmodelle und vier Spezifikationsmodelle erforderlich sind, um die Interoperabilität korrekt zu gewährleisten (siehe Abbildung 6.4).

Zum Anforderungsmodell gehören:

1. Das Referenzmodell für offene Systeme
2. Das Technologieprofil
3. Die Betriebsumgebung
4. Das Systemanforderungsprofil

Das Spezifikationsmodell umfasst:

1. Die Unternehmensarchitekturen
2. Die Architektur für die Verarbeitung
3. Die Interoperabilitätsspezifikationen
4. Das Entwicklungsprofil

In den folgenden Abschnitten werden diese Modelle beschrieben, die jeweils Bestandteil des Plans der gesamten Unternehmensarchitektur sind. Der Plan ermöglicht eine effektive Koordination zwischen Projekten und reduziert die Notwendigkeit von Punkt-zu-Punkt-Lösungen für die Interoperabilität.

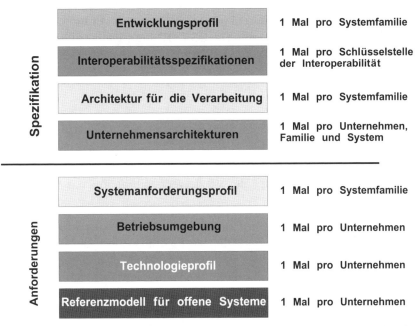

Abb. 6.4: Mehrere Koordinationsebenen: In großen Unternehmen können technologische Richtlinien, Anforderungen und Spezifikationen erforderlich sein.

6.2.7 Referenzmodell für offene Systeme

Ein *Referenzmodell für offene Systeme* enthält ein Architekturdiagramm auf höherer Ebene und führt die Standards für Systementwicklungsprojekte auf. Dieses Modell gibt alle möglichen Projektstandards an, um die Strategien für offene Systeme zu koordinieren.

Ein standardmäßiges Referenzmodell dieser Art ist der IEEE POSIX 1003.0-Standard. Dieser POSIX-Abschnitt führt viele Open Systems-Standards im Hinblick auf ihre Anwendbarkeit, ihren Reifegrad, die kommerzielle Unterstützung und andere Faktoren auf. Er ist Ausgangspunkt für viele unternehmensspezifische Referenzmodelle.

6.2.8 Technologieprofil

Als die Open Systems-Referenzmodelle vor zirka 10 Jahren aufkamen, waren sie als umfassende Antwort auf Fragen der Systemoperabilität gedacht. Leider waren die Entwickler sich nicht darüber im Klaren, wie diese Modelle ihre Projekte beeinflussten. Ein Hauptproblem besteht darin, dass die Referenzmodelle die Ziele einer zukünftigen Architektur mit einem nicht angegebenen Zeitrahmen für die Implementierung festlegen. Darüber hinaus ändert sich jährlich der Status von einem Drittel der Elemente infolge der Aktivitäten der Standardisierungsinstanzen.

Technologieprofile wurden eingeführt, um eine kurzfristige Standardplanung für Systementwickler zu ermöglichen. Ein Technologieprofil besteht aus einer knappen Liste der aus einem Referenzmodell abgeleiteten Standards, die als flexible Menge von Richtlinien und die oft für aktuelle oder neue Systementwicklungsprojekte gedacht sind. Das Technologieprofil verschaulicht, was der Entwickler mit den Standards des Referenzmodells tun soll. Die US-DOD Joint Technical Architecture ist beispielsweise ein technisches Profil, das Standards für die aktuelle Implementierung festlegt.

6.2.9 Betriebsumgebung

Die meisten größeren Unternehmen verfügen über eine heterogene Hardware- und Software-Architektur, aber selbst bei einer konsistenten Infrastruktur können unterschiedliche Installationspraktiken ernste Probleme für die Interoperabilität im Unternehmen, die Möglichkeiten der Wiederverwendung und das Systemmanagement auslösen.

Eine *Betriebsumgebung* legt vom Unternehmen unterstützte Produktversionen und Installationskonventionen sowie lokale, flexible Richtlinien fest, die Forschungs- und Entwicklungs- sowie einmalige Systemanforderungen unterstützen. Das Unternehmen kann den Einklang mit diesen Konventionen über technische Support-Dienste und Festlegung von Abläufen fördern und somit die Adaption der empfohlenen Umgebung beeinflussen, indem sie sie zu den am einfachsten zu erhaltenden und zu pflegenden Systemkonfigurationen macht. Varianten der Betriebsumgebung müssen mit zusätzlichen Kosten lokal unterstützt werden.

6.2.10 Systemanforderungsprofil

Bei der Planung der Unternehmensarchitektur entstehen immer wieder umfassende Pflichtenhefte mit hohen Ansprüchen. Allein aufgrund des Umfangs der Informationen können dem Entwickler einer bestimmten Systemfamilie aber die Anforderungen unklar bleiben. Ein *Systemanforderungsprofil* ist eine Zusammenfassung der wichtigsten Anforderungen an eine Familie gleichartiger Systeme. Der Zeitrahmen ist kurzfristig. Im Idealfall enthält dieses Dokument nur ein paar Dutzend Seiten und beschreibt die vorgesehenen Implementierungsziele, Komponentensysteme und Anwendungsentwicklungsprojekte deutlich.

Das Systemanforderungsprofil nennt die wichtigen Bereiche der Systemfähigkeiten und ist somit der Ausgangspunkt für die Planung der Unternehmensanforderungen. Das Gegengewicht zu den Unternehmensplanungsmodellen sind die Architektur- und Designspezifikationen (die in den folgenden Abschnitten beschrieben werden). Sie werden mit objektorientierten Modellen dargestellt und bilden eine Reihe von objektorientierten Software-Architekturen.

6.2.11 Unternehmensarchitektur

Eine *Unternehmensarchitektur* besteht aus einer Reihe von Diagrammen und Tabellen, die ein System oder eine Systemfamilie aus der Perspektive unterschiedlicher Interessen definieren. Die Unternehmensarchitektur enthält daher Ansichten des gesamten Systems. Aktuelle und zukünftige Zeitrahmen werden dargestellt und jede Perspektive gibt die unterschiedlichen Interessen wieder, beispielsweise die der Endbenutzer, der Entwickler, der Systemoperatoren und der technischen Spezialisten.

Die Konsistenz der unterschiedlichen Architekturansichten und Darstellungsarten in den Projekten ist wichtig, weil die Unternehmensarchitekturen eine technische Kommunikation zwischen Projekten ermöglichen. Möglichkeiten der Wiederverwendung und der Interoperabilität sind erkennbar, wenn Projekte die gleiche Architektur teilen. Da die einzelnen Projekte das meiste Wissen über die technischen Details besitzen, können projektspezifische Architekturen zu einer geeigneten, unternehmensweiten Architektur zusammengestellt werden.

6.2.12 Architektur der Verarbeitung

Die Unternehmensarchitekturen sind wichtige Kommunikationswerkzeuge für Endbenutzer und Architekten. Jede der verbleibenden Spezifikationen detailliert die Architektur der rechnerischen Verarbeitung, die die Schnittstellen für die Interoperabilität und die Wiederverwendung festlegt.

Die *Architektur der rechnerischen Verarbeitung (ARV)* benennt und definiert die Schlüsselstellen der Interoperabilität für Systemfamilien. Jede Einheit für die rechnerische Verarbeitung besitzt eine Reihe von Anwendungsprogramm-Schnittstellen (APIs) sowie allgemeine Datenobjekte, die in den Interoperabilitätsspezifikationen ausführlich beschrieben werden. Die ARV gliedert die Interoperabilitätbedürfnisse des Unternehmens mit handlichen Spezifikationen. Sie definiert außerdem die Prioritäten und den zeitlichen Ablauf der Verarbeitung. Das ist erforderlich, um die Formulierung von Interoperabilitätsspezifikationen einzuleiten und zu lenken.

Das Erreichen eines Konsens für die rechnerischen Verarbeitungsschritte mit der ARV ist für viele Unternehmen eine Herausforderung. Missverständnisse über die Rolle der Verarbeitungsschritte für externe Anforderungen, über die notwendige

Unabhängigkeit der Systeme, die Definition allgemeiner Abstraktionen und die erforderliche Einschränkung der Zuständigkeiten stellen eine Behinderung dar.

6.2.13 Interoperabilitätsspezifikation

Eine *Interoperabilitätsspezifikation* definiert die technischen Details des rechnerischen Teils. Normalerweise enthalten Interoperabilitätsspezifikationen mit IDL definierte APIs sowie die Definitionen allgemeiner Datenobjekte.

Interoperabilitätsspezifikationen sorgen unabhängig von einem bestimmten System der Subsystemimplementierung für die Interoperabilität. Das Architektur-Mining ist ein besonders effektiver Weg zum Erstellen dieser Spezifikationen [Mowbray 97c]. Für die Systempflege werden Schlüsselpunkte der Interoperabilität zu ergänzenden Einstiegspunkten für Systemerweiterungen.

6.2.14 Entwicklungsprofil

Eine Interoperabilitätsspezifikation alleine reicht nicht aus, um eine erfolgreiche Integration zu gewährleisten, weil die Semantik von APIs von den Implementierenden unterschiedlich interpretiert werden kann. Ein solides API-Design besitzt die Flexibilität, die die für Erweiterungen und Wiederverwendung erforderlich ist. Die Verwendungsmöglichkeiten zeigen sich häufig im Verlauf des Entwicklungsprozesses. Einige dieser Details können für eine bestimmte Menge von Subsystemen einmalig sein.

Ein *Entwicklungsprofil* enthält die für die Gewährleistung der Interoperabilität und die erfolgreiche Integration erforderlichen Implementierungspläne und Übereinkommen zwischen den Entwicklern. Es benennt die verwendeten API-Spezifikationen, lokale Erweiterungen der Spezifikation und Konventionen, die die Integration koordinieren.

Während die Konfiguration dieser Modelle kontrolliert werden muss, sind die Entwicklungsprofile Arbeitspapiere, die sich im Verlaufe der Entwicklung und Systempflege weiterentwickeln. Für eine einzige API-Spezifikation kann es mehrere Entwicklungsprofile geben, die jeweils auf andere Integrationsziele eines bestimmten Fachgebiets oder einer Systemfamilie ausgerichtet sind.

6.2.15 Beispiel

Die Systeme 1 und 2 aus Abbildung 6.5 zeigen zwei Stovepipe-Systeme innerhalb des gleichen Unternehmens. Sie gleichen sich zwar in vielen Punkten, es fehlt ihnen aber die Gemeinsamkeit. Sie verwenden unterschiedliche Datenbanksysteme, unterschiedliche Office-Anwendungen, besitzen verschiedene Software-Schnittstellen und benutzen eigene grafische Benutzeroberflächen. Die möglichen Gemeinsamkeiten der Systeme wurden nicht erkannt und daher von den Designern und Entwicklern nicht genutzt.

AntiPattern: Stovepipe Enterprise

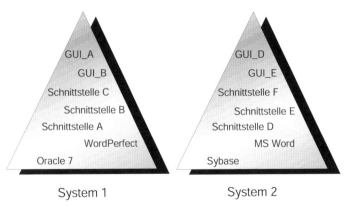

Abb. 6.5: Stovepipe-Unternehmen mit zwei Systemen

Um dieses AntiPattern zu beseitigen, beginnt das Unternehmen mit der Definition eines Standard-Referenzmodells. Dieses in Abbildung 6.6 gezeigte Modell legt einige grundlegenden Standards für die Kommunikation zwischen allen Systemen fest. Im nächsten Schritt werden Produkte für eine Betriebsumgebung ausgewählt. In diesem Fall werden beide Datenbanksysteme und nur eine Office-Anwendung ausgewählt. Dies ist die unterstützte Richtung für den zukünftigen Weg des Unternehmens. Das Unternehmen kann diese Betriebsumgebung mit Hilfe unternehmensweiter Lizenzen, Schulungen und technischem Support durchsetzen. Diese Ebene definiert auch Profile für den Einsatz dieser Technologien sowie gemeinsame Schnittstellen mit wiederverwendbaren Dienstimplementierungen. Die GUI-Anwendungen sind die verbleibenden systemspezifischen Implementierungen.

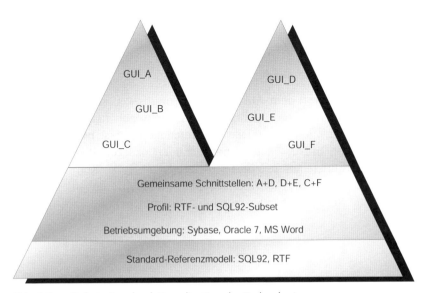

Abb. 6.6: Refactoring durch Koordination der Technologien

6.2.16 Verwandte Lösungen

Das AntiPattern Reinvent the Wheel beschreibt eine Untermenge der Probleme bei Stovepipe-Systemen. Dieses AntiPattern konzertiert sich auf mangelhaft ausgereifte Designs und Implementierungen, die entstehen, weil zwischen Entwicklungsprojekten keine Kommunikation stattfindet.

Standard-Referenzmodell, Betriebsumgebung und Profile sind Lösungen aus dem Buch *CORBA Design Patterns* [Mowbray 97a]. Sie sind alle wichtige Lösungskomponenten für Stovepipe-Unternehmen.

Zu den Beispielen für Standard-Referenzmodelle gehören IEEE POSIX.0, NIST Application Portierbarkeit Profile (APP) und Volume 7 des U.S. Department of Defense's *Technical Architektur Framework for Information Management (TAFIM)*. Beispiele für allgemeine Schnittstellen und Profile finden Sie unter der Adresse www-ismc.itsi.disa.mil/ciiwg/ciiwg.html.

6.2.17 Anwendbarkeit für andere Perspektiven und Ebenen

Stovepipe-Unternehmen sind nicht selten die Konsequenz vom Management auferlegter organisatorischer Grenzen. Die Kommunikation und den Technologietransfer behindernde organisatorische Strukturen führen zu den Trennungen, die die bei Stovepipe-Unternehmen fehlende Koordination ausmachen. Die Auswirkungen dieses AntiPatterns auf das Management bestehen darin, dass jede Systementwicklung mit unnötigen Risiken und Kosten verbunden ist. Da die Systeme nicht zusammenarbeiten und schwer zu integrieren sind, ist die organisatorische Effektivität des gesamten Unternehmens davon betroffen. Die Möglichkeiten des Unternehmens, sich den wechselnden Geschäftsanforderungen anzupassen, wird durch dieses AntiPattern in großem Maße behindert. Eine zunehmende Anforderung an Unternehmen sind die sogenannten *agilen Systeme*, die Änderungen in den Geschäftsabläufen zulassen, weil sie die Interoperabilität zwischen den meisten oder allen Unternehmenssystemen bereits unterstützen.

Auch die Entwickler sind von dem AntiPattern betroffen, weil sie häufig fragile Lösungen schneidern müssen, die eine Brücke zwischen unabhängig voneinander entworfene Systemen schlagen sollen. Diese Schnittstellen sich schwer zu warten oder wiederzuverwenden und das Fehlen einer Technologiekoordination macht das Entwickeln dieser Schnittstellen zu einer schwierigen Aufgabe. Kombinationen von Middleware-Lösungen und kommerziellen Produkte (Datenbank-Engines) müssen eingeschaltet werden, um Interoperabilität zu erreichen.

6.2.18 Mini-AntiPattern: Jumble

Antipattern-Problem

Werden horizontale und vertikale Designelemente miteinander vermischt, entsteht eine instabile Architektur. Vertikale Designelemente hängen von der individuellen Anwendung und den spezifischen Software-Implementierungen ab. Horizontale Designelemente sind solche, die den Anwendungen und spezifischen Implementierungen gemeinsam sind. Beide werden standardmäßig von den Entwicklern und Architekten vermischt. Dadurch wird aber die Wiederverwendbarkeit und Solidität der Architektur und der Software-Komponenten eingeschränkt. Vertikale Elemente führen zu Software-Abhängigkeiten, die die Erweiterbarkeit und die Wiederverwendungsmöglichkeiten einschränken. Durch eine Vermischung wird das gesamte Software-Design instabiler und ist weniger leicht wiederzuverwenden.

Refactoring-Lösung

Im ersten Schritt werden die horizontalen Designelemente identifiziert und an eine eigene Architekturschicht delegiert. Anschließend werden die horizontalen Elemente herausgesucht, um die Funktionalität für die allgemeine Interoperabilität architektonisch einzufangen. Die horizontalen Elemente sind beispielsweise Abstraktionen spezifischer Subsystemimplementierungen:

1. Fügen Sie vertikale Elemente als Erweiterungen für eine spezialisierte Funktionalität und Performance hinzu.
2. Bauen Sie Metadaten in die Architektur ein.
3. Tauschen Sie die statischen Designelemente (horizontal und vertikal) durch dynamische Elemente aus (Metadaten).

Ein ausgewogenes Verhältnis von horizontalen, vertikalen und Metadatenelementen innerhalb der Architektur führt zu einer wohlstrukturierten, erweiterbaren und wiederverwendbaren Software.

Hintergrund

Die Bedeutung und die Implikationen der horizontalen und vertikalen Designelemente ist nicht auf den ersten Blick verständlich. Diese Themen werden in dem Buch *CORBA Design Patterns* [Mowbray 97c] ausführlicher behandelt. Insbesondere das Entwurfsmuster Horizontal-Vertical-Metadata (HVM) und verwandte CORBA-Entwurfsmuster bilden die Grundlage für das Design der Software-Architektur. Das Jumble-AntiPattern beschreibt den häufigsten Missbrauch dieser Prinzipien.

6.3 AntiPattern: Stovepipe-System

AntiPattern-Name: Stovepipe-System

Auch bekannt als: Legacy System, Uncle Sam Special, Ad hoc Integration

Häufigste Ebene: System

Refactoring: Architektonisches Framework

Typ des Refactoring: Software

Hauptursachen: Eile, Geiz, Ignoranz, Faulheit

Nicht ausbalancierte Kräfte: Konfigurationsmanagement, Veränderungen

Anekdotisches: »Das Software-Projekt hat das Budget überschritten, der Zeitplan wurde mehrfach nicht eingehalten, den Benutzern stehen die erwarteten Eigenschaften noch nicht zur Verfügung und ich kann das System nicht verändern, jede Komponente ist Flickwerk.«

6.3.1 Hintergrund

Flickwerk ist eine weitverbreitete pejorative Bezeichnung für veraltete Software mit unerwünschten Qualitäten. Dieses AntiPattern schreibt die Ursache der negativen Eigenschaften der internen Struktur des Systems zu. Eine verbesserte Systemstruktur ermöglicht die Umwandlung veralteter Systeme entsprechend neuer Geschäftsanforderungen sowie das problemlose Einbinden neuer Technologien. Durch Anwendung der empfohlenen Lösung, erhält das System neue Anpassungsmöglichkeiten, die ein Flickwerk nicht zulässt.

6.3.2 Allgemeine Form

Das Stovepipe-System ist das analoge Einzelsystem-AntiPattern für das AntiPattern Stovepipe Enterprise, weil es keine Koordination und Planung zwischen mehreren Systemen gibt. Dieses AntiPattern befasst sich mit der Koordination der Subsysteme eines einzigen Systems. Das Hauptproblem ist das Fehlen allgemeiner Subsystemabstraktionen, während in einem Stovepipe-Unternehmen allgemeine Konventionen für mehrere Systeme fehlen.

Subsysteme werden ad-hoc mit mehreren Integrationsstrategien und Mechanismen eingebunden. Alle Subsysteme werden (wie in Abbildung 6.7 gezeigt) von Punkt zu Punkt integriert, so dass die Integration der einzelnen Subsystempaare sich nicht einfach auf andere Subsysteme ausdehnen lässt. Darüber hinaus ist die Systemimplementierung anfällig, weil es viele implizite Abhängigkeiten für die Systemkonfiguration, Installationsdetails und den Systemstatus gibt. Das System ist nur schwer zu erweitern und Erweiterungen führen zu zusätzlichen Punkt-zu-

Punkt-Integrationsverbindungen. Mit der Integration jeder neuen Eigenschaft und Veränderung nimmt die Systemkomplexität zu. Spätere Systemerweiterungen und die Systempflege werden zunehmend schwieriger.

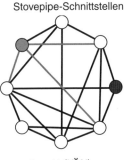

Abb. 6.7: Stovepipe-Schnittstellen müssen von Punkt zu Punkt integriert werden, was zu Kosten und Komplexität in der Menge (N * N) führt.

6.3.3 Symptome und Konsequenzen

- Es zeigen sich große semantische Lücken zwischen der Dokumentation der Architektur und der implementierten Software. Die Dokumentation entspricht nicht der Systemimplementierung.

- Den Architekten sind die Hauptaspekte der Integrationslösung nicht bekannt.

- Das Projekt übersteigt das Budget und der Zeitplan wird aus nicht erkennbaren Gründen überschritten.

- Änderungen der Anforderungen sind aufwändig zu implementieren und die Systemwartung ist überraschend teuer.

- Das System entspricht den meisten zu Papier gebrachten Anforderungen, erfüllt aber nicht die Erwartungen der Benutzer.

- Die Benutzer müssen sich Provisorien einfallen lassen, um den Einschränkungen durch das System aus dem Wege zu gehen.

- Komplexe System- und Client-Installationsprozeduren sind erforderlich, die sich nicht automatisieren lassen.

- Kompatibilität zu anderen Systemen ist nicht vorhanden und ein integriertes Systemmanagement und Sicherheit für die Systeme ist nicht zu realisieren.

- Änderungen am System werden zunehmend schwieriger.

- Systemänderungen führen aller Wahrscheinlichkeit nach zu neuen, ernsten Fehlern.

6.3.4 Typische Ursachen

- Für die Integration von Subsystemen werden mehrere Infrastrukturmechanismen verwendet. Das Fehlen eines allgemeinen Mechanismus macht die Architektur schwer beschreibbar und kaum veränderbar.

- Es fehlen Abstraktionen. Alle Schnittstellen sind für jedes Subsystem einmalig.

- Es wird kein hinreichender Gebrauch von Metadaten gemacht. Metadaten für die Unterstützung von Systemerweiterungen und Neukonfigurationen ohne Software-Änderungen stehen nicht zur Verfügung.

- Die enge Kopplung zwischen den implementierten Klassen verlangt einen ausufernden Client-Code, der dienstspezifisch ist.

- Es mangelt an architektonischer Vorausschau.

6.3.5 Bekannte Ausnahmen

Forschungs- und Entwicklungs-Software hält sich häufig an dieses AntiPattern, um schnelle Lösungen zur realisieren. Für Prototypen und Modelle ist das durchaus akzeptabel. Manchmal machen auch unzureichende Kenntnisse auf einem Fachgebiet ein Flickwerk erforderlich, dass anfänglich entwickelt wird, um fachspezifische Informationen für den Aufbau eines soliden Systems zu sammeln oder um ein Ausgangssystem für eine verbesserte Version zu entwickeln [Foote 97]. Die Entscheidung, das Produkt eines Herstellers zu verwenden, anstatt das Rad neu erfinden, kann sowohl zu Flickwerk als auch in die Herstellerfalle (Vendor Lock-In) führen.

6.3.6 Refactoring-Lösung

Das Refactoring dieses AntiPatterns erfolgt durch eine Komponentenarchitektur, die eine flexible Ersetzung von Software-Modulen erlaubt. Subsysteme sind abstrakt modelliert, so dass es viel weniger Schnittstellen als Subsystemimplementierungen gibt. Das Ersetzen kann statisch (Ersetzen der Komponente beim Kompilieren) und dynamisch (dynamisches Binden während der Laufzeit) erfolgen. Für die Definition der Komponentenschnittstellen müssen entsprechende Abstraktionen gefunden werden. Die Subsystemabstraktionen modellieren die erforderliche Systeminteroperabilität, ohne unnötige Unterschiede zwischen Subsystemen und implementierungsspezifischen Details zu schaffen (siehe Abbildung 6.8).

Um eine Komponentenarchitektur zu definieren, sollte ein Mindestmaß an Funktionalität gewählt werden, das von den meisten Anwendungen unterstützt wird. Im Allgemeinen sollte die Funktionalität nicht zu umfangreich sein und sich auf einen einzigen Aspekt der Interoperabilität beschränken, beispielsweise auf den Datenaustausch oder auf Umwandlungen. Anschließend wird eine Reihe von Systemschnittstellen definiert, die diese Grundfunktionalität unterstützen. Hierfür wird die Verwendung von ISO IDL empfohlen. Die meisten Dienste verfügen über zusätzliche Schnittstellen für feinere funktionale Anforderungen, so dass die Komponentenschnittstelle klein sein sollte.

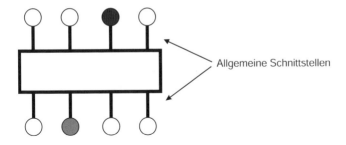

Anzahl (N)

Abb. 6.8: Komponentenarchitekturen modellieren die Interoperabilität mit allgemeinen Schnittstellen.

Mit einem für alle Clients der Domäne verfügbaren Mindestmaß an Komponentendiensten, wird die Entwicklung abgespeckter Clients unterstützt, die ohne weitere Veränderungen mit vorhandenen und zukünftigen Diensten zusammenarbeiten. Mit »abgespeckten Clients« sind solche Clients gemeint, die keine detaillierten Kenntnisse von den Diensten und der Systemarchitektur benötigen. Ein Framework kann ihren Zugriff auf komplexe Dienste unterstützen und vereinfachen. Liegen mehrere kompatible Implementierungen vor, steigert dies die Einsatzbereitschaft der Clients, die möglicherweise über viele Optionen zur Erfüllung ihrer Dienstanfragen verfügen.

Für die Anwendungen gibt es Clients, die für speziellere (vertikale) Schnittstellen programmiert wurden. Vertikale Clients sollten vom Hinzufügen der neuen Komponentenschnittstellen unberührt bleiben. Clients, die nur über die Grundfunktionalität verfügen müssen, können für die horizontalen Schnittstellen programmiert werden, die stabiler und leichter durch neue oder andere vorhandene Anwendungen unterstützt werden sollten. Die horizontale Schnittstelle sollte über Abstraktion alle Details der unteren Ebene einer Komponente verbergen und nur die Grundfunktionalität bereitstellen. Der Client sollte so angelegt sein, dass er mit allen Datentypen für die Schnittstelle umgehen kann, damit er auch zukünftige Formen des Datenaustauschs der horizontalen Komponentenimplementierungen unterstützt. Wird beispielsweise **any** zurückgegeben, dann sollte der Client mit allen Datentypen umgehen können, für die **any** steht. Allerdings muss bei CORBA-Implementierungen, die den Austausch neuer benutzerdefinierter Typen während der Laufzeit nicht unterstützen, das Typmanagement auf der horizontalen Ebene erfolgen. Insbesondere kann es notwendig sein, vertikale Typen, die beim Kompilieren bekannt sind, in horizontale Typen umzuwandeln.

Die Einbindung von Metadaten in die Komponentenarchitektur ist der Schlüssel für die Auffinden und Unterscheiden von Diensten. Eine grundlegende Unterstützung von Metadaten erfolgt über Naming- und Trading-Dienste [Mowbray 97c]. Naming-Dienste ermöglichen das Auffinden bekannter Objekt, ein Trading-Dienst führt die verfügbaren Dienste und ihre Eigenschaften für das Auffinden durch den Client auf. Interoperable Naming-Dienste werden für die Zusammenarbeit mit den Möglichkeiten von Trading-Diensten erweitert. Eine extensivere Verwendung von Metadaten ist normalerweise für eine erweiterte Entkopplung von Clients von den Diensten erforderlich. Metadaten zum Schema von Datenbankdiensten helfen beispielsweise den Clients, sich einem alternativen Schema sowie Schemaveränderungen anzupassen [Mowbray 95].

6.3.7 Beispiel

Abbildung 6.9 zeigt die Darstellung eines typischen Stovepipe-Systems. Es umfasst drei Client-Subsysteme und sechs Dienst-Subsysteme. Jedes Subsystem besitzt eine eigene Software-Schnittstelle und jede Subsystem-Instanz wird im Klassendiagramm als Klasse modelliert. Bei der Einrichtung des Systems entspricht die Schnittstellen-Software jedes Client jedem der integrierten Subsysteme. Werden zusätzliche Subsysteme hinzugefügt oder vorhandene ersetzt, müssen die Clients geändert und Code hinzugefügt werden, der neue eigene Schnittstellen integriert.

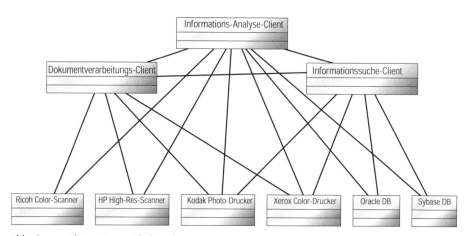

Abb. 6.9: Client/Server-Flickwerk

Das Refactoring für dieses Beispiel geht von den allgemeinen Abstraktionen der Subsysteme aus (Abbildung 6.10). Da es von jedem Dienst zwei Typen gibt, ist es möglich, dass jedes Modell eine oder mehrere Schnittstellen gemeinsam hat. In diesem Fall kann jedes Gerät oder jeder Dienst ummantelt werden, um die gemeinsame Schnittstellenabstraktion zu unterstützen. Werden dem System über die abstrakten Subsystem-Kategorien Geräte hinzugefügt, können diese transparent in die vorhandene System-Software integriert werden. Durch Hinzufügen eines Trading-Service können die abstrakten Dienste aufgefunden und unterschieden werden.

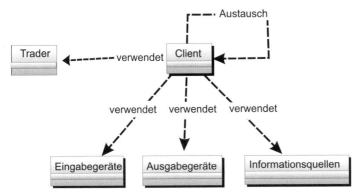

Abb. 6.10: Beim Refactoring der Architektur werden die Unterschiede der Subsysteme abstrahiert.

6.3.8 Verwandte Lösungen

Dieses AntiPattern beschreibt, wie sich Flickwerk auf Unternehmensebene verbreitet. Bedenken Sie, dass das AntiPattern sich auf mehrere Systeme bezieht, was sich breiter auf die Architektur auswirkt, als bei einem einzelnen System.

6.3.9 Anwendbarkeit für andere Perspektiven und Ebenen

Für das Management ergeben sich aus den Stovepipe-Systemen folgende Konsequenzen: erhöhte Risiken, ein größeres Budget und längere Fertigstellungszeiten. Da die Komplexität im Laufe der Zeit zunimmt, nehmen die Probleme für das Management mit fortschreitender Entwicklung zu. Die Gefahren bei Systemveränderungen überwiegen eventuelle Vorteile und darüber hinaus lassen Stovepipe-Systeme keine Anpassung an neue Unternehmensbedürfnisse zu. Die Geschäftsabläufe des Unternehmens werden durch das AntiPattern zementiert. Da die Architekturvorgaben mit der Implementierung begraben werden, kann das Ausscheiden von Mitarbeitern aus dem Bereich Software-Wartung dazu führen, dass das System nicht mehr verändert oder instandgehalten werden kann.

Für den Entwickler bedeutet dieses AntiPattern, dass er mehr Zeit mit der Erforschung des Systems und mit Tests verbringen muss. In frühen Entwicklungsphasen haben die Entwickler ein hohes Maß an Freiheit bei der Auswahl der Implementierungsstrategien bei minimalen architektonischen Vorgaben. Kann aber die Komplexität der Schnittstellen nicht mehr dokumentiert werden, wird das

System zunehmend unübersichtlicher und labil. Die Entwicklung solcher Systeme ist mit dem AntiPattern Walking through a Mine Field vergleichbar. Bei jeder Entscheidung muss gerätselt und experimentiert werden. Entscheidungen sind mit hohem Risiko für das Unternehmen behaftet und führen oftmals zu gefährlichen Situationen.

6.3.10 Mini-AntiPattern: Cover Your Assets

AntiPattern-Problem

Pflichtenhefte führen bei der Software-Entwicklung oft zu wenig sinnvollen Zusammenstellungen von Anforderungen und Spezifikationen, weil die Verfasser wichtigen Entscheidungen aus dem Wege gehen. Um Fehler zu vermeiden, werden sichere oder alternative Wege gewählt. Das führt zu umfangreichen und rätselhaften Vorgaben, denen sinnvolle Abstraktionen für die Absichten der Verfasser fehlen. Der unglückliche Leser, der möglicher Weise vertragliche Verpflichtungen hat, ist von diesem Text abhängig und muss sich mit verwirrenden Details beschäftigen. Werden keine Entscheidungen getroffen und keine Prioritäten gesetzt, sind solche Pflichtenhefte nur von geringem Wert. Es ist nicht sinnvoll, auf Hunderten von Seiten Anforderungen zusammenzustellen, die alle gleich wichtig oder verbindlich sind. Den Entwickler werden keine nützlichen Vorgaben dazu gemacht, was sie mit welcher Priorität implementieren sollen.

Refactoring-Lösung

Architekturskizzen sind Abstraktionen von Informationssystemen, die den Austausch über Anforderungen und technische Pläne zwischen den Benutzern und Entwicklern ermöglichen [Blueprint 97]. Eine Architekturskizze enthält eine Reihe von Diagrammen und Tabellen, die die operationale und technische Systemarchitektur aktueller und zukünftiger Informationssysteme darstellen [C4ISR 96]. Üblicher Weise enthält eine solche Skizze nicht mehr als ein Dutzend Diagramme und Tabellen, die in einer Stunde oder weniger Zeit anschaulich dargestellt werden können. Architekturskizzen sind besonders in Unternehmen mit vielen Informationssystemen hilfreich. Jedes System kann mit eigenen Skizzen visualisiert werden, anschließend können unternehmensweite Skizzen zusammengestellt werden, die auf den systemspezifischen Details basieren. Diese Skizzen sollten sowohl das vorhandene System als auch geplante Erweiterungen zeigen. Die Erweiterungen kann die architektonische Planung für mehrere Systeme koordinieren. Da die Architekturskizzen die Technologien mehrerer Projekte porträtieren, werden die Möglichkeiten für die Zusammenarbeit und Wiederverwendung erweitert.

6.4 AntiPattern: Vendor Lock-In

AntiPattern-Name: Vendor Lock-In

Auch bekannt als: Product-Dependent Architecture, Bondage and Submission, Connector Conspiracy

Häufigste Ebene: System

Name des Refactoring: Isolationsschicht

Typ des Refactoring: Software

Hauptursachen: Faulheit, Apathie, Stolz/Ignoranz (Naivität)

Nicht ausbalancierte Kräfte: Management des Technologietransfers, Changemanagement

Anekdotisches: Man stößt häufiger auf Software-Projekte, wo die Architektur auf einem bestimmten Hersteller oder einer bestimmten Produktlinie basiert.

Anekdotisches tritt auch bei Produkt-Upgrades und Installation neuer Anwendungen auf: »Beim Versuch, die neuen Daten in die alte Version der Anwendung einzulesen, ist das System abgestürzt.« »Wenn die neue Anwendung einmal Daten eingelesen hat, sind sie für immer verschwunden.« »Die alte Software verhält sich wie ein Virus, aber vielleicht sind es auch nur die neuen Anwendungsdaten.« »Unsere Architektur ist... Wie hieß noch mal unsere Datenbank?«

> »Das hässliche Haus steht sicher auf festem Fels, mein strahlender Palast ist dagegen auf Sand gebaut!«
>
> Edna St. Vincent Millay

6.4.1 Hintergrund

Der schlimmste Fall dieses AntiPatterns tritt auf, wenn Sie Ihre Daten und Software über Online-Dienste beziehen und eines Tages den in Abbildung 6.11 gezeigten Bildschirm sehen.

Interaktive Textverarbeitung ist inzwischen beliebter als Formatierungssprachen wie SGML, weil der Benutzer das endgültige Format auf den Bildschirm sehen und eine genaue Kopie davon ausdrucken kann. Dieses Verfahren wird »What you see is what you get« (WYSIWIG) genannt. Eine weit verbreitete Variante der Herstellerfalle ist das Phänomen »What you see is sort-of like what you get« (WYSISLWYG, sprich »weasel wig«, »Was Sie sehen, sieht so ähnlich aus, wie das, was Sie erhalten.«). In Verbindung mit der marktbeherrschenden Stellung von Microsoft ist es in letzter Zeit immer häufiger zu Fällen gekommen, in denen die ausgedruckte Version von Dokumenten deutlich von dem abweicht, was auf dem Bildschirm zu sehen ist. So können zum Beispiel Symbole aus Zeichnungen sich ändern oder verschwinden und eingebettete Objekte werden häufig als Befehlszeilen ausgedruckt (z.B. {EMBEDDED POWERPOINT FIGURE}). Dokumente von unterschiedlichen Versionen des gleichen Microsoft-Produkts können Support-Probleme in kooperierenden Netzwerken sowie Systemabstürze verursachen. Viele Firmen raten von einer Vermischung von Produktversionen ab oder untersagen sie. Diese Form der Herstellerabhängigkeit und deren Produktfehler ist infolge der Abhängigkeit von Microsoft-Produkten für den Dokumentaustausch nur schwer zu umgehen.

Abb. 6.11: So sieht die Zukunft in der Herstellerfalle aus.

6.4.2 Allgemeine Form

Ein Software-Projekt baut auf einem Produkt auf und wird vollständig von der Implementierung des Herstellers abhängig. Nach Upgrades sind Software-Änderungen erforderlich und es treten Kompatibilitätsprobleme auf, so dass ständig Support geleistet werden muss, um das System am Laufen zu halten. Auch lassen angekündigte neue Produkteigenschaften oft auf sich warten, was zu Zeitverzögerungen und zu unvollständigen gewünschten Eigenschaften der Anwendungssoftware führt.

6.4.3 Symptome und Konsequenzen

- Die Upgrades der kommerziellen Produkte schreiben einen Wartungszyklus für die Anwendungssoftware vor.
- Angekündigte Eigenschaften werden nur verspätet oder gar nicht geliefert, was dazu führt, das Anwendungs-Updates nicht ausgeliefert werden können.
- Das Produkt weicht deutlich vom versprochenen offenen Standard ab.
- Fehlt ein Produkt-Upgrade vollständig, muss manchmal das Produkt neuerworben und integriert werden.

6.4.4 Typische Ursachen

- Das Produkt weicht vom System der offenen Standards ab, weil eine effektive Anpassung an den Standard unterbleibt.
- Die Produktauswahl basiert vollständig auf Marketing- und Verkaufsinformationen und nicht auf einer genaueren technischen Beschreibung.
- Technisch lässt sich die Anwendungssoftware nicht von direkten Produktabhängigkeiten isolieren.
- Die Anwendungsprogrammierung setzt tiefergehende Produktkenntnisse voraus.
- Die Komplexität und Generalität der Produkttechnologie geht weit über die Bedürfnisse der Anwendung hinaus. Die direkte Abhängigkeit vom Produkt verhindert einen richtigen Umgang mit der Komplexität der Systemarchitektur.

6.4.5 Bekannte Ausnahmen

Dieses AntiPattern ist akzeptabel, wenn der Code eines einzigen Herstellers die Mehrheit des für eine Anwendung benötigten Codes ausmacht.

6.4.6 Refactoring-Lösung

Beim Refactoring dieses AntiPatterns wird eine sogenannte Isolierschicht verwendet. Sie trennt Software-Pakete und Technologie voneinander (siehe Abbildung 6.12). Sie kann für Portierbarkeit zwischen zugrunde liegender Middleware und betriebssystemspezifischen Schnittstellen sorgen. Diese Lösung ist anwendbar, wenn eine oder mehrere der folgenden Bedingungen zutreffen:

- *Die Anwendungssoftware ist von der Infrastruktur niederer Ebenen getrennt.* Zu dieser Infrastruktur können Middleware, Betriebssystem, Sicherheitsmechanismen oder andere Mechanismen unterer Ebenen gehören.

- *Änderungen an der zugrunde liegenden Infrastruktur werden im Produktzyklus der betroffenen Software berücksichtigt*, beispielsweise neue Produktversionen oder die geplante Migration zu einer neuen Infrastruktur.
- *Eine bequemere Programmierschnittstelle ist sinnvoll oder notwendig.* Der Grad der Abstraktion der Infrastruktur ist entweder zu primitiv oder zu flexibel für die vorgesehenen Anwendungen und Systeme.
- *Die Infrastruktur muss für viele Systeme konsistent sein.* Es müssen weitreichende Konventionen für die standardmäßigen Infrastrukturschnittstellen festgelegt werden.
- *Es müssen mehrere Infrastrukturen unterstützt werden, entweder im Verlaufe der Zeit oder parallel.*

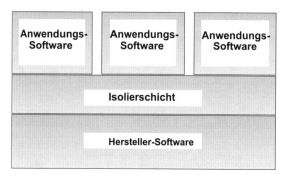

Abb. 6.12: Die Isolierschicht trennt die Anwendungssoftware von produktabhängigen Schnittstellen, die sich ändern können.

Zur Lösung gehört die Einrichtung einer Software-Schicht, die die zugrunde liegende Infrastruktur oder produktabhängige Software-Schnittstellen abstrahiert. Diese Schicht besitzt eine Anwendungs-Schnittstelle für die vollständige Isolierung der Anwendungssoftware von den darunter liegenden Schnittstellen. Die Anwendungsschnittstelle sollte ein handliche, sprachspezifische Schnittstelle für die gewünschten Fähigkeiten implementieren. Nur bei Bedarf sollte die in Schichten unterteilte Software ein standardmäßiges Handling einiger Infrastrukturaufrufe und Parameter vorsehen oder andere Details anbieten.

Die Isolierschicht soll für mehrere System-Entwicklungsprojekte Kompatibilität, Konsistenz und Isolierung gewährleisten. Für die Implementierung wird die Isolierung bei Bedarf mit in neue Infrastrukturen übernommen. Ferner wird die Isolierschicht aktualisiert, wenn die Infrastruktur aktualisiert wird. Auf jeden Fall bleibt die gleiche Schnittstelle für die Anwendungssoftware erhalten, unabhängig von den Änderungen der Infrastruktur.

Außerdem müssen neue Gateways zwischen mehreren Infrastrukturen [Mowbray 97c] eingerichtet werden, um während des Infrastrukturwandels gleichzeitig vorwärts- und rückwärts gerichtete Gateways zu unterstützen [Brodie 95].

Die Lösung hat folgende Vorteile:

- Gefahren und Kosten für die Infrastrukturmigration werden reduziert.
- Mangelnde Aktualität durch Infrastrukturänderungen wird vermieden.
- Risiken und Kosten für durch Infrastrukturänderungen verursachte Software-Upgrades werden gemindert.
- Gewährleistung einer weniger arbeitsintensiven und kostengünstigeren Schnittstellenprogrammierung für die meisten Anwendungsprogrammierer.
- Unterstützung der gleichzeitigen transparenten Verwendung mehrerer Infrastrukturen.
- Durchsetzung eines koordinierten standardmäßigen Umgangs mit flexiblen Schnittstellen und Parametern.
- Trennung von Infrastruktur und Anwendung, so dass ein kleines Entwicklerteam, das für die Infrastruktur zuständig ist, sich um die Isolierschicht kümmern kann, während der Mehrheit der Programmierern eine angepasste Schnittstelle für die in Schichten gegliederte Software zur Verfügung steht.

Zu den weiteren Konsequenzen dieser Lösung gehören:

- Die Isolierschicht muss möglicher Weise für mehrere Betriebssystems und Infrastrukturen eingerichtet und gepflegt werden.
- Die Entwickler, die die ersten Schnittstellen für die Isolierschicht definieren, müssen koordiniert werden.
- Änderungen an den Anwendungsschnittstellen müssen koordiniert werden.

6.4.7 Varianten

Diese Lösung wird häufig auf der globalen Ebene für kommerzielle Produkte und Technologien angewendet. Normalerweise ermöglicht die Isolierschicht dem Hersteller die Bereitstellung einer komfortablen sprachspezifischen Schnittstelle für eine Technologie der unteren Ebenen. Ein Teil dieses Komforts resultiert aus dem standardmäßigen Handling der Schnittstellen unterer Ebenen, die für die meisten Anwendungen flexibler als erforderlich sind. Das Produkt HP Object-Oriented Distributed Computing Environment (OO DCE) enthält beispielsweise eine Isolierschicht und eine C++-Schnittstelle für Anwendungsentwickler. Dieser Schnittstelle liegt eine Software-Isolierschicht zugrunde, die auf der DCE-Umgebung der Programmiersprache C basiert. Aufrufe der C++-APIs können mehrere darunter liegende DCE-Prozeduraufrufe auslösen. Es werden nur zwei Aufrufe benötigt, um die OO DCE-Sicherheitsdienst-Schnittstellen zu initialisieren. Die zugrunde liegende Isolierschicht führt ihrerseits mehr als fünfzig Aufrufe der DCE-APIs durch, um diese Initialisierung mit dem herkömmlichen DCE-Sicherheitsdienst zu erreichen.

Die Lösung mit der Isolierschicht ist am besten auf Unternehmensebene anwendbar. Sie wurde aber auch für einzelne Systeme angewendet, um eine Middleware-Isolierung zu erreichen. Das Produkt Paragon Electronic Light Tabelle (ELT) benutzt beispielsweise eine Isolierschicht oberhalb der Middleware-Infrastruktur des Common Desktop Environment (CDE) mit der Bezeichnung ToolTalk. Durch die Isolierung von ToolTalk, kann Paragon sein Produkt leicht in eine CORBA-Infrastruktur überführen und sowohl CORBA- und als auch ToolTalk-Infrastrukturen unterstützen.

6.4.8 Beispiel

Die folgenden drei Beispiele stellen drei bekannte Verwendungen der Isolierschicht vor:

1. Das ORBlite-Framework, das auf HP ORB plus basiert, isoliert Anwendungssoftware von mehreren Sprachzuordnungen und Netzwerkprotokollen [Moore 97]. Auf diese Weise konnten im Hinblick auf den Entwicklungsprozess der OMG-Zuordnungen während der Anpassung und Überarbeitung mehrere Sprachzuordnungen für C++ unterstützt werden [Moore 97].

2. Obwohl OpenDoc nicht mehr zur Produktlinie des Herstellers gehört, wurden einige interessante technischen Herangehensweisen entwickelt, unter anderem auch eine Lösung mit einer Isolierschicht. Das OpenDoc Parts Framework (OPF) richtet für die OpenDoc-Dokumentschnittstelle eine C++-Programmierschnittstelle auf höherer Ebene ein, die in der ISO IDL definiert wird. OPF enthält Schnittstellen zu Betriebssystemfunktionen (einschließlich der Grafikanzeige) sowie OpenDoc-Funktionen. Damit ermöglicht OPF die Portierbarkeit von Quellcode für Schnittstellen für Middleware, Window-Techniken und Betriebssysteme. Mit OPF geschriebene zusammengesetzte Dokumentteile könne durch erneutes Kompilieren und Binden für OS/2, MacOS und Windows 95 portiert werden. Die Testmöglichkeit LiveObjects von Component Integration Labs, dem Konsortium für OpenDoc, versichert Portierbarkeit und Kompatibilität.

3. EOSDIS (Earth Observing System Data and Information System) ist ein von der NASA ins Leben gerufenes umfangreiches Informationsbeschaffungs-Projekt. Die EOSDIS Middleware-Abstraktionsschicht diente zur Isolierung der Anwen-

dungssoftware von der sich entwickelnden Middleware. Die ersten Prototypen benutzten für Beta-Tests ein CORBA-Produkt. Diese Prototypen erwiesen sich als mangelhaft, was vornehmlich an den Einsatzschwierigkeiten des Beta-Produkts lag. Das Prozessmanagement erkannte zwar die Notwendigkeit einer zukünftigen CORBA-Unterstützung, es wurde jedoch eine proprietäre objektorientierte DCE-Erweiterung für kurzfristige Implementierungen verwendet. Das Management wollte sich aber nicht vollständig auf proprietäre Schnittstellen verlassen. Die Situation wurde mit einer Middleware-Abstraktionsschicht gelöst, die die Auswahl der Middleware vor der EOSDIS-Anwendungssoftware verbarg. Sie verdeckte Unterschiede bei der Objekterzeugung, Objektaktivierung und beim Objektaufruf.

6.4.9 Verwandte Lösungen

Dieses Pattern ist mit dem Objekt-Wrapper-Pattern [Mowbray 97c] verwandt, welches eine einzelne Anwendung von einer einzelnen Objekt-Infrastruktur isoliert. Das Isolierschicht-Pattern trennt mehrere Anwendungen von mehreren Infrastrukturen ab. Es ist auch mit dem Profil-Pattern [Mowbray 97c] verwandt, bei dem die Isolierschicht als besonderes Unternehmensprofil für die Verwendung von Middleware betrachtet werden kann.

Die Isolierschicht ist eine der Ebenen einer gegliederten Architektur [Mowbray 97c]. Im Gegensatz zu den meisten anderen Ebenen ist sie eine sehr dünne Schicht, die keine Anwendungsobjekte enthält. In der Regel dient eine Isolierschicht nur als Stellvertreter (Proxy) für die Integration von Clients und Diensten mit einer oder mehreren Infrastrukturen. Das Proxy-Pattern wird von Buschmann (1996) beschrieben.

6.4.10 Anwendbarkeit für andere Perspektiven und Ebenen

Das AntiPattern Vendor Lock-In wirkt sich auf das Management als Verlust der Kontrolle über die Technologie, die IT-Funktionalität und die Budgets über die vom Hersteller aufgezwungenen Produktversionen aus. Es betrifft auch das Risikomanagement. Das AntiPattern wird oft unter der Voraussetzung akzeptiert, dass in der Zukunft weitere Eigenschaften ergänzt werden. Leider werden diese Eigenschaften, wenn überhaupt, nicht selten später als erwartet oder benötigt ausgeliefert.

Das AntiPattern verlangt von den Entwicklern ein tiefer gehendes Verständnis des Produkts. Diese Kenntnisse sind aber bereits mit der nächsten Produktversion wieder veraltet. Sie müssen sich also einem mühsamen, fortwährenden Lernprozess über neue Produkteigenschaften, Produktfehler und die Zukunft des Produkts unterziehen.

6.4.11 Mini-AntiPattern: Wolf Ticket

AntiPattern-Problem

Es gibt zu viele Standards für Informationssysteme, so dass es nicht genügend Mechanismen geben kann, die eine Konformität gewährleisten könnten. Nur 6 % der Standards sind mit Testwerkzeugen ausgestattet. Die meisten der Standards, die getestet werden können, gelten für die Compiler von Programmiersprachen wie FORTRAN, COBOL, Ada usw.

Ein Wolf Ticket ist ein Produkt, dass Offenheit und Übereinstimmung mit Standards vorgibt, die keine tatsächliche Bedeutung haben. Die Produkte werden mit proprietären Schnittstellen ausgeliefert, die von den veröffentlichen Standards ganz erheblich abweichen können. Das Hauptproblem besteht darin, dass der Kunde meist davon ausgeht, dass die Offenheit für Standards Vorteile mit sich bringt. In Wirklichkeit ist aber für den Technologielieferanten der Wiedererkennungseffekt von Marken wichtiger, als für irgendwelche Vorteile, die Standards den Benutzern bieten können.

Standards reduzieren die Kosten für einen Technologiewechsel und steigern die technologische Stabilität. Die Unterschiede in den Implementierungen der Standards machen aber häufig die erhofften Vorteile wieder zunichte, beispielsweise die Kompatibilität zwischen Produkten unterschiedlicher Hersteller und die Möglichkeiten zum Portieren von Software. Hinzu kommt, dass die Spezifikationen vieler Standards zu flexibel sind, um Interoperabilität und Portierbarkeit gewährleisten zu können. Andere Standards sind zu komplex und werden daher nur unvollständig und nicht konsistent mit den Produkten implementiert. Oft werden unterschiedliche Subsets eines Standards von unterschiedlichen Herstellern implementiert.

Wolf Tickets sind ein wichtiges Problem für De-facto-Standards (informelle Standards, die sich durch die allgemeine Anerkennung oder Marktakzeptanz etabliert haben). Leider gibt es für einige De-facto-Standards keine passenden Spezifikationen. Ein Beispiel sind aufkommende Datenbanktechnologien, die sich auf dem Markt durchsetzen, aber von jedem Hersteller mit proprietären Schnittstellen angeboten werden.

Refactoring-Lösung

Technologische Lücken führen zu Mängeln in den Spezifikationen, zu mangelnder Produktverfügbarkeit, Konformität, Interoperabilität, Robustheit und Funktionalität. Diese Lücken müssen geschlossen werden, um vollständige Produkte auf den Markt bringen zu können, die sowohl die Infrastruktur als auch die Dienste anbieten, die erforderlich sind, um sinnvolle Systeme realisieren zu können. In den 60er Jahren forderte User Group SHAPE die Industrie auf, die Technologie zu stabilisieren und komplette Produkte für den Rechnermarkt herzustellen, die für nicht zusammengeschusterte Systeme benötigt wurden. Das Ergebnis ist, dass der Großrechnerbereich auch heute noch der einzige in sich geschlossene Technologiemarkt ist. Technologische Lücken können für die Endanwender, Entwickler und Systemintegratoren zum Politikum werden. Politik ist eine Frage der Macht und die Kunden müssen die Schließung technologischer Lücken frühzeitig einfordern. Kunden müssen beispielsweise Garantien für die Markttauglichkeit und Eignung verlangen, bevor die Produkte beim Händler im Regal liegen.

Eine basisdemokratische Schlüsselstrategie ist die Verschärfung der Widersprüche. Werden die Widersprüche eine Systems aufgedeckt (beispielsweise des Technologiemarkts), wird das Establishment die Probleme angehen (in diesem Fall die Hersteller). Eine politische Botschaft, die drei Bedingungen erfüllt, hat gute Chancen, in den Medien erwähnt zu werden:

1. Sie muss kontrovers sein.
2. Sie muss wiederholen.
3. Sie muss unterhaltend sein.

Wir arbeiten zur Zeit an einer politischen Initiative für Technologieanwender.

Erforderlich sind vollständige Produkte, die eine auftragserfüllende Systementwicklung ermöglichen. Ein vollständiges Produkt, das den Aufbau eines dem Auftrag gerecht werdenden Systems ermöglicht, muss fünf Dienste anbieten: Naming- und Trading-Services, Datenbankzugriff, Transaktionen und Systemmanagement. Diese Dienste werden von auftragsgerechten Systemen für alle Fachgebiete benötigt. Ein *Naming-Service* ist wie ein Telefonbuch, das das Auffinden von Objektreferenzen für bekannte Objekte ermöglicht. Ein *Trading-Service* unterstützt wie die Gelben Seiten mit Hilfe von Attributen die Suche nach entsprechenden Diensten, die Systemerweiterungen ermöglichen. Standardmäßiger *Datenbankzugriff* zum Auffinden und Aktualisieren von Informationen erforderlich. *Transaktionen* bieten zuverlässigen Zugriff auf Statusinformationen und sorgen für korrekte Bereinigungen im Fehlerfall. Das *Systemmanagement* ist für die Unterhaltung einer heterogenen Hardware- und Software-Umgebung erforderlich. Da die Entwickler solche Produkte nicht in einer zuverlässigen und integrativen Form erwerben können, sind sie gezwungen, diese Dienste neu einzurichten oder Systeme zusammenzuschustern.

Variante

Alle Anwender von Computertechnologien können sich an der Verbesserung der Technologie beteiligen, die sie gerade einsetzen. Hierfür muss der Lieferant lediglich mit allen Fragen, Beanstandungen und Support-Problemen konfrontiert werden. Bedenken Sie dabei, dass die Gewinnmargen der im Regal in Plastikfolie eingeschweißt liegenden Produkte eine Beratung über das Telefon nicht abdecken. Die meisten Hersteller zeichnen Support-Probleme auf und berücksichtigen sie bei zukünftigen Versionen. Die Priorität für Änderungen ergibt sich meist aus der Häufigkeit und Dringlichkeit der vorgetragenen Probleme.

6.5 AntiPattern: Architecture by Implication

AntiPattern-Name: Architecture by Implication

Auch bekannt als: Wherefore art thou architecture?

Häufigste Ebene: System

Name des Refactoring: Zielfragen-Architektur

Typ des Refactoring: Dokumentation

Hauptursachen: Stolz, Faulheit

Nicht ausbalancierte Kräfte: Konfigurationsmanagement, Änderungen und Risiko

Anekdotisches: »Solche Systeme haben wir schon früher entwickelt!« »Das ist nicht riskant, wir wissen was wir tun!«

6.5.1 Hintergrund

Dwight Eisenhower hat einmal gesagt, Planung sei sehr wichtig, aber Pläne seien inkonsequent. Ein anderer Soldat hat gesagt, dass Pläne nicht den ersten Feindkontakt überleben. Die Kultur des Planens im modernen Management verdankt einiges Robert McNamara, dem Gründer der RAND Corporation. Nach McNamara werden Pläne für spekulative Zwecke entwickelt, um die möglichen Vor- und Nachteile unterschiedlicher Vorgehensweisen zu erforschen. Angesichts der großen Anzahl von Unbekannten bei der Systementwicklung, muss die Planung von Internet-Systemen pragmatisch und schrittweise vorgehen.

Ein professioneller Planer kam zu dem Schluss, dass 20 % der Zeit eines Software-Entwicklers der Planung gewidmet sein sollte. Je länger wir uns damit beschäftigen, umso mehr verfestigt sich dieser Eindruck. Produktivität und Effizienz können wesentlich verstärkt werden, wenn die Arbeit durch Zeitplanung gut organisiert wird. Eine unerwünschte Konsequenz ist die Tatsache, dass in vielen Firmen die Planung zu sehr formalisiert wird. Planung ist dann am effektivsten, wenn sie persönlich motiviert ist und dementsprechend angewendet wird. Experten für das Zeitmanagement lehren, dass ein Schlüssel zur Reduktion von Stress eine planvolle Ausgewogenheit aller Prioritäten ist. Form und Einsatz von Zeitmanagementsystemen wird durch den Einfluss der Praxis zunehmend eine persönliche Angelegenheit.

Eine Gruppe von Abteilungsleitern des amerikanischen Verteidigungsministeriums stellte sich die Frage, wozu eine Architektur erforderlich sei. Es sollte über den

Wandel in der Systementwicklung nachgedacht werden, wo immer mehr vorhandene, herkömmliche Komponenten und kommerzielle Software wiederverwendet und von eigenen Neuentwicklungen Abstand genommen wird (siehe auch: »6.7 Reinvent the Wheel«).

6.5.2 Allgemeine Form

Bei diesem AntiPattern fehlen Architekturspezifikationen für ein sich entwickelndes System (siehe Abbildung 6.13). Normalerweise haben die Systemarchitekten Projekterfahrungen aus vorherigen Systementwicklungen gesammelt und gehen deshalb davon aus, dass eine Dokumentation nicht notwendig ist. Dieses Übermaß an Selbstvertrauen führt zu verstärkten Gefahren für die Kernbereiche, die über das Funktionieren eines Systems entscheiden. Architekturdefinitionen für den einen oder anderen der folgenden Bereiche fehlen häufig:

- Eine Software-Architektur und Spezifikationen, die die Verwendung der Programmiersprache, der Bibliotheken, von Programmierstandards, Speichermanagement usw. berücksichtig.
- Eine Hardware-Architektur, die auch Client- und Dienstkonfigurationen umfasst.
- Eine Kommunikationsarchitektur, die Netzwerkprotokolle und Geräte berücksichtigt.
- Eine dauerhafte Architektur, die Datenbanken und Mechanismen für das Datei-Handling vorsieht.
- Eine sichere Anwendungsarchitektur mit Thread-Modellen und einer gesicherten Systembasis.
- Eine Architektur für das Systemmanagement.

Abb. 6.13: Bei einer durch die Implementierung bestimmten Architektur erfolgt die Programmierung meist ohne vorherige Planung.

6.5.3 Symptome und Konsequenzen

- Keine Planung der Architektur und keine Spezifikationen, unzureichende Definitionen der Software-Architektur, der Hardware, der Kommunikationsmöglichkeiten, keine Dauerhaftigkeit, kein Sicherheits- und Systemmanagement.

- Mit Fortschreiten des Projekts stellen sich immer mehr Risiken ein, die ihre Ursachen im Umfang, im Fachwissen, in der Technologie und der Komplexität haben.

- Ein Scheitern des Projekts oder ein nicht funktionierendes System infolge mangelnder Leistungsfähigkeit, ausufernder Komplexität, missverstandener Anforderungen und anderer Systemeigenschaften sind die wahrscheinlichen Folgen. Ungefähr eins von drei Systemen weist während der Entwicklung und dem Betrieb ernste Leistungsprobleme auf.

- Neue Technologien werden ignoriert.

- Technische Reserven und vorausschauende Planung fehlen.

6.5.4 Typische Ursachen

- Kein Risikomanagement.

- Ungerechtfertigtes Selbstvertrauen der Projektleiter, Architekten oder Entwickler.

- Man verlässt sich auf gemachte Erfahrungen, die in wichtigen Bereichen vielleicht nicht ausreichen.

- Durch Lücken im Systementwurf entsehen implizite und ungelöste Architekturprobleme.

6.5.5 Bekannte Ausnahmen

Dieses AntiPattern ist bei einer immer wieder gewählten Lösung mit nur geringen Abweichungen im Code akzeptabel, beispielsweise bei Installationsskripten. Es kann bei der Erforschung neuer Fachgebiete hilfreich sein, um zu ermitteln, ob bekannte Techniken auf den neuen Bereich übertragbar sind.

6.5.6 Refactoring-Lösung

Das Refactoring dieses AntiPatterns erfordert ein organisiertes Vorgehen bei der Definition der Systemarchitekturen und benötigt unterschiedliche Sichtweisen auf das System. Jede dieser Sichtweisen modelliert das System aus der Perspektive eines Systembenutzers, der realer oder imaginärer, individueller oder gruppenbezogener Natur sein kann. Jeder dieser Benutzer formuliert Fragen und Probleme von hoher Priorität und jede dieser Ansichten repräsentiert das gesamte Informationssystem und beantwortet die Schlüsselfragen. Die Modellansichten mit Diagrammen, Tabellen oder Spezifikationen werden miteinander verknüpft, um Konsistenz zu erlangen. Eine Perspektive ist ganz generell eine locker formulierte Spezifikation. Die Architekturdokumentation soll die Kommunikation über architektonische Entscheidungen und andere Problemlösungen herstellen. Die Dokumentation sollte leicht verständlich und problemlos fortzuführen sein.

Nur diejenigen können eine Architektur erfolgreich definieren und implementieren, die sie vollständig verstanden haben. Leider ist das nicht immer der Fall, so dass in vielen Projekten neue Technologien übernommen werden, die nicht verstanden wurden. Deshalb ist die Entwicklung einer wohl durchdachten Architektur ein Prozess in Einzelschritten und sollte als solcher verstanden werden. Ein erster Architekturansatz sollte guten Strategien folgen, die innerhalb der ersten Phase der Produktentwicklung implementiert werden können. Anschließend muss er schrittweise durch spätere Versionen verfeinert und von neuen Versionen des ersten Produkts oder neuer Produkte vorangetrieben werden.

Mit folgenden Schritten wird eine Systemarchitektur aus unterschiedlichen Gesichtspunkten definiert [Hilliard 96]:

1. *Definition der architektonischen Ziele.* Was muss mit dieser Architektur erreicht werden? Welchen Benutzergruppen, realen und imaginären, müssen Design und Implementierung gerecht werden? Was ist für die zukünftige Entwicklung des Systems zu erwarten? Wo stehen wir jetzt und wohin geht die Entwicklung?

2. *Stellen Sie die Fragen zusammen.* Welche spezifischen Fragen müssen berücksichtigt werden, um die Anforderungen der unterschiedlichen Benutzergruppen gerecht zu werden? Gliedern Sie die Fragen aus den unterschiedlichen Gesichtswinkeln nach Prioritäten.

3. *Wählen Sie die Perspektiven aus.* Jede Perspektive liefert eine Skizze der Systemarchitektur.

4. *Analysieren Sie jede Perspektive.* Beschreiben Sie die Architekturdefinition aus jeder Perspektive präzise. Entwerfen Sie eine Skizze des Systems.

5. *Setzen Sie die Skizzen zusammen.* Überprüfen Sie, ob die unterschiedlichen Ansichten eine konsistente Architekturdefinition liefern.

6. *Klopfen Sie die Ansichten auf ihre Bedürfnisse ab.* Sie sollten die bekannten Fragen betreffen und Lücken in den Architekturspezifikationen sollten erkannt werden. Überprüfen Sie die Architektur im Hinblick auf formale Anforderungen. Legen Sie Prioritäten für noch offene Fragen fest.

7. *Gehen Sie die Skizzen noch einmal durch.* Verfeinern Sie die Ansichten bis alle Fragen und Probleme gelöst und alle Lücken gefüllt sind. Verwenden Sie Überarbeitungsprozeduren, um verbleibende Probleme zu erfassen. Ergibt sich ein

bedeutende Anzahl ungelöster Fragen, sollten Sie die Einbeziehung weiterer Perspektiven in Betracht ziehen.

8. *Stellen Sie die Architektur vor* und bringen Sie einen Kommunikationsprozess mit den wichtigsten Interessensgruppen, insbesondere mit den Systementwicklern in Gang. Erstellen Sie Protokolle mit den wichtigen Informationen über die Entwicklungsschritte, auf die Sie später zurückgreifen können.

9. *Überprüfen Sie die Implementierung.* Die Skizzen sollten der Ausführung entsprechen. Finden Sie Abweichungen zwischen den Skizzen und der Systemimplementierung heraus. Entscheiden Sie, ob diese Abweichungen zu Systemmodifikationen oder zu Abwandlungen der Skizzen führen müssen. Aktualisieren Sie die Dokumentation dementsprechend.

Wir bezeichnen dieses Verfahren als Goal-Question-Architektur (GQA), analog zur Goal-Question-Metrik [Kitchenham 96].

6.5.7 Varianten

Bei einer Reihe von Herangehensweisen wird die Systemarchitektur aus verschiedenen Perspektiven betrachtet. In einigen Fällen sind die Perspektiven vordefiniert, meist können jedoch bei Bedarf weitere Perspektiven hinzugezogen werden.

Das Reference Model for Open Distributed Process (RM-ODP) ist ein beliebter und hilfreicher Standard für verteilte Architekturen. RM-ODP definiert fünf Standardperspektiven, und zwar aus der Sicht des Unternehmens, aus der Informationen, aus der rechnerbetonten Sicht, aus der Sicht des Engineering und aus der der Technologie [ISO 96]. Ferner werden einige nützliche Transparenzeigenschaften verteilter Infrastrukturen aus der Sicht des Engineerings definiert.

Das Zachman-Framework analysiert Systemarchitekturen aus den Perspektiven Daten, Funktion und Netzwerk [Spewak 92]. Aus jedem Gesichtswinkel werden entsprechend der unterschiedlichen Interessensgruppen mehrere Abstraktionsebenen unterschieden. Das Konzept Enterprise Architecture Planning basiert auf dem Zachman-Framework für umfangreiche Systeme [Spewak 92]. Keine dieser Herangehensweisen eignet sich für die objektorientierte Systementwicklung.

Eine dritte Herangehensweise ist das Command, Communication, Control, Computer, Intelligence, Surveillance und Reconnaissance Architecture Framework (C4ISR-AF), mit dem verschiedene Befehls- und Kontrollsystemarchitekturen definiert werden. Eine Version von C4ISR-AF wird für andere Arten ziviler Systeme verwendet. Dieses Verfahren hat sich als sehr nützlich für die Kommunikation zwischen Architekten aus fremden Fachgebieten erwiesen [Mowbray 97b].

Der vierte Ansatz heißt 4 + 1 Model View und ist eine auf Perspektiven basierende Architektur, die von Software Engineering Tools wie Rational Rose [Kruchten 95] unterstützt wird. Zu den Perspektiven gehören die Logik, der Anwendungsfall, der

Prozess, die Implementierung und der Einsatz. Das GQA-Verfahren ist eine Verallgemeinerung der vielen diesen Ansätzen zugrunde liegenden Methodik [Hilliard 96].

6.5.8 Beispiel

Eine weitverbreitete aber ungeeignete Praxis ist die objektorientierte Modellierung ohne Definition von Standpunkten. Bei den meisten Modellierungsansätzen gibt es eine Überschneidung der Ansichten. Viele Modellierungskonzepte enthalten Details der Implementierung und in der Regel werden Implementierung und Spezifikation miteinander vermischt.

Die drei grundlegenden Perspektiven sind einmal die konzeptionelle, die der Spezifikation sowie die der Implementierung [Cook 94]. Bei der konzeptionellen Perspektive wird das System aus der Sicht des Benutzers definiert, was normalerweise als Analysemodell bezeichnet wird. Der Unterschied zwischen dem automatisiertem und dem nicht automatisiertem wird im Modell normalerweise nicht dargestellt. Vielmehr wird das Modell so gezeichnet, dass ein Benutzer es erklären und entsprechend argumentieren kann. Die Perspektive der Spezifikation betrifft nur Schnittstellen. ISO IDL ist eine wichtige Darstellungsart, die streng darauf beschränkt ist, Schnittstelleninformationen festzulegen und die Spezifika der Implementierung außen vor lässt. Die Trennung von Schnittstellen und Implementierungen ermöglicht die Realisierung vieler wichtiger objekttechnologischer Vorteile, beispielsweise die Wiederverwendung, die Systemerweiterbarkeit, Varianten, Ersetzbarkeit, Polymorphismus und verteilte Objekte. Die letzte Perspektive, die Implementierung, wird mit dem Code dargestellt. Komplexe Implementierungsstrukturen profitieren von objektorientierten Designmodellen, die den derzeitigen und zukünftigen Entwicklern und Systemverantwortlichen helfen, den Code zu verstehen.

Dieses AntiPattern kann auch entstehen, wenn wichtige Projektmitglieder keine Erfahrungen auf dem Fachgebiet des Projekts haben. In einem Fall sollte eine Lösung auf Basis des Microsoft Distributed Common Object Model (DCOM) geschaffen werden, bei der Daten vom Großrechner geholt, nach internen Regeln gefiltert und auf Webseiten angezeigt werden sollten. Der Projektleiter war ein fähiger Software-Entwickler, besaß aber keine Erfahrung mit der Technologie der verteilten Objekte und der Systemarchitekt war ein CORBA-Anhänger, der beim Entwurf der Objektmanagement-Architektur mitwirkte. Insgesamt hatten weniger als 10 % der Projektmitarbeiter Erfahrungen mit dem DCOM.

Außerdem wurde die Technologie der verteilten Objekte für die Architektur und das Design aus der Sicht der Objektmanagement-Architektur und nicht aus der des DCOM betrachtet. Das führte zu dem Versuch, CORBA-Dienste unter einer DCOM-Architektur einzurichten. Das fertige Produkt krankte an einer Reihe von Komponenten, denen konsistente verteilte Objekte fehlten und die den Aufgaben nicht voll gerecht wurden. Da es keine standardisierte Herangehensweise gab, war das Produkt von den Systemintegratoren nur kaum zu verwenden und ging an den Bedürfnissen des Marktes vorbei.

6.5.9 Verwandte Lösungen

Das Antipattern Architecture by Implication weicht in seinen Auswirkungen vom Stovepipe-AntiPattern ab. Bei letzterem liegt der Schwerpunkt auf Mängeln in der Architektur der rechnerischen Verarbeitung. Es zeichnet sich besonders dadurch aus, dass unsaubere Abstraktionen von APIs der Subsysteme zu einer instabilen Architektur führen. Beim AntiPattern Architecture by Implication entstehen aus mehreren architektonischen Gesichtswinkeln Planungslücken.

6.5.10 Anwendbarkeit für andere Perspektiven und Ebenen

Dieses AntiPattern steigert deutlich das Risiko für Projektmanager, die wichtige Entscheidungen bis zum Auftreten von Fehlern aufschieben. Diese Fehler lassen sich dann oft nicht mehr beseitigen. Den Entwicklern fehlen Richtlinien für die Systemimplementierung. De-facto übernehmen sie die Verantwortung für die wichtigen architektonischen Entscheidungen, die sie nicht immer aus der richtigen architektonischen Perspektive treffen. Systemweite Konsequenzen bei Entscheidungen zum Schnittstellendesign sollten nicht vernachlässigt werden. Insbesondere sind die Anpassungsfähigkeit des Systems, konsistente Schnittstellenabstraktionen, die Verfügbarkeit von Metadaten und das Komplexitätsmanagement davon betroffen.

Ein weiteres wichtiges Ergebnis dieses AntiPatterns ist das Verschieben der Bereitstellung der Ressourcen. Die wichtigen Werkzeuge und technologischen Komponenten stehen infolge von Planungslücken unter Umständen nicht zur Verfügung.

6.5.11 Mini-AntiPattern: Warm Bodies

Auch bekannt als

Deadwood, Body Shop, Seat Warmers, Mythical Man-Month [Brooks 79]

Anekdotisches

»Einer von zwanzig Programmierern... produziert das zwanzigfache an Software, was ein Durchschnittsprogrammierer produziert.«

In den USA arbeiten ungefähr 2 Millionen Software-Manager und Entwickler. Zur Zeit stehen noch weitere 200.000 Stellen offen. Das ergibt eine Arbeitslosenrate von minus 10 %.

AntiPattern-Problem

Erfahrene Programmierer sind eine Voraussetzung für ein erfolgreiches Software-Projekt. Besonders produktiv sind die sogenannten Vollblutprogrammierer, aber nur einer unter zwanzig Programmierern besitzt soviel Talent. Sie produzieren ein Vielfaches von dem, was ein durchschnittlicher Programmierer schafft.

In vielen Industriezweigen sind sehr umfangreiche Software-Projekte nichts Außergewöhnliches. In diesen Projekten sind Hunderte von Programmierern damit beschäftigt, ein IT-System für ein Unternehmen aufzubauen. Dabei ist es nicht ungewöhnlich, dass an einem solchen Projekt 100 bis 400 Mitarbeiter beteiligt sind. Bei diesen großen Projekten ist oft ein Outsourcing und die Vergabe von Arbeiten auf Stundenlohnbasis erforderlich. Da der Profit einen Prozentsatz der Gehälter ausmacht, ist er umso höher, je mehr Stunden gearbeitet werden. Die Systemanforderungen ändern sich beständig, daher besteht die Gefahr, das der Projektumfang anfangs unterschätzt wird. Um die aufgetretenen Probleme zu beseitigen und die hinzugekommenen Anforderungen zu bewältigen, kann der Mitarbeiterstab vergrößert werden. Die Problematik bei der Aufstockung der Mitarbeiterzahl für ein laufendes Projekt wurde von Frederick Brooks unter dem Titel *Mythical Man-Month* (1979) beschrieben.

Refactoring-Lösung

Die ideale Projektbesetzung sind vier Programmierer und die ideale Projektdauer beträgt vier Monate [Edwards 97]. Software-Projekte unterliegen der gleichen Gruppendynamik wie Ausschusssitzungen (siehe: »6.6 Design by Committee«). Bei Projektteams mit mehr als fünf Mitarbeitern kommt es in der Regel zu zunehmenden Schwierigkeiten bei der Gruppenkoordination. Es fällt den Mitarbeitern schwer, effiziente Entscheidungen zu treffen und eine gemeinsame Vision aufrechtzuerhalten. Die Arbeit mit einem kurzfristigen Abgabetermin motiviert das Team, sich auf die Lösung zu konzentrieren und sie in Angriff zu nehmen

Extrem große Projektgruppen sind in ihren Bemühungen wahrscheinlich weniger erfolgreich. Kleinere Teams mit individueller Verantwortung liefern in der Regel bessere Ergebnisse.

Varianten

Die Suche nach talentierten Programmierern spielt für Unternehmen mit intensiven Aktivitäten im Software-Bereich eine wichtige Rolle. Einige Firmen sind dazu übergegangen, bei Einstellungen Tests durchzuführen, die mit IQ-Tests vergleichbar sind. Wer den Test nicht besteht, landet unter Umständen in einem riesigen Projekt mit Hunderten von anderen Programmierern.

> Die Zusammenarbeit mit unabhängigen Unternehmern und Beratern bietet eine effektive Möglichkeit, Programmiertalente schnell zu akquirieren. In einigen Bereichen der USA arbeiten Hunderte von Programmierern von zu Hause aus und können über Telefon oder per E-Mail engagiert werden. Diese Vertragsprogrammierer können im Vergleich zu Projektfehlschlägen und Misserfolgen infolge des Mini-AntiPatterns Warm Bodies umfangreiche Software-Produkte zu angemessenen Preisen produzieren.

6.6 AntiPattern: Design by Committee

AntiPattern-Name: Design by Committee

Auch bekannt als: Gold Plating, Standards Disease, Make Everybody Happy, Political Party

Häufigste Ebene: Global

Name des Refactoring: Meeting Facilitation

Typ des Refactoring: Prozess

Hauptursachen: Stolz, Geiz

Nicht ausbalancierte Kräfte: Funktionsmanagement, Komplexität und Ressourcen

Anekdotisches: »Ein Kamel ist ein von einem Ausschuss entworfenes Pferd.« »Viele Köche verderben den Brei.«

6.6.1 Hintergrund

Objektorientierung wird oft als eine Technologie in der zweiten Generation beschrieben. Datenzentrierte Objektanalysen sind für die erste Generation und Entwurfsmuster für die zweite charakteristisch. Die erste Generation hielt sich an das Motto »Objekte sind Dinge, die man anfassen kann.« Das hatte zur Folge, dass nahezu alle Designs ausschließlich vertikal ausgerichtet waren. Sie ging von einer Reihe von Annahmen aus, die in der Praxis haltlos waren. Eine dieser Annahmen war, dass die Projektteams gleichberechtigt sein sollten, also jeder das gleiche Recht hatte, etwas zu sagen, und dass die Entscheidungen demokratisch getroffen wurden. Dies führte zum AntiPattern Design by Committee. Angesichts der Tatsache, dass nur wenige Objektentwickler gute Abstraktionen vornehmen können, führten die Mehrheitsentscheidungen zu verwässerten Abstraktionen und unangemessener Komplexität.

6.6.2 Allgemeine Form

Ein zu komplexes Software-Design ist das Produkt von Ausschussentscheidungen. Es hat so viele Eigenschaften und Varianten, dass kein Entwicklerteam die Spezifikationen in einem angemessen Zeitraum umsetzen kann. Selbst wenn sich das Design umsetzen ließe, wäre es aufgrund der ausufernden Komplexität, der Zweideutigkeiten sowie anderer Spezifikationsmängel nicht möglich, das vollständige Design zu testen. Da so viele Menschen beigetragen haben und infolge der beim Erstellen vorgenommenen Erweiterungen, fehlt es dem Design an konzeptioneller Klarheit.

6.6.3 Symptome und Konsequenzen

- Die Designdokumentation ist zu komplex, unleserlich, in sich widersprüchlich oder fehlerhaft.

- Die Designdokumentation ist zu umfangreich (Hunderte oder Tausende von Seiten).

- Den Anforderungen und dem Design fehlt eine klare Richtung und Stabilität.

- In den Ausschusssitzungen werden wesentliche Dinge nur selten diskutiert und der Verlauf ist schleppend. Tagesordnungspunkte werden nacheinander besprochen und abgearbeitet, was bedeutet, dass bei der Behandlung eines Diskussionsstranges die meisten Ausschussmitglieder unproduktiv sind.

- Die Situation ist durch Interessenskonflikte aufgeladen und nur wenige Entscheidungen oder Maßnahmen können außerhalb der Meetings getroffen oder durchgeführt werden, wobei die Meetings das rechtzeitige Treffen von Entscheidungen verhindern.

- Den einzelnen Eigenschaften des Designs werden keine Prioritäten zugewiesen und auf Fragen wie: »Welche Eigenschaften sind wesentlich?« »Welche Eigenschaften müssen zu Beginn implementiert werden?« gibt es keine Antworten.

- Architekten und Entwickler interpretieren das Design unterschiedlich.

- Budget und Zeitplan für die Designentwicklung werden nicht eingehalten.

- Um die Spezifikationen zu interpretieren, weiterzuentwickeln und zu handhaben, müssen Spezialisten eingestellt werden. Anders ausgedrückt , bindet jede von einem Ausschuss entworfene Spezifikation eine ganze Arbeitskraft.

6.6.4 Typische Ursachen

> *»Die Irren haben die Leitung der Anstalt übernommen.«*
>
> *Richard Rowland*

- Kein designierter Projektleiter.
- Ein degenerierter oder uneffektiver Software-Entwicklungsprozess.
- Schlechte Meetings, die die Entwicklung gar nicht oder nicht effektiv fördern. Wer am lautesten spricht, setzt sich durch, das Gesprächsniveau ist mangelhaft.
- Der Spezifikation werden aus eigenen Interessen bestimmte Eigenschaften hinzugefügt. Das kann aus mehreren Gründen geschehen: Marktfähigkeit, das Vorhandensein eigener Technologien, die bereits über diese Eigenschaften verfügen oder ein spekulatives Platzieren von Eigenschaften in der Spezifikation für eine spätere Verwendung.
- Es wird der Versuch unternommen, jeden glücklich zu machen, indem die Wünsche aller Ausschussmitglieder berücksichtigt werden. Es kann aber nicht jede Idee berücksichtigt werden, wenn die Komplexität überschaubar bleiben soll.
- Es wird versucht, in Meetings mit mehr als fünf Personen einen Entwurf zu erstellen und zu bearbeiten.
- Explizite Prioritäten und ein Software-Wertsystem werden nicht festgelegt [Mowbray 97c].
- Die verschiedenen Bereiche werden nicht voneinander getrennt und es werden keine Referenzmodelle benutzt.

6.6.5 Bekannte Ausnahmen

Es gibt nur wenige Ausnahmen für dieses AntiPatterns und sie treten auf, wenn der Ausschuss klein ist: zirka sechs bis zehn Personen. Bei größeren Gruppen wird ein Konsens unwahrscheinlich und bei weniger als sechs Personen ist die Wissens- und Erfahrungsbreite nicht ausreichend. Ausschüsse sollten von Expertenteams für ein bestimmtes Problemfeld und bis zur Lösung eines bestimmten Problems gebildet werden.

6.6.6 Refactoring-Lösung

Um das AntiPattern Design by Committee zu vermeiden, müssen die Meetings neu gestaltet werden. Es ist nicht falsch zu behaupten, dass die meisten Menschen endlos langweilige Meetings gewöhnt sind. Bereits kleine Änderungen am Ablauf können aber die Produktivität wesentlich steigern. Gesteigerte Produktivität ermöglicht Qualitätssteigerungen und bessere Lösungen. Ein typischer Zuwachs bei Software-Optimierungen liegt bei einer Größenordnung vom Zwei- bis Zehnfachen. Die Produktivität von Meetings lässt sich wesentlich drastischer und in der Regel um das Hundertfache steigern.

Zum einen ist zu bemängeln, dass nicht alle Räume mit einer Wanduhr ausgestattet sind, was insbesondere gilt, wenn das Meeting in Hotels abgehalten wird. Das Zeitbewusstsein ist für die Fortschritte eines Meetings von entscheidender Bedeutung. Die Teilnehmer sollten angehalten werden, die zur Verfügung stehende Zeit effektiv zu nutzen. Ihre Beiträge sollten sich auf 25 oder weniger Wörter beschränken und Details nur auf Nachfrage ausgeführt werden. Die für alle sichtbare Anbringung der Meeting-Themen, einer Agenda und einer Wanduhr kann den Ablauf eines Meetings deutlich positiv beeinflussen.

Zum zweiten ist es für jedes Meeting wichtig, dass sich die Gruppenmitglieder zwei Fragen beantworten: »Warum sind wir hier?« und »Was soll bei dem Meeting herauskommen?« Diese beiden Fragen müssen insbesondere dann zu Beginn des Meetings von den Teilnehmern beantwortet werden, wenn kein schriftlicher Ablaufplan vorliegt, damit die gewünschten Ziele erreicht werden.

Ein weiterer wichtiger Punkt ist die explizite Zuweisung von Rollen im Software-Entwicklungsprozess: Bauherr, Moderator, Architekt, Entwickler, Tester und Fachexperten. Der Bauherr ist für die Software-Entwicklung verantwortlich. Er trifft strategische Entscheidungen für den gesamten Software-Entwicklungsprozess und zieht die Projektmitglieder hinzu und organisiert sie. Zu Beginn des Meetings legt er die Ziele fest und formuliert Erwartungen hinsichtlich der Arbeitsergebnisse. So können die auf einem Meeting getroffenen Entscheidungen zum Beispiel als Hinweise oder als klare Anweisung definiert werden.

Der Moderator ist für die Durchführung des Meetings verantwortlich, während andere Teilnehmer für die technischen Inhalte zuständig sind. Er wendet sich an den Bauherrn, wenn wichtige Entscheidungen für den Entwicklungsprozess zu treffen sind.

»Meine Spezialität ist es, Recht zu haben, wenn die anderen falsch liegen.«

George Bernard Shaw

Der Architekt ist der technische Leiter des Software-Projekts. Er überwacht die Zusammenstellung der Architekturdokumentation und kann für wichtige Grenzbereiche der Systemebenen verantwortlich sein, beispielsweise für die Subsystem-APIs. Jeder Entwickler ist normalerweise für ein einzelnes Subsystem und das Testen der Einheit zuständig. Tester sind für die Überwachung der Spezifikationsqualität und ergänzende Tests wie Integrations-, Portierbarkeits- und Belastungstests zuständig. Die Fachexperten legen die Kernanforderungen fest, dürfen aber nicht in alle Aspekte des Entwicklungsprozesses mit eingebunden werden.

Meetings können divergent oder konvergent verlaufen oder einfach dem Informationsaustausch dienen. Bei einem divergenten Verlauf werden Ideen für die spätere Verwendung entwickelt. Bei einem konvergenten Verlauf wird eine Auswahl oder Entscheidung getroffen, die allgemeinen Konsens herstellt. Zum Informationsaustausch können Präsentationen, Fortbildung, Mitteilungen und Berichte gehören.

Der Moderator legt die Teilnehmerzahl für die Meetings fest. Kreative Gesprächsrunden, bei denen Notizen gemacht oder Skizzen entworfen werden, sollten auf tatkräftige Teams aus fünf oder weniger Personen beschränkt werden. Gruppen mit mehr als fünf Personen sind für kreative Prozesse weniger geeignet, können aber durchaus erfolgreich die Ergebnisse kreativer Prozesse beurteilen und integrieren. In hohem Maße produktive Meetings setzen parallele Prozesse und den häufigen Wechsel von kreativen und bewertenden Gruppen voraus. Die Ermutigung zu einem Paradigmenwechsel von einsträngiger Diskussion und zu parallelen Arbeitsgängen ist eine wichtige Aufgabe für den Moderator.

Meetings sollen in erster Linie Probleme lösen. Das Lösen eines Problems beginnt im Allgemeinen mit einem konvergenten Gesprächsverlauf: Das Problem wird definiert und eingegrenzt. Bei einem divergenten Gespräch werden alternative Lösungen aufgezeigt. Möglicherweise ist ein Informationsaustausch erforderlich, um die Details und Konsequenzen gewählter Alternativen anzusprechen. Abschließend wird in einem konvergenten Gespräch unter den Möglichkeiten ausgewählt.

Ein sehr effektiver Meetingverlauf lässt sich mit *Spitwads* [Herrington 91] realisieren, einem Verfahren, das wir bei vielen Gelegenheiten mit großen Erfolg eingesetzt haben:

1. *Fragestellung.* Der Moderator stellt der Gruppe eine Frage für ein Brainstorming. Die Frage wird auf einen Overhead-Projektor oder ein Flipchart geschrieben, um Missverständnisse auszuschließen. Die Gruppe wird gefragt, ob an der Formulierung der Frage Änderungen vorgenommen werden sollen, bevor das Brainstorming beginnt. Typische Fragen sind: »Auf welche Weise können wir die Leistungsfähigkeit des Systems verbessern?« oder »Was ist die wichtigste Anforderung an das System, die noch nicht erfüllt ist?«

2. *Stilles Aufschreiben.* Die Teilnehmer schreiben Antworten auf Zettel. Jede Antwort wird auf einen eigenen Zettel geschrieben und beschränkt sich auf einen kurzen Satz.

3. *Papierkugeln werfen.* Wenn die Teilnehmer ihre Ideen zu Papier gebracht haben, fordert der Moderator sie auf, die Zettel zu zerknüllen und sie wie beim Basketball in einen Behälter (am besten in einen Papierkorb) zu werfen.

4. *Die Papierkugeln vorlesen.* Die Papierkugeln (englisch *spitwads*) werden nach dem Zufallsprinzip an die Teilnehmer verteilt, die nacheinander das Papier entfalten und den Satz vorlesen. Die Sätze werden auf Flipcharts notiert, die so angebracht sind, dass die Teilnehmer sie lesen können.

5. *Ein allgemeines Verständnis herstellen.* Die Sätze auf den Flipcharts werden nummeriert. Der Moderator fragt die Gruppe, ob alle Sätze verstanden wurden. Ist das nicht der Fall, wird nach Erklärungen gefragt. Kann ein Satz nicht erklärt werden, sollte der Satz entfernt werden.

6. *Duplikate entfernen.* Der Moderator fordert die Gruppe auf, die Sätze zu nennen, die zweimal aufgeschrieben wurden oder die kombiniert werden sollten. Die Sätze werden über die Nummerierung angesprochen und Änderungen vorgeschlagen. Gibt es Widerspruch, wird eine Änderung nicht durchgeführt. (Dies ist ein allgemeines Verfahren beim Redigieren: Gibt es Widerspruch gegen eine vorgeschlagene Änderung, dann wird sie nicht akzeptiert.)

7. *Prioritäten setzen.* Die Gruppe wird angewiesen, die besten Aussagen über die Nummer für sich auszuwählen. Es dürfen mehrere Sätze ausgewählt werden. Über Handzeichen stellt der Moderator die Reihenfolge bei der Auswahl fest (keine Diskussion).

8. *Diskussion.* Die Übung ist abgeschlossen. Die Gruppe diskutiert die Auswahl in der Reihenfolge der Prioritäten und legt fest, welche Maßnahmen zu treffen sind.

6.6.7 Varianten

Das Railroad-AntiPattern (auch bekannt unter dem Namen Rubber Stamp) ist eine Variante des AntiPatterns Design by Committee, bei dem eine politische Koalition den Prozess und die Kräfte bei der Adaption des Designs ernsthaft stört. Das Railroad-AntiPattern entsteht häufig aus divergierenden Geschäftsinteressen vieler Ausschussmitglieder. Durch Übernahme unvollständiger und fehlerhafter Spezifikationen, können Details der Technologie in der Software verborgen bleiben. Auf diese Weise wird die Software eines Koalitionspartners im Gegensatz zu den festgeschriebenen Spezifikationen zum De-facto-Standard. Einige Entwickler außerhalb der Koalition werden sogar versuchen, die fehlerhaften Eigenschaften zu implementieren, was reine Zeit- und Geldverschwendung ist.

6.6.8 Beispiel

Zwei klassische Beispiele für dieses AntiPattern stammen aus dem Bereich der Software-Standardisierung: die Structured Query Language (SQL) und die Common Object Request Broker Architecture (CORBA).

6.6.9 SQL

SQL (Structured Query Language) wurde im Jahre 1989 zum internationalen Standard. Die Originalfassung *SQL89* war mit 115 Seiten ein kleines Dokument, das ein effizientes, minimales Design für die Technologie beschrieb [Melton 93]. Nahezu alle relationalen Datenbanken implementierten die vollständige Spezifikation.

1992 wurde die zweite SQL-Version mit wichtigen Erweiterungen und einem Umfang von 580 Seiten zum Standard. Die SQL92-Spezifikation wurde in den einzelnen Produkten mit eigenen Dialekten implementiert, nur wenige Produkte implementierten die gesamte Spezifikation. Die nächste SQL-Version (SQL3) wird möglicher Weise Tausende von Seiten umfassen. Das für das Design verantwortliche Standardisierungskomitee hat ein Sammelsurium neuer Eigenschaften hingefügt, die das Konzept weit über den Rahmen der ursprünglichen Absichten hinaus erweitern. Zu den neuen Eigenschaften gehören objektorientierte Erweiterungen, geografische und Zeitangaben betreffende Erweiterungen. Es ist nicht damit zu rechnen, dass irgend ein Produkt jemals SQL3 vollständig implementieren wird, noch ist es wahrscheinlich, dass auch nur zwei Produkte die gleiche Untermenge in portierbarer Form implementieren werden. Ganz nach der Manier des klassischen Ausschuss-Designs ist der SQL-Standard zu einem Müllplatz für fortschrittliche Datenbankeigenschaften geworden.

Eine interessante Lösung für die Probleme der SQL-Konvergenz präsentieren zwei Technologien: Open Database Connectivity (ODBC) und Java Database Connectivity (JDBC). Jede definiert eine standardmäßiges API für Datenbankzugriff, die auf dynamischen Abfragen basiert, bei denen Query-Anweisungen übergeben und während der Laufzeit analysiert werden. Da ODBC und JDBC die Abfrageschnittstelle und die Abfragesprache für die Clients definieren, ermöglichen sie eine Isolierung von produktspezifischen Datenbankeigenschaften. Die Clients können transparent auf mehrere Datenbankprodukte zugreifen. ODBC hat sich über die SQL Access Group (SAG), einem Konsortium von Software-Herstellern, zu einem Standard entwickelt. Microsoft hat ODBC-Spezifikation unabhängig von der SAG entwickelt und sie dann der Gruppe vorgeschlagen. Die Spezifikation wurde schnell von der SAG übernommen und wurde zum De-facto-Standard. Hersteller, die eigene Lösungen favorisierten, hatten Schwierigkeiten, diese in hohem Maße effektive Technologie zu ersetzen, die universell von Datenbankherstellern und Entwicklern von Datenbank-Tools unterstützt wird.

6.6.10 CORBA

Der Common Object Request Broker Architecture-Standard (CORBA) wurde 1991 von der Industrie übernommen. Das ursprüngliche Dokument umfasste weniger als 200 Seiten und war auch für Nichtmitglieder der Object Management Group (OMG) leicht verständlich. 1995 wurde eine überarbeitete CORBA2-Spezifikation mit wichtigen Upgrades und Erweiterungen einschließlich C++- und Smalltalk-Mappings, dem Interface Repository und dem Internet Inter-ORB-Protokoll (IIOP) herausgegeben. Insbesondere das C++-Mapping von CORBA2 enthielt umfangreiche Details, die vom Object Request Broker-Herstellern (ORB) nicht konsistent implementiert werden konnten. Einige von ihnen haben die von ihren IDL/C++-Compilern erzeugten APIs wiederholt geändert. Der Basic Object Adapter (BOA) wurde mit CORBA2 grundlegend überarbeitet. Eine Ersetzung dieses CORBA-

Teils kam 1997 unter der Bezeichnung Portable Object Adapter (POA). Da POA einen Teil der BOA-Funktionalität in bereits funktionierenden Produkten dupliziert, sind erfolgreiche Hersteller wahrscheinlich wenig motiviert, ihre Produkte zu aktualisieren. Und wegen dieser Aufmerksamkeit für die grundlegende Infrastruktur wird einigen der wichtigen Bedürfnisse der Benutzer eine geringere Priorität eingeräumt.

Die OMG versuchte ein alternatives Verfahren für die Suche und Definition von Technologien für die Adaption der CORBAfacilities-Architektur zu finden. Dieses Verfahren wurde von anderen Projektgruppen und Endbenutzern für die Definition ihrer Architekturen und Ablaufpläne wiederverwendet. Die Verfasser nannten dieses Verfahren den »Lost Architektur Process«, weil es nicht dokumentiert wurde (was auch bis heute noch der Fall ist).

Dieses Verfahren ist eine Prozedur für die Definition der Architektur, die aus den im Folgenden beschriebenen Schritten besteht. Sie kann den unternehmensspezifischen Bedürfnissen angepasst werden, indem OMG-Prozesse durch organisationsspezifische Abläufe wie interne Bestandsaufnahmen und externe Workshops ersetzt werden.

1. *Ein RFI anfordern (Request for Information)*. Mit einem RFI sollen interessierte Parteien innerhalb und außerhalb der OMG befragt werden. Die interessierten Parteien beliebiger Organisationen werden aufgefordert, ihre Anforderungen, architektonischen Vorschläge und Beschreibungen der relevanten Technologien zu formulieren, um die Planungsphase zu unterstützen.

2. *Sichten der RFI-Antworten*. Jede eingegangene Antwort (in der Regel sind es rund ein Dutzend oder weniger) werden von der Projektgruppe gesichtet. Damit wird die Phase der Informations- und Datensammlung abgeschlossen. Nachdem die Projektgruppe die Vorschläge gesichtet hat, übernehmen die Anwesenden die Verantwortung für die Architektur. Die RFI-Phase ist ein wichtiger psychologischer Schritt, weil die Verantwortung von einer unbestimmten Interessensgruppe und für implizite Anforderungen an die Projektteilnehmer übergeht, die die Architektur definieren und einen Ablaufplan festlegen.

3. *Mögliche Dienste und Hilfsfunktionen erkennen*. Die möglichen Dienste werden auf Flipcharts aufgelistet und für die Mitarbeiter zur Bearbeitung im Meeting-Raum aufgehängt. Diese Liste kann während des Sichtens der RFIs zusammengestellt und mit einem zusätzlichen Brainstorming ergänzt werden. Es müssen alle Ideen berücksichtigt und anschließend muss die Liste gekürzt werden, indem Doppelnennungen und Überschneidungen herausgenommen werden.

4. *Den einleitenden RFP-Prozess (Request for Proposal = Anfordern von Vorschlägen) starten*. Wahrscheinlich ist mindestens einer der ermittelten Dienste ein Kandidat für ein RFP-Release. Aller Voraussicht nach gibt es ein Herstellerteam, dass sich an dem Meeting beteiligt, um eine bestimmte Technologie zu überneh-

men. Dieses Team kann das erste RFP erarbeiten und mit der Übernahme durch die Projektgruppe beginnen. Die anderen Dienste werden im Verlaufe der Phase definiert.

5. *Das Architekturdiagramm.* Eine kleine Gruppe gliedert die Liste mit Hilfe eines Blockdiagramms, das die Ebenen der Dienste und die horizontalen Abgrenzungen zeigt, in Kategorien. Dieser Gruppe muss mindestens ein mit Diagrammen für Referenzmodelle erfahrener Mitarbeiter angehören. Dieses architektonische Referenzdiagramm ist bietet eine nützliche Abstraktion der aufgeführten Dienste und kann als anschauliche Illustration der Architekturdokumentation dienen. Alle Dienste und Hilfsfunktionen werden im Diagramm aufgeführt.

6. *Vorläufige Dienstdefinition.* Es werden einzelne Dienste herausgegriffen und stichpunktartig definiert. Dies geschieht in kleinen Gruppen oder durch Einzelpersonen. Die Ergebnisse werden zusammengefasst und von der gesamten Projektgruppe diskutiert, wobei Änderungen und Ergänzungen an den Stichpunkten vorgenommen werden.

7. *Die Dienstdefinitionen aufschreiben.* Anhand des inhaltlichen Teils der RFP-Vorlage wird jeder einzelne Dienst beschrieben. Dieser Vorgang zieht sich über mehrere Meetings hin. An diesem Punkt muss ein Redakteur für die Architekturdokumentation bestimmt werden (am besten nur eine Person), der die Arbeitsergebnisse übernimmt und einen Entwurf verfasst.

8. *Entwurf der Dokumentation.* Der Redakteur stellt die Dienstdefinitionen und das Architekturdiagramm in einem Entwurf zusammen. Er kann kurzgefasste Beschreibungen der Gesamtarchitektur hinzufügen, damit das Dokument für sich allein stehen kann. Es sollte außerdem eine Tabelle der Dienste und Dienstkategorien enthalten, die den Inhalt der Dienstdefinitionen zusammenfassen.

9. *Überarbeitung.* Auf jedem Meeting wird ein überarbeiteter Entwurf der Architekturdokumentation vorgestellt. Redaktionelle Änderungen werden vorgeschlagen und für die nächste Überarbeitung diskutiert. Fehlende Abschnitte oder Dienstbeschreibungen werden an Projektmitglieder zur Bearbeitung in Zusammenarbeit mit dem Redakteur übergeben.

10. *Definition des Ablaufplans.* Der Ablaufplan ist ein Profil der Architektur mit dem Schwerpunkt auf den Prioritäten und dem zeitlichen Ablauf. Einige Hauptkriterien legen die Prioritäten fest und bestimmen den Zeitplan. Hierzu gehören die Nachfrage, Abhängigkeiten von anderen Technologien, die Anwendungsbreite und die Arbeitsbelastung für die Projektgruppe. Die Festlegung des zeitlichen Ablaufplanes ist wichtig für die Bereitstellung der Ressourcen durch die Mitarbeiter und für die Planung von Untersuchungen, die für den Adoptionsprozess wichtig sind.

11. *Das Anerkennungsverfahren einleiten.* Nach mehreren Durchläufen des Überarbeitungsprozesses, wird beantragt, Architektur und Ablaufplan als Version 1.0 freizugeben. Nach Freigabe von Version 1.0 können weitere Überarbeitungen erfolgen, der Übergang zu diesem Schritt zeigt aber, das die Projektgruppe einen Konsens erreicht hat.

6.6.11 Verwandte Lösungen, Entwurfsmuster und AntiPatterns

Kyle Brown hat auf der Portland Patterns Repository-Site [Brown 95] eine Version des Design by Committee-AntiPatterns veröffentlicht. Dieses Pattern verwendet eine andere Vorlage, die sich vollständig auf die Beschreibung der problematischen Lösung und nicht auf das Refactoring konzentriert. Im Gegensatz dazu enthält dieses Buch ein Refactoring für jedes AntiPattern, wohl wissend, dass Sokrates zum Tode verurteilt wurde, weil er auf die gesellschaftlichen Widersprüche hinwies, ohne konstruktive Vorschläge zu machen.

6.6.12 Anwendbarkeit für andere Perspektiven und Ebenen

Für die Entwickler wirkt sich dieses AntiPatterns so aus, dass von ihnen verlangt wird, ein äußerst komplexes und mehrdeutiges Design zu implementieren, was mit Stress verbunden ist. Sie werden nicht umhin kommen, die Anforderungen mit einem realistischeren Design zu umgehen.

Abb. 6.14: Das Schweizer Messer: Die Designer packen bis auf die Küchenspüle alles mit hinein!

Manager leiden unter diesem AntiPattern durch die drastisch ansteigenden Gefahren für das Projekt, die durch die exzessive Komplexität entstehen. Dementsprechend werden der Zeitbedarf und das Budget dramatisch ansteigen, wenn sich die Konsequenzen des Designs bei der praktischen Arbeit herauskristallisieren.

Auf Systemebene kann es richtig sein, ein System nach den Ausschuss-Designspezifikationen auszuliefern, wenn keine Varianten (mehrere Konfigurationen) benötigt werden und der veranschlagte Zeitplan für die Implementierung um 30 % oder mehr überschritten wird. Hinsichtlich der Betriebssysteme, Datenbanken und Eigenschaften können die meisten Entwickler nur einige wenige Varianten realisieren.

6.6.13 Mini-AntiPattern: Swiss Army Knife

AntiPattern-Problem

Das AntiPattern Swiss Army Knife entspricht einer übermäßig komplexen Klassenschnittstelle (siehe Abbildung 6.14). Der Designer versucht, alle nur erdenkbaren Verwendungen der Klasse vorzusehen. Er fügt eine große Anzahl von Schnittstellensignaturen hinzu, bei dem unsinnigen Versuch, alle möglichen Verwendungsmöglichkeiten abzudecken. Zu den Beispielen aus der Praxis gehören Hunderte von Methodensignaturen für eine einzige Klasse. Möglicher Weise fehlt dem Designer eine klare Abstraktion oder ein Zweck für die Klasse, was sich in der mangelnden Schwerpunktmäßigkeit der Schnittstelle zeigt. Das AntiPattern ist vornehmlich in kommerziellen Software-Schnittstellen zu finden, wo die Hersteller versuchen, ihre Produkte für alle Anwendungen einsetzbar zu machen.

Dieses AntiPattern ist problematisch, weil es die Bedeutung der Komplexität ignoriert. Die komplizierte Schnittstelle ist für andere Programmierer schwer nachvollziehbar und lässt nicht erkennen, wofür die Klasse in Einzelfällen verwendet werden soll. Weitere Konsequenzen sind Probleme beim Debugging, bei der Dokumentation und der Programmpflege.

Refactoring

In vielen Situationen müssen bei der Software-Entwicklung komplexe Schnittstellen und Standards eingesetzt werden. Deshalb ist wichtig, hierfür Konventionen festzulegen, damit der Umgang mit der komplexen Architektur der Anwendung nicht unmöglich wird. Diesen Vorgang nennt man *Profilerstellung*. Eine *Profil* ist eine dokumentierte Konvention, die erklärt, wie eine komplexe Technologie verwendet wird. Häufig ist ein Profil ein Implementierungsplan für die einzelnen Bestandteile dieser Technologie. Mit Hilfe von Profilen können zwei voneinander unabhängige Entwickler die gleiche Technologie benutzen, ohne dass die Interoperabilität der Software verloren geht.

Das Profil einer Software-Schnittstelle definiert die Untermenge der verwendeten Signaturen und es sollte Konventionen für die Parameterwerte enthalten sowie die jedem Parameter zu übergebenden Literalwerte nennen. Außerdem kann ein Profil zur Festlegung des dynamischen Verhaltens von Anwendungen erforderlich sein, die Schnittstellen benutzen. Hierzu gehören Beschreibungen und Spezifikationen von Ausführungssequenzen, Methodenaufrufen und die Behandlung von Ausnahmen.

Varianten

Dieses AntiPattern unterscheidet sich vom Blob-AntiPattern insofern, als es in einem Design mehrfach auftreten kann. Die Intention liegt darin, dass der Designer Komplexität bei dem vergeblichen Versuch schafft, alle erdenkbaren Verwendungsmöglichkeiten einer Klasse abzudecken. Beim Blob-AntiPattern ist es ein Singleton-Objekt, dass den Prozess oder die Daten eines Systems monopolisiert.

6.7 AntiPattern: Reinvent the Wheel

AntiPattern-Name: Reinvent the Wheel

Auch bekannt als: Design in a Vacuum, Greenfield System

Häufigste Ebene: System

Name des Refactoring: Architektur-Mining

Typ des Refactoring: Prozess

Hauptursachen: Stolz, Ignoranz

Nicht ausbalancierte Kräfte: Changemanagement, Technologietransfer

Anekdotisches: »Unser Problem ist einmalig.« Software-Entwickler wissen in der Regel wenig vom Code des anderen. Selbst bei weitverbreiteten und im Quellcode verfügbaren Software-Paketen gibt es selten mehr als einen Programmierer pro Programm.

Systementwicklungen erfolgen fast immer in isolierten Projekten und Systemen mit sich überschneidender Funktionalität. Eine Wiederverwendung findet in den meisten Software-Unternehmen selten statt. Eine neuere Untersuchung von mehr als 32 objektorientierten Software-Projekten hat ergeben, dass es nahezu keine erfolgreiche Wiederverwendung gab [Goldberg 95].

6.7.1 Hintergrund

Die Wiederverwendung von Software und Design folgt zwei jeweils unterschiedlichen Mustern. Für die Software-Wiederverwendung muss eine Bibliothek wiederverwendbarer Komponenten erstellt, diese Komponenten abgerufen und in ein

Software-System integriert werden. Das typische Ergebnis ist eine bescheidene Form der Wiederverwendung an der Peripherie des Systems sowie zusätzliche Software-Entwicklungsschritte für die Integration der Komponenten. Eine Wiederverwendung des Designs ist eine Wiederverwendung von Architektur- und Software-Schnittstellen in mehreren Anwendungssystemen. Hierfür müssen die horizontalen Komponenten erkannt werden, die in mehreren Anwendungssystemen eingesetzt werden können. Eine Wiederverwendung des Designs unterstützt auch die Software-Wiederverwendung horizontaler Komponenten ohne zusätzliche Entwicklungen für die Integration und ist daher insofern wesentlich effektiver, als ein großer Teil des Software-Systems von den wiederverwendeten Komponenten profitieren kann.

Die Bezeichnung *Greenfield-System* (System auf der grünen Wiese, ein Alias für das AntiPattern) stammt aus der Bauindustrie und bezeichnet eine Baumaßnahme auf einem neu ausgeschriebenen Baugelände, für das es noch keine Bebauungsvorschriften gibt.

6.7.2 Allgemeine Form

Handelsübliche Software-Systeme werden von Grund auf neu entwickelt, selbst wenn es mehrere Systeme mit sich überschneidender Funktionalität gibt. Dieses Top-Down-Verfahren bei der Analyse und beim Design führt zu neuen Architekturen und kundenspezifischer Software. Die Möglichkeiten zur Software-Wiederverwendung sind beschränkt und Kompatibilität wird erst später hergestellt.

Bei den meisten derzeitigen Software-Entwicklungsmethoden wird davon ausgegangen, dass der Entwickler eine kundenspezifische Software von Grund auf neu entwirft und ein isoliertes Einzelsystem aufbaut. Das führt zwangsläufig zu Stovepipe-Systemen ohne Wiederverwendung und mit mangelnder Kompatibilität sowie fehlenden Erweiterungsmöglichkeiten. Planungen für die grüne Wiese werden den meisten realen Software-Entwicklungsproblemen nicht gerecht, da bereits Systeme vorhanden sind und die Kooperation mit ihnen eine wichtige Anforderung an viele neue Systeme ist. Ferner werden wichtige Möglichkeiten der Wiederverwendung von Software in Form von Freeware aus dem Internet und kommerziell verfügbarer Software außer Acht gelassen.

6.7.3 Symptome und Konsequenzen

- Geschlossene Systeme – Architektur und Software – die für nur ein System ohne Berücksichtigung der Wiederverwendbarkeit und der Kompatibilität entworfen werden.
- Nachbildungen kommerzieller Software-Funktionen.
- Nicht ausgereifte und instabile Architekturen und Erfüllung der Anforderungen.

- Inadäquate Unterstützung für das Management von Veränderungen und Kompatibilität.

- Verlängerte Entwicklungszyklen durch fehlgeschlagene und in Sackgassen führende Prototypen, die zu einem Zeitpunkt entwickelt werden, wo die Architektur noch keine vorausschauende Systementwicklung zulässt.

- Ein schlechtes Kosten- und Risikomanagement führt zu Zeit- und Budgetüberschreitungen.

- Dem Endbenutzer können nicht die gewünschten Funktionen zur Verfügung gestellt werden. Es wird viel Mühe darauf verwendet, die Funktionalität bereits arbeitender Systeme nachzubilden.

6.7.4 Typische Ursachen

- Keine Kommunikation und kein Technologietransfer zwischen Software-Entwicklungsprojekten.

- Kein expliziter Architekturprozess mit Architektur-Mining und Domain-Engineering.

- Beim Architekturprozess wird fälschlicher Weise davon ausgegangen, dass die Entwicklung von Grund auf neu erfolgen muss.

- Kein Unternehmensmanagement der IT-Umgebung, was zu einmaligen Software-Schnittstellen für jedes System führt.

6.7.5 Bekannte Ausnahmen

Dieses AntiPattern eignet sich im Bereich der Forschung und bei der allgemeinen Software-Entwicklung zur Minimierung des Koordinationsaufwandes, wenn die Entwickler mit unterschiedlichen Fähigkeiten an weit voneinander entfernt liegenden Orten arbeiten.

6.7.6 Refactoring-Lösung

Das Architektur-Mining bietet die Möglichkeit, schnell erfolgreiche objektorientierte Architekturen zu entwerfen, die robust, produktunabhängig, wiederverwendbar und erweiterbar sind. Bei den meisten objektorientierten Designverfahren wird davon ausgegangen, dass sich die Designinformationen im Verlaufe des Prozesses ergeben. Bei einem Top-Down-Prozess ergeben sich die Designinformationen aus den Anforderungen des Anwendungsfalls und aus objektorientierten Analysemodellen. Das durch Anforderungen gesteuerte Architekturdesign wird als *Architektur-Farming* bezeichnet. In einem spiralförmigen Prozess werden die Designinformationen in jedem Entwicklungsschritt ermittelt. In diesem fortschreitenden spiralförmigen Prozess leiten die Architekten beim Kennenlernen des Anwendungsproblems neue Designinformationen ab. Bei diesem Verfahren werden viele der Designinformationen »neu erfunden«.

Für die meisten Anwendungen und Probleme von Informationssystemen gibt es bereits ein Design. Diese Designs liegen in Form herkömmlicher Systeme, kommerzieller Produkte, Standards, Prototypen und Entwurfsmustern vor. Die Erfahrung hat gezeigt, dass ein halbes Dutzend oder mehr bereits vorliegende Designs für ein anstehendes Anwendungsproblem gibt. Diese vorliegenden Designs enthalten wichtige Informationen, mit denen frühere Architekten funktionierende Systeme aufgebaut haben. Das Herausziehen dieser Informationen für die Nutzung in objektorientierten Architekturen wird *Architektur-Mining* genannt.

Das Mining kann für bestimmte komplexe Designprobleme auf der Anwendungsebene eingesetzt werden. In einigen Fällen kann es weniger aufwändig und riskant sein, sich auf vorliegende Erfahrungen zu stützen, als neuen Code ohne Berücksichtigung bereits vorliegender Lösungen zu schreiben. Das Mining ist auf Unternehmensebene anwendbar, angesichts der eingeschränkten Zugriffsmöglichkeiten auf Informationen jedoch weniger auf der globalen Ebene.

Das Mining ist ein Bottom-Up-Designverfahren, das Designerfahrungen funktionierender Implementierungen berücksichtigt. Es kann auch Designinformationen eines Top-Down-Designprozesses berücksichtigen, so dass das Aufspüren der Informationen sowohl von oben nach unten als auch von unten nach oben erfolgen kann.

»Unreife Künstler imitieren, erfahrene Künstler stehlen.«

Lionel Trilling

Bevor das Mining beginnt, müssen eine Reihe repräsentativer Technologien erkannt werden, die für das Designproblem relevant sind. Das Erkennen solcher Technologien kann auf mehrere Arten erfolgen, beispielsweise durch eine Literatursuche, durch Befragungen von Experten, mit der Durchführung technischer Konferenzen oder durch Surfen im Internet. Alle verfügbaren Quellen sollten genutzt werden.

Der erste Schritt ist das Modellieren jeder repräsentativen Technologie, um Spezifikationen der relevanten Software-Schnittstellen zu erzeugen. Als Schnittstellen-Darstellungsart wird OMG IDL empfohlen, weil es knapp und frei von Implementierungsdetails ist. OMG IDL eignet sich wegen der Sprachunabhängigkeit, der Plattformneutralität und der Distributionstranparenz auch für die Darstellung des Designs. Wenn alles in der gleichen Notation modelliert wird, entsteht eine gute Basis für Designvergleiche und Abstimmungen.

Beim Modellieren ist es wichtig, das tatsächliche System und nicht das angestrebte Design zu beschreiben. Oft werden entscheidende Designinformationen nicht als Software-Schnittstellen dokumentiert. So kann beispielsweise ein Teil der gewünschten Funktionalität nur über die Benutzerschnittstelle zugänglich sein. Andere Schlüsselpunkte des Designs wurden eventuell nicht dokumentiert, können aber durchaus wichtig sein.

Im zweiten Schritt werden die Designs verallgemeinert, um eine gemeinsame Schnittstellenspezifikation zu erstellen. Dieser Schritt verlangt mehr Kunst als Wissenschaft, denn das Ziel ist das Erstellen einer vorläufigen Spezifikation für die zu schaffenden Architekturschnittstellen. Normaler Weise reicht es nicht aus, von der repräsentativen Technologie ein Design des kleinsten gemeinsamen Nenners zu entwerfen. Die verallgemeinerten Schnittstellen sollten von hoher Qualität sein und die allgemeine Funktionalität sowie einige einmalige aus einem bestimmten System abgeleitete Aspekte abbilden. Diese einmaligen Aspekte sollten übernommen werden, wenn sie wichtige Eigenschaften für die angestrebte Architektur oder für die zukünftig erwartete Systementwicklung bilden. Eine gesunde Auswahl repräsentativer Technologien enthält Indikatoren für wahrscheinliche Entwicklungsrichtungen des Zielsystems.

An diesem Punkt ist es angebracht, die Top-Down-Designinformationen als einen Teil der Informationen zu betrachten. Top-Down-Informationen sind normalerweise Abstraktionen auf einer viel höheren Ebene, als dies bei Bottom-Up-Informationen der Fall ist. Der Ausgleich dieser Unterschiede verlangt einige wichtige Architekturabstimmungen.

Im letzten Schritt wird das Design verfeinert. Verfeinerungen können das Ergebnis von Einschätzungen des Architekten, von informellen Gesprächen, Überarbeitungsprozessen, neuen Anforderungen oder weiterer Mining-Prozesse sein.

6.7.7 Varianten

Innerhalb einer Organisation ist die Software-Wiederverwendung nur schwer durchzusetzen. Bei einer Untersuchung mehrerer Dutzend objektorientierter Software-Projekte fanden Goldberg und Rubin [Goldberg 95] keinen nennenswerten Beispiele für die Wiederverwendung. Selbst bei einer erfolgreichen Wiederverwendung machen die Kostenvorteile einer internen Wiederverwendung weniger als 15 % [Griss 97] aus. Die Erfahrungen haben gezeigt, dass die primäre Zweck der internen Wiederverwendung eine Investition in Software für den Wiederverkauf ist. Wenn der große Umfang die möglichen Einsparungen relevant werden lässt, kann eine Wiederverwendung die Produkteinführungszeit verkürzen und die Produktanpassung unterstützen.

Dennoch findet eine Wiederverwendung häufig statt, allerdings in anderer Form: Wiederverwendung kommerziell verfügbarer Software und Wiederverwendung von Freeware. Infolge der großen Anwenderzahl haben kommerzielle Software und Freeware oft eine wesentlich bessere Qualität als kundenspezifische Software. Für Infrastrukturkomponenten, von denen viel Anwendungssoftware abhängig ist,

ist diese bessere Qualität für ein erfolgreiches Projekt von entscheidender Bedeutung sein. Kommerzielle Software und Freeware können die Wartungskosten reduzieren, wenn die Software ohne Veränderungen eingesetzt und problemlos durch Upgrade-Versionen ersetzt werden kann.

6.7.8 Beispiel

Das Architektur-Mining verlangt eine Untersuchung vorhandener Software-Architekturen. Von besonderem Interesse sind die Software-Schnittstellen vorhandener Systeme. Bei unseren Schulungen für verteilte Objekt-Entwurfsmuster verwenden wir folgendes Beispiel zur Veranschaulichung der Techniken und der für das Architektur-Mining erforderlichen Abgleiche. Es zeigt die Software-Schnittstellen zweier Systeme für geografische Abfragen:

```
// ISO ODP IDL
Modul Legacy1 {
  struct GeoCoords {
    double lat, lon; // Gradangaben
  };
  typedef string QueryId;
  typedef sequence<string> NameList;
  typedef sequence<string> QueryHitList;
  struct QueryResults {
    NameList    Attribut_names;
    QueryHitList query_hits;
  };
  interface CA {
    // Die Abfrage initialisieren, id der
    // Abfrageergebnisse ermitteln, nicht
    // auf das Ende der Abfrage warten.
    QueryId boolean_query(
      in string boolean_query_expression); // Logische Abfrage
  Syntax (BQS)
    // Die Abfrage initialisieren, id der
    // Abfrageergebnisse ermitteln, nicht
    // auf das Ende der Abfrage warten.
    QueryId point_query(
      in string   boolean_query_expression,
      in GeoCoords point_geo_location);
    // Ist die Abfrage beendet?
    boolean query_finished(in QueryId query_result_identifier);
    // Abfrageergebnisse holen
    // (nach Beendigung der Abfrage).
    void get_results(
      in QueryId    query_result_identifier,
```

```
    in unsigned long number_of_hits_to_return,
    out unsigned long number_of_hits_remaining,
    out QueryResults Produkt_records);
 };
};
```

Das zweite System besitzt folgende Software-Schnittstellen:

```
Modul Legacy2 {
 struct GeoCoords {
  double lat, lon; // Gradangaben
 };
 typedef sequence<GeoCoords> GeoCoordsList;
 typedef sequence<string> NameList;
 typedef sequence<string> QueryHitList;
 struct QueryResults {
  NameList    Attribut_names;
  QueryHitList query_hits;
 };
 interface CA {
  // Abfrage durchführen,
  // Ergebnisse holen.
  QueryResults boolean_query(
    in string boolean_query_expression); // Logische Abfrage
Syntax (BQS)
  // Abfrage durchführen,
  // Ergebnisse holen.
  QueryResults polygonal_query(
    in string    boolean_query_expression,
    in GeoCoordsList polygon_vertices);
 };
};
```

Der Architekt untersucht die Schnittstellen im vorangegangenen Codebeispiel mit Hilfe der Entwickler, die das entsprechende System pflegen. Besondere Aufmerksamkeit widmet er den verwendeten, dokumentierten Schnittstellen sowie eventuellen Differenzen zwischen der Dokumentation und der tatsächlichen Verwendung des Systems. Er muss jede der Operationen und die Parameter genau verstehen. Es folgt die beste Lösung für eine Schnittstelle:

```
Modul BestOfBreed {
 struct GeoCoords {
  double lat, lon; // Gradangaben
```

```
};
typedef sequence<GeoCoords> GeoCoordsList;
typedef string QueryId;
typedef sequence<string> NameList;
typedef sequence<string> QueryHitList;
struct QueryResults {
  NameList    Attribut_names;
  QueryHitList query_hits;
};
interface CA {
  // Die Abfrage initialisieren, id der
  // Abfrageergebnisse ermitteln, nicht
  // auf das Ende der Abfrage warten.
  QueryId boolean_query(
    in string boolean_query_expression); // Logische Abfrage
Syntax (BQS)
  // Die Abfrage initialisieren, id der
  // Abfrageergebnisse ermitteln, nicht
  // auf das Ende der Abfrage warten.
  QueryId point_query(
    in string boolean_query_expression,
    in GeoCoords point_geo_location);
  // Die Abfrage initialisieren, id der
  // Abfrageergebnisse ermitteln, nicht
  // auf das Ende der Abfrage warten.
  QueryId polygonal_query(
    in string boolean_query_expression,
    in GeoCoordsList polygon_vertices);
  // Ist die Abfrage beendet?
  boolean query_finished(in QueryId query_result_identifier);
  // Abfrageergebnisse holen
  // (nach Beendigung der Abfrage).
  void get_results(
    in QueryId    query_result_identifier,
    in unsigned long number_of_hits_to_return,
    out unsigned long number_of_hits_remaining,
    out QueryResults Produkt_records);
};
};
```

Beachten Sie, dass nicht jedes Detail der ursprünglichen Schnittstelle für die Lösung übernommen wird. Das Design entspricht weder dem kleinsten gemeinsamem Nenner, noch ist es eine Zusammenfassung der Eigenschaften beider Schnittstellen. Der Architekt muss die den untersuchten Systemen gemeinsamen Eigenschaften verallgemeinern und dann selektiv die den Systemen eigenen zusammenfügen, wobei einige von ihnen auf zukünftige Anforderungen an die Schnittstelle abgestellt sind. Andere eigene Eigenschaften der Systeme bleiben systemspezifisch und gehen nicht in die allgemeine Architekturdefinition ein.

6.7.9 Verwandte Lösungen

Die Auswirkungen des Architektur-Mining auf das Komplexitätsmanagement und die Generalisierung allgemeiner Schnittstellen wurde von Mowbray [Mowbray 95] analysiert. Das Architektur-Mining ist eine immer wieder auftretende Lösung, die viele von Stovepipe-Systemen verursachte Probleme lösen kann. Sie ist gleichzeitig eine der Herangehensweisen an fachspezifische Komponentenarchitekturen.

6.7.10 Anwendbarkeit für andere Perspektiven und Ebenen

Dieses AntiPattern stellt Manager vor größere Gefahren hinsichtlich der Produktverfügbarkeit und eines für den Endbenutzer unerwartet geringeren Maßes an Funktionalität. Mögliche Einsparungen durch Wiederverwendung liegen im Bereich von 15 bis 75 Prozent der Entwicklungskosten, bei einer um das Zwei- bis Fünffache kürzeren Produkteinführungszeit und bei einer fünf- bis zehnfach niedrigeren Anzahl von Fehlern [Jacobson 97].

6.7.11 Mini-AntiPattern: The Grand Old Duke of York

Auch umschrieben mit »mit dem Kopf gegen die Wand rennen«, »architektonische Instinktlosigkeit« oder »Abstrakte kontra Implementionisten«

Anekdotisches

Experten berichten, dass nur einer von fünf Software-Entwicklern in der Lage ist, gelungene Abstraktionen vorzunehmen [Mowbray 95]. Als er dies hörte, gab ein Software-Architekt treffend zurück: »Das sind mehr als einer von fünfzig.«

Background

Abstrakt bezieht sich auf die bildende Kunst, wo der abstrakte Maler ein Expressionist ist, der seine Gefühle und Einstellungen nicht gegenständlich darstellt. In diesem Zusammenhang wird ein Architekt oder Software-Entwickler als abstrakter Künstler oder Künstler der Abstraktion bezeichnet, der architektonischen Instinkt besitzt.

AntiPattern-Problem

Könner in der Programmierung zu sein, bedeutet nicht gleichzeitig auch Könner der Abstraktion zu sein. An der Software-Entwicklung scheinen zwei unterschiedliche Seiten beteiligt zu sein: der Künstler der Abstraktion und sein Pendant der Implementierer [Riel 96]. Der abstrakte Entwickler kann Konzepte für das Software-Design diskutieren, ohne sich mit Details der Implementierung beschäftigen zu müssen. Wie bereits angesprochen, besitzen er einen architektonischen Instinkt, der es ihm erlaubt, gelungene Software-Abstraktionen zu definieren und zu erklären. Implementierer benötigen dagegen Quellcodebeispiele, bevor sie abstrakte Konzepte begreifen. Sie sind nicht sehr geübt in der Definition neuer Abstraktionen, die problemlos von anderen Entwicklern verstanden werden.

Viele objektorientierte Prozesse sind gleichberechtigt. Auf Meetings getroffene Designentscheidungen werden durch Konsens gebilligt (siehe das AntiPattern Design by Committee). Nach Meinung von Experten gibt es vier Mal mehr Implementierer als Künstler der Abstraktion [Mowbray 95], was dazu führt, dass Letztere häufig überstimmt werden. Der abstrakt Denkende weiß instinktiv, dass der Umgang mit der Komplexität der Schlüssel des Designs ist. Gute Abstraktionen werden nicht selten deshalb verworfen, weil nur wenige Entwickler ihre Bedeutung erkennen. Die Konsequenz daraus ist ein Software-Design mit ausufernden Komplexität, das die Systementwicklung, Veränderungen, Erweiterungen, Dokumentation und Tests erschwert. Die Brauchbarkeit der Software und Systempflege leiden dann unter den fehlenden Abstraktionen.

Die egalitäre Herangehensweise an die objektorientierte Software-Entwicklung hat sich in der Praxis als wenig effektiv erwiesen. Sie ist veraltet und berücksichtigt nicht, dass jeder die Entscheidungen verstehen und um sie ringen muss. Selbst wenn es sehr erfahrene Projektmitglieder gibt, kann diese Erfahrung verloren gehen, wenn in der Diskussion der kleinste gemeinsame Nenner gesucht wird.

Refactoring-Lösung

Effektiver ist es, jedem eine eigene Rolle bei der Software-Entwicklung zu übertragen. Architekten denken abstrakt und haben wichtige Erfahrungen in den meisten Kerntechnologien gesammelt. Sie bringen die Kommunikation zwischen den Endanwendern und den Entwicklern voran, sind für das Management der Komplexität verantwortlich und sichern die Anpassungsfähigkeit von Systemen. Hierfür müssen sie die rechnerbezogene Architektur oder die Programmschnittstellen auf Systemebene in der Hand haben.

Komponentenentwickler sind erfahrene Programmierer, die mit Programmiersprachen wie C, C++ und Java arbeiten. Sie erstellen die Software-Infrastruktur und wiederverwendbare Software-Komponenten.

Anwendungsentwickler sind ebenfalls Programmierer, aber mit dem Schwerpunkt auf der Integration dieser Komponenten, um ein funktionierendes System zu erstellen. Sie verwenden in erster Linie Skriptsprachen wie Visual Basic, JavaScript, Python, Tcl und Perl. Da diese Skriptsprachen auf einer höheren Ebene angesiedelt sind, können Programmierfähigkeiten in breiter Maß produktiv werden.

Varianten

Die spezifischen Aufgaben bei der Software-Entwicklung verweisen auf die unterschiedlichen Disziplinen, die am Entwurf sicherer und effektiver Software-Systeme beteiligt sind.

Zertifizierungen sind ein mögliches Verfahren für die Etablierung und Validierung beruflicher Fähigkeiten. Zertifikate und Zeugnisse werden in vielen Berufen verlangt, beispielsweise von Kosmetikern, Kraftfahrern, Rechtsanwälten und Wirtschaftsprüfern, warum nicht auch von Software-Architekten?

Kapitel 7

AntiPatterns – Software-Projektmanagement

Beim modernen Software-Engineering besteht mehr als die Hälfte der Arbeit aus menschlicher Kommunikation und dem Lösen menschlicher Probleme. Die Management-AntiPatterns kennzeichnen einige der Hauptszenarien, in denen sich diese Elemente als destruktiv für die Software-Entwicklung erweisen.

7.1 Geänderte Rolle des Managements

Die Aufgaben des technischen Managers wandeln sich. Vor der Allgegenwärtigkeit von E-Mails und Intranets waren die Manager im Wesentlichen organisatorische Kommunikatoren. Managementketten vermitteln Informationen über organisatorische Grenzen hinaus, während mit Hilfe der Elektronik Kommunikation räumlich und zeitlich unbegrenzt möglich ist.

Traditionell war das Genehmigen von Ausnahmen für Regeln und Prozeduren eine der Hauptaufgaben des Managements. Aber die Umstellung organisatorischer Strukturen hat die Aufgaben des Managements gründlich verändert. Früher erforderten die organisatorischen Grenzen kontraproduktive Ablaufregeln, die jetzt ausgeschaltet sind, so dass Probleme ohne Eingriff des Managements gelöst werden können.

In der Software-Entwicklung spielen die Manager aber in folgenden Bereichen weiterhin eine wichtige Rolle:

- Software-Prozessmanagement
- Ressourcenmanagement (Mitarbeiter und IT-Infrastruktur)
- Management der externen Beziehungen (z.B. Kunden, Entwicklungspartner)

7.1.1 Himmelfahrtskommandos

Wir sind nicht die Ersten, die sich mit den Widersprüchen und Gefahren bei Software-Projekten beschäftigen [Webster 95, 97]. Yourdon hat das so genannte Death-March-Projekt als ein Projekt mit unsinnigen Verpflichtungen beschrieben [Yourdon 97]. Er bezeichnet jedes Projekt, bei dem 50% der Ziele oder Ressourcen außerhalb vernünftiger Normen liegen, als Death-March-Projekt. Das bedeutet:

- Der Zeitplan ist um 50% zu kurz angesetzt.
- Die Anzahl der Mitarbeiter ist nur halb so groß wie erforderlich.
- Das Budget ist um 50% zu niedrig angesetzt.
- Die Anzahl der angestrebten Eigenschaften liegt um 50% über dem, was bei anderen erfolgreichen Projekten anvisiert wurde. Zyniker bezeichnen alle Software-Projekte als Death-March-Projekte.

Wir stimmen in vielen Punkten mit Yourdon überein, allerdings mit einer wichtigen Ausnahme. Mit einer Karikatur von Scott Adams (Dilbert-Kartoons) will Yourdon deutlich machen, dass die Hauptursache für Death-March-Projekte die Tatsache ist, dass die Projektmitarbeiter Idioten seien. Unsere Auffassung ist vielmehr, dass Mitarbeiter auch nur Menschen und daher fehlbar sind. Wir müssen unsere Schwächen bei der Produktentwicklung erkennen, um sie zu überwinden. Umso mehr Personen an einer Produktentwicklung beteiligt sind, umso anspruchsvoller wird die Fehlersuche (Prozesse, Aufgaben, Software-Fehler usw.) und Fehlerkorrektur.

Die Management-AntiPatterns sollen ein neues Bewusstsein schaffen, das erfolgreichere Projekte ermöglicht. Sie beschreiben, wie Software-Projekte durch Mitarbeiter, Prozesse, Ressourcen und externe Beziehungen beeinträchtigt werden. Die Muster beschreiben einige der effektivsten Lösungen für diese Probleme.

Wir können nachempfinden, wie Entwickler unter dem Stress von Software-Projekten leiden. Noch mehr Mitgefühl haben wir mit den Software-Managern, die unter den unangenehmen Folgen fehlgeschlagener Projekte leiden müssen [Yourdon 97]. Gute Manager mindern die Stressbelastung aller Mitwirkenden, was nicht selten dazu führt, dass sie den größten Teil des Stresses selbst ertragen müssen. Neben den hier erörterten Lösungen für die AntiPatterns empfehlen wir Zeitmanagement-Schulungen als effektive Möglichkeit für Software-Profis, zu lernen, wie der Stress zu bewältigen ist.

7.2 Management-AntiPatterns – Zusammenfassung

Die folgenden Zusammenfassungen verschaffen einen Überblick über die Management-AntiPatterns. Sie enthalten auch Beschreibungen der Management-Mini-AntiPatterns, die in Verbindung mit den eigentlichen AntiPatterns behandelt werden.

Blowhard Jamboree: Die Meinungen so genannter Experten beeinflussen häufig Technologieentscheidungen. Kontroverse Berichte in den Medien und in anderen Veröffentlichungen kritisieren oft bestimmte Technologien. Neben der Wahrnehmung ihrer technischen Verantwortlichkeiten verbringen Entwickler zu viel Zeit damit, Fragen der Manager und Entscheidungsträger zu diesen Berichten zu beantworten.

Analysis Paralysis: Das Streben nach Perfektion und Vollständigkeit während der Analysephase führt zu Behinderungen und zum Verwerfen von Anforderungen und Modellen. Das Refactoring enthält eine Beschreibung schrittweiser Entwicklungsprozesse, die ins Detail gehende Analysen bis zum richtigen Zeitpunkt verschieben.

Viewgraph Engineering: Bei einigen Projekten halten sich die Entwickler unnötig mit anschaulichen Darstellungen und Dokumenten auf, anstatt Software zu entwickeln. Das Management beschafft nicht die benötigten Entwicklungs-Tools und den Entwicklern bleibt nichts anders übrig, als mit Office-Anwendungen pseudo-technische Diagramme und Papiere zu produzieren.

Death by Planning: Eine exzessive Planung von Software-Projekten führt zu komplexen Abläufen, die im Nachhinein zu Problemen führen. Es wird erklärt, wie die Entwicklung einer Software unter Berücksichtigung bekannter Fakten und Planumstellungen vernünftig geplant wird. (Die Bezeichnung *Death by Planning* lässt sich frei mit *zu Tode planen* übersetzen.)

Fear of Success: Ein interessantes Phänomen kann auftreten, wenn das Projekt kurz vor dem Abschluss steht. Es wird obsessiv darüber nachgedacht, was alles schief gehen kann. Dabei treten Unsicherheiten über die professionelle Kompetenz zu Tage. (Die Bezeichnung *Fear of Success* lässt sich frei mit *Angst vor der eigenen Courage* übersetzen.)

Corncob: Schwierige Menschen stören den Software-Entwicklungsprozess und lenken ihn in eine falsche Richtung. Das kann verhindert werden, wenn ihre Tagesabläufe über verschiedene taktische, betriebliche und strategische Aktionen gelenkt werden.

Intellectual Violence: Intellektuelle Gewalt tritt auf, wenn jemand eine Theorie, Technologie oder eine Schlüsselfrage verstanden hat und dieses Wissen dazu benutzt, andere einzuschüchtern.

Irrational Management: Gewohnheitsmäßige Unentschlossenheit und andere schlechte Managementgewohnheiten führen zu De-facto-Entscheidungen und chronischen Entwicklungskrisen. Es wird erklärt, wie Techniken für rationale Managemententscheidungen eingesetzt werden, um das Projekt voranzubringen und um Manager auf dem Laufenden zu halten.

Smoke and Mirrors: Demo-Systeme sind wichtige Verkaufswerkzeuge, weil sie vom Endanwender oft als Darstellung der endgültigen Möglichkeiten des fertigen Produkts verstanden werden. Ein auf Geschäftserfolge konzentriertes Managementteam bestärkt manchmal unbedachterweise solche Missverständnisse und geht Verbindlichkeiten ein, die über die technologischen Möglichkeiten des Unternehmens hinausgehen. (Die Bezeichnung *Smoke and Mirrors* lässt sich frei mit *Schall und Rauch* übersetzen.)

Project Mismanagement: Unachtsamkeit des Managements bei Software-Entwicklungsprozessen kann zu Richtungslosigkeit und anderen Folgen führen. Eine korrekte Überwachung und Kontrolle der Software-Projekte ist notwendig, um erfolgreiche Entwicklungsaktivitäten zu entfalten. Die Durchführung einer Produktentwicklung ist eine genauso schwierige Aktivität wie das Erstellen des Projektplans. Die Software-Entwicklung ist genauso kompliziert wie der Bau eines Wolkenkratzers, der ebenso viele Schritte, Abläufe und gegenseitige Kontrolle benötigt. Die wichtigsten Aktivitäten werden nicht selten übersehen oder als zu gering bewertet.

Throw It over the Wall: Objektorientierte Methoden, Entwurfsmuster und Implementierungspläne, die als flexible Richtlinien gedacht sind, werden von den untergeordneten Managern und Entwicklern häufig zu wörtlich genommen. Wenn Richtlinien durch Verbesserungen und Erörterungen verändert werden, erhalten sie manchmal das Attribut nicht erfüllbarer Vollständigkeit, der Verbindlichkeit und der vorgeschriebenen Implementierung.

Fire Drill: Piloten beschreiben das Fliegen als »Stunden voller Langeweile, auf die fünfzehn Sekunden purer Angst folgen.« Ähnliches lässt sich auch zu Software-Projekten sagen: »Auf Monate der Langeweile folgt die Aufforderung zur sofortigen Fertigstellung.« Die Monate der Langeweile können mit ausgedehnten Anforderungsanalysen, Planänderungen, dem Warten auf finanzielle Mittel, auf Genehmigungen oder andere operative Dinge verstrichen sein.

The Feud: Persönliche Probleme zwischen Managern können die Arbeitsumgebung dramatisch beeinflussen. Die Angestellten, die diesen Managern Bericht erstatten, leiden meist unter den Folgen der Unstimmigkeiten zwischen ihren Vorgesetzten. Fehden (engl. feud) zwischen Managern spiegeln sich in den Einstellungen und Taten ihrer Angestellten wider.

E-Mail Is Dangerous: E-Mail ist ein wichtiges Kommunikationsmedium für Software-Manager. Leider eignet sich dieses Medium nicht für alle Themen, insbesondere nicht für die vertraulichen.

7.2.1 Mini-AntiPattern: Blowhard Jamboree

AntiPattern-Problem

Die Meinungen so genannter Experten beeinflussen häufig die Entscheidung für eine Technologie. Kontroverse Berichte in den Medien und in anderen Veröffentlichungen kritisieren bestimmte Technologien. Neben der Wahrnehmung ihrer technischen Verantwortlichkeiten verbringen Entwickler zu viel Zeit damit, Fragen der Manager und Entscheidungsträger zu diesen Berichten zu beantworten. Viele dieser so genannten Experten sind falsch informiert oder voreingenommen. Ihre Informationen stammen nicht selten aus zweiter Hand und stützen sich fast nie auf eigene Untersuchen oder Erfahrungen.

Refactoring-Lösung

Ein Inhouse-Experte für die Schlüsseltechnologien ist eine wertvolle Bereicherung für jedes Unternehmen. Er kann zwischen Fakten, Fehlinformationen und Meinungen öffentlicher Medien oder aus anderen Quellen unterscheiden. Verfügt das Unternehmen nicht über einen Experten im eigenen Haus, dann weisen Sie die Mitarbeiter an, sich an bestimmte Technologien zu halten und selbst Fachkenntnisse durch Lesen, Schulungen und praktische Experimente mit Prototypen zu erlangen.

Mailing-Listen tragen oft zur Verbreitung von Fehlinformationen bei. Leiten Sie deshalb keine Pressemitteilungen an diese Listen weiter. Pressemitteilungen sind eigentlich eine Form der Werbung, die Informationen in Umlauf bringen, die einem bestimmten Unternehmen nützen. Weisen Sie stattdessen einen Experten aus dem eigenen Hause an, eine sachliche Zusammenfassung wichtiger Ankündigungen zu verfassen.

7.3 AntiPattern: Analysis Paralysis

AntiPattern-Name: Analysis Paralysis

Auch bekannt als: Waterfall, Process Mismatch

Häufigste Ebene: System

Name des Refactoring: Entwicklung in wiederholten Schritten

Typ des Refactoring: Software

Hauptursachen: Stolz, Engstirnigkeit

Nicht ausbalancierte Kräfte: Management der Komplexität

Anekdotisches: »Wir müssen diese Analyse noch einmal durchführen, um eine bessere Objektorientierung zu erreichen. Außerdem muss die Vererbung mehr eingesetzt werden, um viel Wiederverwendung zu erreichen.« »Wir müssen die objektorientierte Analyse und das Design fertig stellen, bevor wir mit dem Codieren beginnen können.« »Was ist, wenn der Endanwender die Angestelltenliste nach dem vierten oder fünften Buchstaben des Vornamens kombiniert mit dem in Rechnung gestellten Projekt mit den meisten Arbeitsstunden aus der Zeit zwischen Ostern und Pfingsten der letzten vier Jahre zusammenstellen möchte?« »Wenn Sie jedes Objektattribut als Objekt behandeln, können Sie die Feldformatierung für nicht zueinander in Beziehung stehende Klassen wiederverwenden.«

7.3.1 Hintergrund

Das AntiPattern Analysis Paralysis ist eines der für die objektorientierte Software-Entwicklung klassischen AntiPatterns. Eine objektorientierte Analyse konzentriert sich auf das Zerlegen eines Problems in seine einzelnen Bestandteile, es gibt aber keine eindeutige Methode zur Bestimmung des für das System-Design erforderlichen Detaillierungsgrades [Webster 95]. Der Fokus verschiebt sich oft vom Zerlegen auf eine Ebene, wo Probleme vom Designer leicht zu erkennen sind, um Techniken anzuwenden, mit denen die mystische »Vollständigkeit« erreicht werden kann. Nicht selten fallen Systementwickler aus eigener Schuld dem AntiPattern Analysis Paralysis zum Opfer, denn »ein Design ist niemals falsch, sondern nur die Implementierung«. Das Verlängern der Analyse- und Designphasen entbindet sie aber nicht von ihrer Verantwortlichkeit, denn am Ende wird eine funktionierende Implementierung erwartet.

7.3.2 Allgemeine Form

Dieses AntiPattern tritt auf, wenn in der Analysephase Perfektion und Vollständigkeit angestrebt werden. Charakteristisch ist das Umstellen und Abändern der Modelle sowie das Entwerfen detaillierter Modelle, die wenig hilfreich sind.

Mit den objektorientierten Methoden unerfahrene Entwickler halten sich zu lange mit der Analyse und dem Design auf. Manchmal verwenden sie Analysemodelle, um sich mit dem Problembereich vertraut zu machen. Ein Vorteil der objektorientierten Methoden ist die Entwicklung von Analysemodellen unter Mitwirkung von Fachexperten. Wird diese Möglichkeit nicht genutzt, besteht die Gefahr, sich an der Analyse festzubeißen, wenn ein umfangreiches Modell erstellt werden soll.

Beim Auftreten dieses AntiPatterns wird von falschen Annahmen ausgegangen:

- Eine detaillierte Analyse kann vor dem Codieren erfolgreich abgeschlossen werden.
- Es ist von vornherein alles über das Problem bekannt.
- Die Analysemodelle werden während der Entwicklung nicht erweitert oder überarbeitet.

Eine objektorientierte Entwicklung kann aber nicht auf diesen Annahmen aufbauen. Effektive objektorientierte Entwicklungsprozesse verlaufen in wiederholt durchgeführten Einzelschritten. Die so erarbeiteten Analyseergebnisse werden beim Design und der Implementierung überprüft und dienen als Feedback für eine spätere Systemanalyse.

Ein Hauptindikator für das AntiPattern Analysis Paralysis ist es, wenn den Fachexperten die Analyseergebnisse nicht mehr sinnvoll erscheinen. Je weiter das Anti-Pattern greift, umso häufiger befassen sich die Analysemodelle mit Einzelheiten, die für den Fachexperten uninteressant sind. Das Fachmodell für ein Krankenhaussystem sollte beispielsweise für die Verwaltung und die Mitarbeiter verständlich sein. Definiert das Fachmodell unerwartete Software-Konzepte, Kategorien und Spezialisierungen, dann wurde die Modellierung der Analyse wahrscheinlich zu weit getrieben. Müssen die neuen Klassen denjenigen, die mit dem derzeitigen System eng vertraut sind, ausführlich erklärt werden, wurde die Analyse wahrscheinlich übertrieben.

7.3.3 Symptome und Konsequenzen

- Aufgrund von Personal- und Richtungswechseln muss immer wieder von vorne begonnen werden und die Modelle müssen umgestellt werden.
- Design- und Implementierungsfragen kommen in der Analysephase immer wieder auf den Tisch.
- Die Kosten für die Analyse übersteigen alle Erwartungen, ohne dass ein Ende abzusehen wäre.
- An der Analysephase sind keine Endanwender mehr beteiligt. Weite Teile der Analyse sind spekulativ.
- Die Komplexität der Analysemodelle führt zu schwierigen Implementierungen, was die Systementwicklung, die Dokumentation und das Testen erschwert.
- Design- und Implementierungsentscheidungen, wie sie in den GoF-Entwurfsmustern gefällt werden, werden in der Analysephase getroffen.

7.3.4 Typische Ursachen

- Es wird von einem geradlinigen Ablauf der einzelnen Phasen ausgegangen. In Wirklichkeit werden aber nahezu alle Systeme schrittweise aufgebaut, auch wenn das im formalen Ablauf nicht zu erkennen ist.
- Das Management verlässt sich mehr auf die Analyse und Problemzerlegung als auf das Design und die Implementierung.
- Das Management besteht auf dem Abschluss der Analyse, bevor die Designphase eingeleitet wird.

- Die Ziele der Analysephase sind nicht klar definiert.
- Nach der Analysephase fehlt es an Planung und Leitung.
- Das Management ist nicht bereit, klare Entscheidungen darüber zu treffen, wann Teile des Fachgebiets hinreichend beschrieben sind.
- Die Projektausrichtung auf die Auslieferung an den Kunden geht verloren. Die Analyse liefert keine sinnvollen Ergebnisse mehr.

7.3.5 Bekannte Ausnahmen

Für dieses AntiPattern darf es keine Ausnahmen geben.

7.3.6 Refactoring-Lösung

Der Schlüssel zum Erfolg einer objektorientierten Software-Entwicklung ist die inkrementelle Entwicklung. Bei einem geradlinigen Verlauf wird davon ausgegangen, dass sich das Problem im Laufe des Entwicklungsprozesses von selbst löst. Bei der inkrementellen Entwicklung durchlaufen alle Phasen der objektorientierten Software-Entwicklung wiederholt die Schritte Analyse, Design, Codierung, Test und Auswertung. Zur anfänglichen Analyse gehört ein Überblick über das System auf höherer Ebene, damit die Ziele und die allgemeine Funktionalität des System mit dem Endanwender zusammen bewertet werden kann. Jeder Schritt erfasst einen Teil des Systems vollständig.

Die Einzelschritte liefern unterschiedliche Arten von Zuwachs, nämlich internen und externen. Ein *interner Zuwachs* liefert Software, die für die Infrastruktur der Implementierung wichtig ist. Eine drittrangige Datenbank- und Datenzugriffsebene bildet beispielsweise einen internen Zuwachs. Interne Zuwächse formen eine allgemeine Infrastruktur für mehrere Anwendungsfälle. Im Allgemeinen minimieren interne Zuwächse die Notwendigkeit von Überarbeitungen. Ein *externer Zuwachs* schafft für den Endbenutzer sichtbare Funktionalität. Externe Zuwächse sind für den Konsens wesentlich, weil sie Fortschritte zeigen. Sie sind auch für die Bewertung durch den Endanwender von Bedeutung. Manchmal ist etwas mehr Programmieraufwand erforderlich, um noch fehlende Teile der Infrastruktur zu simulieren. Es ist das Vorrecht des Projektmanagers, die Schritte auszuwählen, die das Kräftespiel zwischen Projektinteressen, Bewertung durch den Endanwender und Minimierung der Kosten ausbalancieren. Das in diesem Kapitel noch folgende AntiPattern Project Mismanagement beschreibt die zeitliche Planung der Zuwächse mit Rücksicht auf die Gefahren.

Bei einer objektorientierten Analyse ist es oft einfacher, die Analyse fortzusetzen, als sie zu beenden und zum Software-Design überzugehen. Da viele Analyseverfahren bis zu einem gewissen Grad auch für das Design angewendet werden, kann die Analysephase auf einfache Weise die Spezifika des Gesamtdesigns lenken. Manchmal führt das auch zu der Einschätzung, dass eine minimale Analyse für das gleichzeitig zu erstellende Design benötigt wird, um dann später wieder zur Analyse zurückzukehren. Normalerweise führt das zu einem Ergebnis, das weder einem für den Anwender verständlichen Fachmodell noch einem erstrebenswerten Design für ein zu implementierendes System gleicht.

Das AntiPattern Analysis Paralysis ist auch für die architektonische Ebene anwendbar und hat dort eine ähnliche Form wie auf der Entwicklungsebene. Eine Architektur kann ohne weiteres über das hinausgehen, was für den Entwickler erforderlich ist, um den architektonischen Prinzipien und Konstruktionen folgen zu können. Die Angabe der bekannten und zulässigen Unterklassen für ein architektonisches Konstrukt, das dafür entworfen wurde, nur auf der Basisklassen-Schnittstelle des Objekts benutzt zu werden, ist überflüssig. Vorzuziehen wäre es dagegen, die erforderlichen Voraussetzungen der Basisklasse anzugeben, auf der die architektonische Komponente basiert, und dem Entwickler zuzutrauen, dass er diese Voraussetzungen in seinen Unterklassen berücksichtigt. (Gegebenenfalls kann der Entwickler auch kontrolliert werden.)

Auf Managementebene ist das AntiPattern als Mikromanagement bekannt und entsteht, wenn Manager Aufgabenstellungen zu stark spezifizieren oder deren Bewältigung zu stark überwachen.

7.3.7 Mini-AntiPattern: Viewgraph Engineering

AntiPattern-Problem

Bei einigen Projekten halten sich die Entwickler unnötig mit anschaulichen Darstellungen und Dokumenten auf, anstatt Software zu entwickeln. Das Management beschafft nicht die benötigten Entwicklungs-Tools und den Entwicklern bleibt nichts anderes übrig, als mit Office-Anwendungen pseudo-technische Diagramme und Papiere zu produzieren.

Refactoring-Lösung

Entwickler, die diesem AntiPattern verfallen sind, sollten zur Konstruktion von Prototypen zurückgeführt werden. Prototypen, die in vielen Fällen nicht ausreichend benutzt werden, spielen in einem Projekt viele Rollen, die über das Erstellen einer Verkaufshilfe hinausgehen. Sie sind ein Schlüsselelement für iterative, inkrementelle Entwicklungsprozesse. Prototypen können technische Fragen beantworten, die durch Analysen auf dem Papier alleine nicht beantwortet werden können. Sie können viele Gefahren mindern, auch diejenigen, die sich auf die Technologie und Akzeptanz durch den Endanwender beziehen. Prototypen verkürzen Lernprozesse für neue Technologien.

> Es gibt zwei grundlegende Arten von Prototypen: Attrappen und Engineering-Prototypen. Eine Attrappe ist ein Prototyp, der das Erscheinungsbild und das Verhalten einer Benutzerschnittstelle nachbildet. Werden Attrappen mit Experimenten hinsichtlich der Einsatzmöglichen des Systems verbunden (unter Beteiligung des Endanwenders), können Fragen der Nützlichkeit und der Akzeptanz durch den Anwender behandelt werden. Engineering-Prototypen enthalten operationale Funktionalitäten, zum Beispiel Anwendungsdienste, Datenbanken und Integration in herkömmliche Systeme. Das Erstellen von Prototypen für ein System in einer anderen Sprache (z.B. SmallTalk), bevor mit der eigentlichen Systementwicklung begonnen wird, kann eine sinnvolle Übung sein. Mit dem Prototyp kann die Architektur überprüft werden, bevor die Implementierung auf eine effizientere, aber kostspieligere und weniger flexible Art erfolgt.

7.4 AntiPattern: Death by Planning

AntiPattern-Name: Death by Planning

Auch bekannt als: Glass Case Plan, Detailitis Plan

Häufigste Ebene: Unternehmen

Name des Refactoring: Rationale Planung

Typ des Refactoring: Prozess

Hauptursachen: Geiz, Ignoranz, Eile

Nicht ausbalancierte Kräfte: Management der Komplexität

Anekdotisches: »Wir können nicht beginnen, bevor nicht ein vollständiger Programmplan vorliegt.« »Nur der Plan gewährleistet unseren Erfolg.« »Solange wir uns eisern an unseren Plan halten, geht alles gut.« »Wir haben einen Plan, wir müssen ihn nur einhalten.«

7.4.1 Hintergrund

In vielen Bereichen gilt eine ausführliche Planung als Voraussetzung für die Durchführung von Projekten. Für die Herstellung von Waren und für viele andere Dinge trifft das durchaus zu, jedoch nicht für alle Software-Projekte, die viele Unbekannte enthalten und von ihrer Natur aus chaotische Abläufe verlangen. Werden für ein Software-Projekt zu ausführliche Pläne gemacht, dann kann das zum Scheitern des Projektes führen.

7.4.2 Allgemeine Form

Vielen Projekten bleibt der Erfolg versagt, weil zu viel geplant wird. Zu viel geplant wird häufig dann, wenn die Kosten im Auge behalten und der Personaleinsatz überwacht werden sollen. Es werden zwei Formen dieses AntiPatterns unterschieden: *Glass Case Plan* oder *der gläserne Plan* und *Detailitis Plan* oder kurz *Detailitis*. Der gläserne Plan ist eine Unterform der Detailitis, bei der die Planung aufhört, wenn das Projekt begonnen hat. Bei Detailitis wird die Planung fortgeführt, bis das Projekt aus einer Vielzahl unerfindlicher Gründe gestorben ist.

7.4.3 Glass Case Plan

Nicht selten wird ein zu Beginn eines Projektes aufgestellter Plan als akkurater und aktueller Überblick über das Projekt betrachtet, selbst wenn er niemals aktualisiert wurde. Diese Praxis liefert dem Management bereits vor Projektbeginn einen »bequemen Überblick« bis hin zur Fertigstellung. Da die Einhaltung des Plans aber nicht kontrolliert wird und keine Aktualisierungen vorgenommen werden, wird er im Verlaufe des Projektes immer ungenauer. Oft geht dieses falsche Bild einher mit einer mangelnden Information über den Projektfortschritt, was meist deutlich wird, wenn ein Fertigstellungstermin nicht eingehalten werden kann.

Abbildung 7.1 zeigt einen Projektplan, der vor Beginn des Projektes erstellt wurde. Das Management geht davon aus, dass der Plan automatisch auch ohne weitere Interventionen die pünktliche Fertigstellung garantiert.

Abb. 7.1: Der gläserne Plan

7.4.4 Detailitis Plan

Manchmal wird ein hohes Maß an Kontrolle über andauernde Planspiele als effektives Mittel betrachtet, die Einhaltung des Fertigstellungstermins zu sichern. Daraus entwickelt sich eine hierarchische Abfolge von Plänen mit weiteren (und überflüssigen) Detaillierungsebenen. Die Möglichkeit, einen so detaillierten Plan erstellen zu können, suggeriert, dass das Projekt vollständig unter Kontrolle ist (siehe Abbildung 7.2).

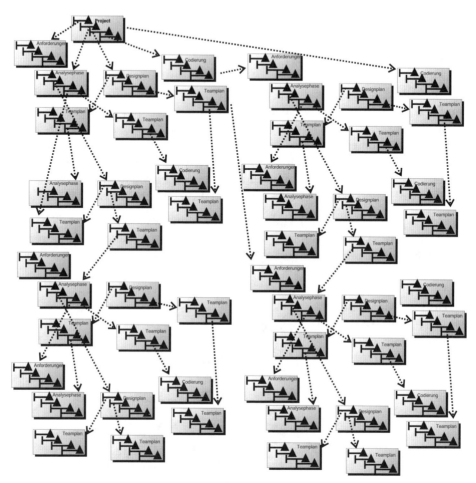

Abb. 7.2: Zum Tod durch Planung kommt es bei ausgiebiger Planung ohne Berücksichtigung der Unbekannten.

7.4.5 Symptome und Konsequenzen

Die Symptome des gläsernen Plans werden in beiden Fällen zuerst bemerkt.

Der gläserne Plan

Zu den Symptomen gehören mindestens die folgenden:

- Unfähigkeit zu pragmatischer Planung.
- Der Schwerpunkt liegt auf den Kosten und nicht auf der Fertigstellung.

- Genug Habgier, um alle Details zu behandeln, so lange bezahlt wird.

Die Konsequenzen treten nacheinander auf:

- Der Status des Projektverlaufs wird ignoriert. Der Plan ist bedeutungslos und die Beachtung des Fertigstellungstermins gerät mit der Zeit außer Acht. Der Stand des Projekts kann vor dem Fertigstellungstermin oder dahinter liegen, ohne dass dies bemerkt wird.
- Die letzte Konsequenz ist die Nichteinhaltung eines wichtigen Fertigstellungstermins.

Die Konsequenzen akkumulieren sich, bis der Termin überschritten ist und folgende Optionen das Projektmanagement in eine Krise geraten lassen:

- Weitere Investitionen
- Projektabbruch
- Verlust des Teams

> »Kunst um der Kunst Willen.«
>
> – Howard Dietz

Detailitis

Die Symptome sind eine Obermenge derer des gläsernen Plans:

- Unfähigkeit zu pragmatischer Planung.
- Der Schwerpunkt liegt auf den Kosten und nicht auf der Fertigstellung.
- Es wird mehr Zeit für die Planung und für Detaillierungen aufgebracht als für die Fertigstellung der Software:
  - Der Projektmanager plant die Projektaktivitäten.
  - Der Teamleiter plant die Team- und Entwickler-Aktivitäten.
- Die Entwickler unterteilen ihre Aktivitäten in Aufgaben.

Die Konsequenzen sind miteinander verflochten und bedingen sich gegenseitig:

- Jeder Planer muss den Fortgang auf der Ebene seines Planes überwachen, erfassen und neu einstufen.
- Endloses Planen und Neuplanen führt zu immer neuen Plänen.
- Die Zielstellung verlagert sich von der Fertigstellung der Software hin zur Erstellung neuer Pläne. Das Management geht davon aus, dass das Projekt voranschreitet, weil kontinuierlich gearbeitet und Geld ausgegeben wird, was jedoch in keinem ursächlichen Zusammenhang steht.
- Wiederholt wird der Termin für die Auslieferung verschoben, wodurch das Projekt in Gefahr geraten kann.

7.4.6 Typische Ursachen

In beiden Fällen ist das Fehlen einer pragmatischen und vernünftigen Planung, der Zeitplanung und der Erfassung des Projektfortschritts die Ursache.

Der gläserne Plan

- Ein veralteter Plan zeigt die durchzuführenden Arbeiten an.
- Grundlegende Prinzipien des Projektmanagements werden vernachlässigt.
- Mit übereifrigen Planungsversuchen wird anfangs versucht, die absolute Kontrolle über die Projektentwicklung zu gewinnen.
- Eine Verkaufshilfe für die Vertragsakquisition.

Detailitis

- Mit übereifrigen Planungsversuchen wird anfangs versucht, die absolute Kontrolle über die Projektentwicklung zu gewinnen.
- Planung ist die primäre Projektaktivität.
- Die Geduld des Kunden wird auf die Probe gestellt.
- Die Geduld des leitenden Managements wird auf die Probe gestellt.

7.4.7 Bekannte Ausnahmen

Zulässige Ausnahmen sind für diese AntiPatterns nicht denkbar.

7.4.8 Refactoring-Lösung

Die Lösung ist in beiden Fällen die gleiche. Ein Plan sollte in erster Linie die durchzuführenden Arbeiten angeben (unabhängig davon, wie viele Teams am Projekt beteiligt sind). Durchzuführende Arbeiten sollte für zwei Ebenen angegeben werden:

1. *Produkt(e)*. Das Ergebnis, das dem Kunden verkauft wird.
2. *Komponenten* (Bestandteile der Produkte). Grundlegende technologische Erzeugnisse, die für die Geschäftsabwicklung benötigt werden.

Folgende Punkte sollten berücksichtigt werden:

- Zusammenfassung der Anforderungen
- Technische Beschreibung
- Messbare Akzeptanzkriterien
- Szenarien für den Produkteinsatz
- Anwendungsfälle für Komponenten

Der Plan sollte auch die abschließenden Fehlerprüfungen für die einzelnen Komponenten und das Gesamtprodukt berücksichtigen:

- Konzeptionelle Designabnahme
- Spezifikationsabnahme
- Implementierungsabnahme
- Testabnahme

Der Plan der auszuführenden Arbeiten sollte wöchentlich aktualisiert werden, um eine angemessene Planung und Kontrolle zur Reduzierung von Projektgefahren zu ermöglichen. Nur dann kann auf anstehende Fragen, Gefahren und frühere Termine für durchzuführende Arbeiten angemessen und fristgemäß reagiert werden.

Die Einschätzung der erreichten Vollständigkeit wird wie in Abbildung 7.3 gezeigt aufgezeichnet. Manchmal muss der bereits erreichte Grad der Vollständigkeit wieder zurückgesetzt werden. Die Einschätzung sollte grob vorgenommen werden, zum Beispiel in Stufen von jeweils erreichten 25 Prozent.

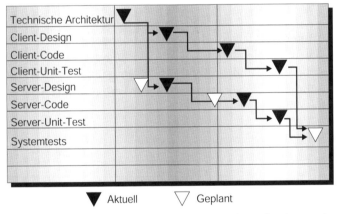

Abb. 7.3: Zu einer korrekten Planung gehört die Aufzeichnung des aktuellen Stands und vorgenommener Änderungen.

Mit einer Gantt-Tafel können die durchzuführenden Arbeiten, die dazugehörigen Termine und Abhängigkeiten anschaulich dargestellt werden. Durch Abgleich mit einem Grundplan können folgende Zustände für die durchzuführenden Arbeiten sofort abgelesen werden:

- Wie geplant
- Fertig gestellt
- Früher (mit dem angenommenen Datum)
- Später (mit dem angenommenen Datum)

Der Grundplan sollte frühzeitig aufgestellt und nur selten geändert werden. Andernfalls geht die Möglichkeit verloren, Änderungen zu verfolgen. Ferner sollten die für die Aktivitäten, Aufgaben und durchzuführenden Arbeiten bestehenden Abhängigkeiten deutlich gemacht werden.

Bei der Einschätzung sollte eine Frist für unvermeidbare »Unbekannte« eingeräumt werden, beispielsweise für:

- Zusätzliche Anforderungen
- Nicht realisierbare Designvorschläge
- Fehler in der Software von anderen Herstellern
- Fehlersuche (einen Fehler in integrierten Komponenten finden)
- Fehlerkorrektur

Außerdem ist es wichtig, einen minimalen Zeitrahmen für die einzelnen Aktivitäten festzulegen. Das verhindert missliche Situationen, in denen nur noch zwei Tage für die Programmierung und für den Test eines »einfachen« Programms bleiben.

7.4.9 Varianten

Die Varianten dieses AntiPatterns unterscheiden sich im unterschiedlichen Grad der Detaillierung und reichen von der Identifizierung wichtiger Eckpunkte, die normalerweise an Konsolidierungs- und Erprobungsphasen gebunden sind, bis hin zu kleinsten durchzuführenden Arbeiten innerhalb der Fertigstellungsphasen der einzelnen Teams (siehe Abbildung 7.4).

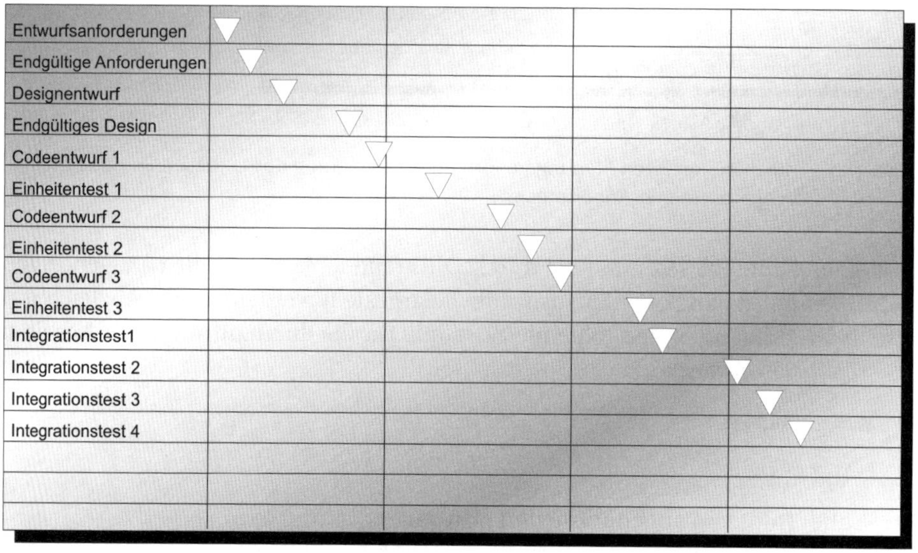

Abb. 7.4: Die Konsolidierungseckpunkte sorgen für Entscheidungspunkte für die Projektkontinuität.

Diese Varianten sind gleichermaßen für das Glass-Case- und das Detailitis-Plan-AntiPattern anwendbar:

- Konsolidierungsvarianten (Abbildung 7.4)
- Varianten der kleinsten durchzuführenden Arbeiten (Abbildung 7.5)

Anforderungen				
	Entwurfs-anforderungen	Client-GUI		
			Bereich	
			Funktionen	
			Vorgaben	
			Anwendungsszenarien	
			Leistungskriterien	
		Client-Anwendung		
			Bereich	
			Funktionen	
			Vorgaben	
			Anwendungsszenarien	
			Leistungskriterien	
		Anwendungsserver		
			Bereich	
			Funktionen	
			Vorgaben	
			Anwendungsszenarien	
			Leistungskriterien	
		Sicherheitsserver		
			Bereich	
			Funktionen	
			Vorgaben	
			Anwendungsszenarien	
			Leistungskriterien	
	Endgültige Anforderungen	Client-GUI		
			Bereich	
			Funktionen	
			Vorgaben	
			Anwendungsszenarien	
			Leistungskriterien	

Abb. 7.5: Ausführlicher Fertigstellungsplan

Die Glass-Case-Version des ausführlichen Fertigstellungsplans unterscheidet sich von der Detailitis-Plan-Variante nur dadurch, dass niemals eine Aktualisierung des

Kapitel 7
AntiPatterns – Software-Projektmanagement

Plans vorgenommen wird. Er führt nur kleinere durchzuführende Arbeiten auf, die vor Beginn des Projekts noch unverständlich sind. Alle Voreinschätzungen sind von vornherein inkorrekt, weil jegliches reale Verständnis von der zu erstellenden Software fehlt. Solche Pläne werden gewöhnlich von technisch ambitionierten Amateuren erstellt. Die Aufgaben müssen zwar klar verständlich sein. Wenn sie in einem Plan zusammengefasst werden, führt das aber nur zu überflüssigen Planungen und Ablauffestlegungen (beim Detailitis-Plan-AntiPattern).

7.4.10 Beispiel

Die Beispiele stammen aus unseren Erfahrungen mit dem »schwierigen Weg«.

7.4.11 Glass-Case-Plan

Bei diesem Beispiel gehen wir davon aus, dass der Systemintegrator sich entschlossen hat, eine Middleware-Komponente zu entwickeln, die bisher von keinem der

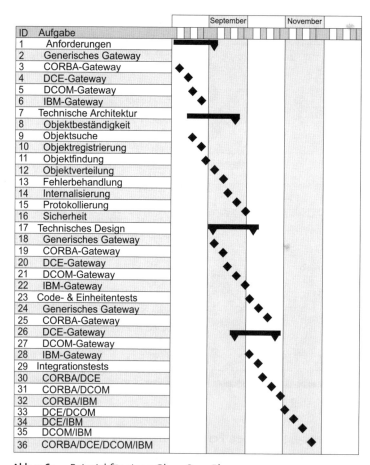

Abb. 7.6: Beispiel für einen Glass-Case-Plan

wichtigen Hersteller angeboten wird, obwohl man sich bereits vor über einem Jahr auf internationale Standards geeinigt hat. Der Systemintegrator verlässt sich auf einen detaillierten Fertigstellungsplan vor Aufnahme jeder Projekttätigkeit, um die erforderlichen Mittel zu erhalten. Der Plan basiert auf den Annahmen von Teammitarbeitern, die bisher erfolgreich in ihrer Arbeit waren. Der Plan ist in hohem Maße technisch detailliert und die Annahmen sind sehr optimistisch. Der Projektleiter bezieht sich beständig auf diesen Plan, der allerdings niemals hinsichtlich aktueller Anstrengungen aktualisiert wird. Das Ergebnis sind verpasste Auslieferungstermine. Der tatsächliche Fortgang des Projekts ist unbekannt und der Systemintegrator erfährt von den Terminüberschreitungen erst im Nachhinein. Der in Abbildung 7.6 gezeigte Auszug stammt aus dem Plan eines solchen Entwicklungsprojekts.

7.4.12 Detailitis-Plan

Beim Versuch, eine Entwicklung vollständig zu kontrollieren, legt sich ein Endanwenderunternehmen einen dreistufigen Plan zurecht:

1. Entwicklungsphasen
2. Team-Aufgaben
3. Aufgaben der Team-Mitglieder

Abbildung 7.7 zeigt die Komplexität des Plans.

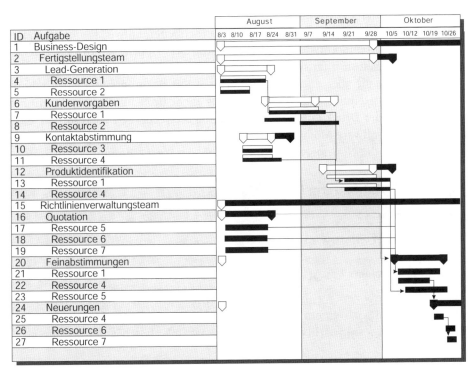

Abb. 7.7: Ein Beispiel für Detailitis

Bei diesem AntiPattern ist es nicht möglich, den Plan im Auge zu behalten, ohne nicht gleichzeitig einen beträchtlichen Teil der Aufmerksamkeit von der Fertigstellung des Systems abzuziehen. Dies führt zu einer deutlich gebremsten Produktivität des gesamten Teams. Das Planmanagement erweist sich infolge der Komplexität sehr bald als unrealistisch.

Als Lösung sollte der detaillierte Plan durch einen Plan ersetzt werden, der die wichtigen durchzuführenden Arbeiten sowie die Termine mit ihren Abhängigkeiten und Vorgaben deutlich macht. Wird der Auslieferungstermin überschritten, dann ist etwas grundsätzlich falsch gelaufen. Beim zuvor erwähnten Plan wurde auf unrealistische Weise versucht, den Plan einzuhalten: Anstrengungen = Teammitglieder • abgelaufene Tage. Oder: $E = MC^2$, die Formel setzt aber keine Kernenergie frei!

7.4.13 Verwandte Lösungen

Das AntiPattern Analysis Paralysis kann die Konsequenzen des AntiPatterns Death by Planning verschlimmern. Wird die Analysephase über die dafür vorgesehene Zeit hinaus verlängert, wird entweder der Zeitplan nicht eingehalten oder es werden inadäquate Analysemodelle verwendet.

7.4.14 Anwendbarkeit für andere Perspektiven und Ebenen

Das AntiPattern Death by Planning kann der chaotischen Natur der Software-Entwicklung nicht gerecht werden, weil es zu einem deutlichen Missverhältnis zwischen dem Plan des Managements und den tatsächlichen Entwicklungsaktivitäten führt. Architekten und Entwickler müssen häufig ein Doppelleben führen: Auf der einen Seite müssen sie offensichtlich mit dem Planungsmanagement kooperieren, gleichzeitig sind sie aber mit dem tatsächlichen Entwicklungsstand konfrontiert, der mit den Vorstellungen des Managements nicht unbedingt übereinstimmen muss. So kann der Druck durch die Planvorgabe beispielsweise dazu führen, dass Entwickler ein Software-Modul als fertig deklarieren, bevor dies tatsächlich der Fall ist. Das führt in der Nachfolge zu Problemen bei der Integration und beim Testen.

7.4.15 Mini-AntiPattern: Fear of Success

Anekdotisches:

– *Wayne & Garth: »Wir haben es nicht verdient!«*

AntiPattern-Problem

Wenn die Mitarbeiter mit ihrem Projekt kurz vor dem Abschluss stehen, kommt es häufig zu einem interessanten Phänomen. Einige Mitarbeiter beginnen wie besessen darüber nachzudenken, was alles falsch laufen *könnte*.

Es treten Unsicherheiten bezüglich der eigenen Kompetenz auf. Werden diese Einstellunge und Unsicherheiten offen diskutiert, können sie die Gedanken der Teammitglieder blockieren. Es können irrationale Entscheidungen getroffen und nicht angebrachte Maßnahmen durchgeführt werden. Außerhalb des Teams kann ein negativer Eindruck hinsichtlich der Fertigstellung entstehen, was sich destruktiv auf das Ergebnis des gesamten Projekts auswirken kann.

Diese *Angst vor dem Erfolg* steht in Verbindung mit dem *Projektabschluss*. Normalerweise durchlaufen die gruppendynamischen Prozesse während eines Projekts unterschiedliche Phasen, was sowohl für einwöchige als auch für längerfristige Projekte gilt. Die erste Phase betrifft Fragen der Akzeptanz durch die Gruppe. In der zweiten Phase bilden sich zunehmend Beziehungen zwischen den Gruppenmitgliedern heraus und die einzelnen Mitarbeiter übernehmen in der Gruppe unterschiedliche Rollen. Dabei kann es sich sowohl um formale Rollen innerhalb des Unternehmens als auch um selbst definierte informelle Rollen handeln. Dies ist ein wichtiger Faktor für den Teambildungsprozess. Nachdem sich diese Rollen etabliert haben, wird in der dritten Phase die Arbeit erledigt. In dieser Phase können sich viele persönliche Schwierigkeiten ergeben. Da der Abschluss eines Projekts zur Auflösung der Gruppe führen kann, treten diese Probleme oft in der vierten Phase mit dem Projektabschluss in den Vordergrund. In der Abschlussphase äußern sich Gedanken über das Ergebnis des Projekts, über zukünftige Projekte und die anschließenden Tätigkeiten häufig auf irrationale Weise.

Refactoring-Lösung

Eine wichtige Maßnahme, die das Management am Ende eines Projektes ergreifen kann, ist es, *das Projekt für erfolgreich zu erklären*. Statements von Seiten des Managements, die den erfolgreichen Abschluss eines Projekts vorantreiben, sind notwendig, selbst wenn es noch Zweifel hinsichtlich des Ergebnisses gibt. Das Projektteam muss darin unterstützt werden, die Bedeutung und Wichtigkeit seiner Anstrengungen zu akzeptieren. Wenn das Projekt als erfolgreich deklariert wird, werden Probleme in Verbindung mit dem Projektabschluss gemindert, das Engagement des Teams für das Unternehmen unterstützt und der Weg für zukünftige Projektaktivitäten geebnet. Die Verleihung von Zertifikaten oder anderen Belobigungen bietet sich in dieser Situation an. Eine Anerkennung der beruflichen Leistungen bereitet kaum Kosten, wird aber von den Empfängern honoriert.

Varianten

Persönliche Beratung und Unterstützung bieten eine effektive Möglichkeit zur Bewältigung der Probleme Einzelner. Ältere Mitarbeiter, die Erfahrungen in vielen Projekten gesammelt haben, können anderen helfen, mit dem Stress der Abschlussphase fertig zu werden. Geduld auf dem Weg zum Erfolg ist ein erstrebenswertes Verhalten.

7.5 AntiPattern: Corncob

AntiPattern-Name: Corncob

Auch bekannt als: Corporate Shark, Loose Cannon, Third-World Information Systems Troubles (TWIT)

Häufigste Ebene: Unternehmen

Name des Refactoring: Corncob Removal-Service

Typ des Refactoring: Rolle

Hauptursachen: Geiz, Stolz, Engstirnigkeit

Nicht ausbalancierte Kräfte: Ressourcenmanagement, Management des Technologietransfers

Anekdotisches: »Warum ist mit Bill so schwer zusammenzuarbeiten?« »Das Management hört immer auf den, der am lautesten klagt!« »Ich entscheide über die Entwicklung und du wirst meinen Entscheidungen folgen!« »Der Aufbauprozess muss geändert werden und wir müssen hinnehmen, dass sich die Fertigstellung um ein bis zwei Monate verzögert.«

7.5.1 Hintergrund

Corncobs (= *Maiskolben*, im übertragenen Sinn *Querköpfe*) sind im Umgang schwierige Personen, die in der Branche der Software-Entwicklung häufig anzutreffen sind. Die von ihnen verursachten Probleme können persönlichkeitsbedingt sein oder sich aus dem Streben nach Anerkennung oder finanziellen Vorteilen ergeben.

Infolge strenger Zeitvorgaben und knapper Budgets kann die Software-Entwicklung sehr stressreich sein. Durch solche Persönlichkeiten werden die Probleme noch verschärft und unnötiger Stress in einer ohnehin schon belastenden Umgebung aufgebaut.

Der Slang-Ausdruck *Corncob* wird im Software-Konsortium Object Management Group häufig zur Beschreibung schwieriger Personen benutzt.

7.5.2 Allgemeine Form

Der Querkopf verursacht durch sein destruktives Verhalten Probleme für das Software-Entwicklungsteam oder in schlimmeren Fällen für ein ganzes Unternehmen. Er kann ein Teammitglied oder Mitglied eines externen Beraterstabes sein (zum Beispiel ein Software-Architekt oder ein Entwicklungsmanager), der das Team sowohl in technischer, planerischer und personeller Hinsicht beeinträchtigen kann. Beim Umgang mit solchen Menschen muss bedacht werden, dass die Durchsetzung von Interessen ein Machtspiel ist, auf das sich diese Personen mehr konzentrieren als auf technologische Fragen. Normalerweise handelt es sich um

Experten auf dem Gebiet der Interessenmanipulation auf personeller und/oder betrieblicher Ebene. Auf die technologischen Hintergründe konzentrierte Mitarbeiter können ungewollt leicht Opfer ihrer Taktik werden.

7.5.3 Symptome und Konsequenzen

- Ein Entwicklungsteam oder ein Projekt macht keine Fortschritte, weil es Unstimmigkeiten über einige der Hauptziele oder wesentliche Prozesse gibt und weil ständig versucht wird, diese zu ändern.

- Jemand bringt ständig unter dem Vorwand der Wichtigkeit für die Performance, die Zuverlässigkeit oder Ähnliches Einwände vor, die schwer aus der Welt zu schaffen sind.

- Dieses destruktive Verhalten ist vielen Personen im Unternehmen bekannt, es wird jedoch toleriert und in gewisser Weise vom Management unterstützt, weil sie sich über den daraus entstehenden Schaden nicht im Klaren sind und nicht geneigt sind, etwas dagegen zu unternehmen.

- Durch diese Form der Einflussnahme wird es schwierig, die technischen Diskussionen auf aktuellem Stand zu halten.

- Diese Kräfte führen oft zu Änderungen des Gegenstands oder der Anforderungen an das System. Das Projekt reagiert mehr, als es agiert, weil jeder auf die nicht enden wollenden »Verbesserungsvorschläge« des Querkopfes eingeht.

- Häufig kommen die destruktiven Vorschläge von Managern, die nicht direkt dem leitenden Entwicklungsmanager oder dem Projektmanager unterstehen.

- Dem Unternehmen fehlt ein klares Konzept für die Entscheidungsfindung, um Probleme lösen und voranschreiten zu können. Auf diese Weise kann sich ein Manager in Bereiche einmischen, die außerhalb seines Verantwortlichkeitsbereichs liegen.

7.5.4 Typische Ursachen

- Das Management unterstützt das destruktive Verhalten, weil es sich der Auswirkungen nicht bewusst ist. Die Sicht des Managements auf die Situation wird nicht selten von den Quertreibern selbst vermittelt.

- Der Quertreiber verfolgt eigene Ziele, die den Zielen des Teams entgegenstehen.

- Es gibt eine grundlegende Unstimmigkeit zwischen den Teammitgliedern, die sich auch durch verstärkte Kommunikation nicht aus der Welt schaffen lässt.

- Das Management schützt die Gruppe nicht vor internen und externen Kräften und hat Aufgaben und Rollen an Mitarbeiter verteilt, die sie für eigene Zwecke missbrauchen. Schlimmstenfalls wurde vollständig versäumt, Verantwortlichkeiten zu verteilen.

7.5.5 Bekannte Ausnahmen

Das Corncob-AntiPattern kann geduldet werden, wenn ein Unternehmen oder ein Produktentwicklungsmanager bereit ist, mit den Umtrieben des Quertreibers zu leben. Eine Einschätzung der Vor- und Nachteile ist hier immer subjektiv begründet.

In Projekten, an denen mehrere Unternehmen beteiligt sind, kann ein fest vorgesehener Quertreiben manchmal nützlich sein, wenn seine Aufgabe darin besteht, eine vorhandene Architektur vor unangebrachten Änderungen zu schützen. Wenn es mehrere miteinander kollidierende technische Standpunkte gibt, wird oftmals eine dominante Persönlichkeit benötigt, die die Referenzarchitektur durchsetzt.

7.5.6 Refactoring-Lösung

Lösungen des Corncob-AntiPatterns sind auf mehreren strategischen, betrieblichen und taktischen Ebenen angesiedelt. In allen Fällen ist der Hauptansatzpunkt die Unterstützung des destruktiven Verhaltens durch das Management. Wird die Unterstützung durch das Management auf den zuvor genannten Ebenen ausgeschaltet, steht der Quertreiber allein und die wichtigen Interessen des Software-Entwicklungsteams stehen im Vordergrund.

7.5.7 Taktische Lösungen

Taktische Lösungen werden nebenbei (beispielsweise in einem Meeting) angewendet. Zu ihnen gehören folgende Maßnahmen:

- **Übertragung von Verantwortung.** Machen Sie den Quertreiber für die Lösung der von ihm genannten Probleme in einem abgesprochenen Zeitraum verantwortlich.

- **Isolieren Sie das Problem.** Der Quertreiber steht häufig allein mit seiner Meinung da. Wird das Interesse der Gruppe in den Vordergrund gerückt, lassen sich Einzelinteressen meist effektiv in den Hintergrund stellen. Kommt es dabei zu Konfrontationen, dann ist es immer falsch, den Quertreiber persönlich anzugreifen. Bringen Sie eine Diskussion in Gang und stellen Sie die Hauptziele in den Mittelpunkt. Versuchen Sie Konsens herzustellen, um den Opponenten zu überstimmen. Mit einer gemeinsamen Abstimmung lässt sich das Gruppengefühl leicht wiederherstellen.

- **Stellen Sie die Frage in Frage.** Benutzt der Quertreiber zweideutige Formulierungen oder Schlagwörter, bitten Sie ihn, diese zu erklären. Basiert seine Argumentation auf dem Hörensagen, dann fordern Sie ihn auf, seine Einwände und seine persönliche Meinung zu begründen.

7.5.8 Operative Lösungen

Operative Maßnahmen werden innerhalb eines betrieblich begrenzten Bereichs ergriffen. Hierzu gehören:

- **Das Einzelgespräch.** Das Management führt mit dem Betreffenden ein Einzelgespräch und bespricht mit ihm die Auswirkungen seines Verhaltens. Dieses Einzelgespräch soll bei ihm ein Problembewusstsein schaffen und ihn zu einer Verhaltensänderung veranlassen.

- **Freundliche Kündigung.** Empfehlen Sie der betreffenden Person die Dienste eines Headhunters, damit sie glücklich aus einer schwierigen betrieblichen Situation entfernt werden kann.

7.5.9 Strategische Lösungen

Strategische Maßnahme wirken langfristig und auf einer breiteren Basis innerhalb des Unternehmens. Zu möglichen strategischen Maßnahmen gehören:

- **Eine Selbsthilfegruppe für Quertreiber.** Gibt es in einem Unternehmen mehrere Quertreiber, kann das Management sie in einer Gruppe zusammenfassen. So müssen sie mit der Persönlichkeit und dem Verhalten des jeweils anderen fertig werden. Einzelne treten dann häufig mit der Frage an das Management heran, warum sie denn mit so schwierigen Persönlichkeiten zusammenarbeiten müssen, was die Möglichkeit bietet, ihnen zu erklären, dass sie von den anderen als genauso schwierig beschrieben werden. Das kann ein Problembewusstsein schaffen und eventuell zu einer Verbesserung führen.

- **Das leere Büro.** Manager mit schwierigen Persönlichkeiten können in Abteilungen versetzt werden, in denen sie der einzige Angestellte sind. In der Regel verstehen sie die »Message« und treten in den Ruhestand oder setzen ihre Karriere in anderen Firmen fort.

- **Aus dem Team entfernen.** Manchmal bleibt nichts anderes übrig, als die schwierige Persönlichkeit aus dem Projektteam oder aus dessen Umgebung zu entfernen.

7.5.10 Varianten

Varianten zu den vorgestellten Lösungen:

- **Ausgrenzung.** Der Quertreiber wird dadurch ausgegrenzt, dass ihm nur minimale Aufgaben zugeteilt werden. Eine solche Ausgrenzung kann sich aber auch als ineffektiv herausstellen, da der Betreffende mehr Zeit zum Nachdenken hat und seine oft verborgenen Ziele vorantreiben kann.

- **Third-World Information System Troubles (TWIT).** Dieser Begriff wurde von Randall Oakes eingeführt und bezieht sich auf Quertreiber, die sich Veränderungen im IT-Bereich widersetzen, obwohl die Mehrheit unter den negativen Folgen der derzeitigen Bedingungen zu leiden hat. Das TWIT-Syndrom profitiert in gewisser Weise vom Status quo. Wie Dr. Oakes herausstellt, kann es zu mehr Vertrauen, Freundschaft und Offenheit führen, wenn der betreffenden Person geholfen wird, die eigene Stressbelastung in den Griff zu bekommen.

- **Der Intrigant.** Ein Intrigant ist ein erfahrener Manager, dessen Karriere weniger auf seinen beruflichen Erfahrungen als vielmehr darauf aufbaut, dass er Beziehungen unterhält. Ein Umstand, der oft lange Zeit unbemerkt bleibt. Er überlebt durch diejenigen, die er kennt, und nicht durch das, was er kann. Er weiß, »wo der Hase langläuft«, und kann sehr leicht die in Schwierigkeiten bringen, die sich auf fachliche Fragen konzentrieren. Im Arbeitsalltag braucht jeder Mensch Freunde. Der beste Freund ist eine einflussreiche Person im Unternehmen, die Sie beschützt, wenn Sie von einem Intriganten angegriffen werden. Die sicherste Möglichkeit für den Umgang mit Intriganten ist es, ihnen vollständig aus dem Weg zu gehen.

- **Das Bonus-Monster.** Jemand, der kurzfristige Erfolge erzielen möchte (beispielsweise eine Gehaltszulage) und dabei den Software-Entwicklungsprozess beschneidet. Bonus-Monster sind besonders destruktiv, weil sie zu einem internen Wettstreit zwischen den unterschiedlichen Abteilungen eines Unternehmens führen. Das Problem lässt sich durch eine Überarbeitung oder Abschaffung des Bonussystems beheben. Ein Bonus-Monster ist in der Regel auch gleichzeitig ein Intrigant mit dem Schwerpunkt auf Bonusertrag bringende Ergebnisse.

- **Der Brandstifter.** Ein Brandstifter ist jemand, der vorsätzlich brenzlige Situationen schafft. Er kann beispielsweise durch Irreführungen und Behinderungen für die späte Auslieferung eines wichtigen Software-Teils verantwortlich sein. Er schafft die Notsituation künstlich, um hinterher als der Held dazustehen, der die Firma aus der Not gerettet hat. Um anerkannt zu werden, löscht er das Feuer, das heißt, er beseitigt alle Behinderungen und richtet den Blickwinkel der Entwickler wieder so aus, dass alles glatt geht.

- **Der Egomane.** Ein Egomane ist von sich selbst als Hauptperson oder dominante Persönlichkeit überzeugt. Egomanen sind so genannte Prima Donnas. Leitende Angestellte, die egoman veranlagt sind, können in so genannte leere Büros verbannt werden. Bei Meetings kann man Egomanen in den Griff bekommen, wenn man ihre Erfahrungen und ihre Bedeutung öffentlich anerkennt, was allerdings auch zu einer Verstärkung ihrer narzisstischen Neigungen führen kann.

- **Der Maulheld.** Bestimmte Menschen bereiten aufgrund ihres extrovertierten Verhaltens beständig Probleme. Ihr Verhalten kann sich auf das Image und die Moral eines Projekts negativ auswirken. Die indiskrete Weitergabe von Informationen und ein Mangel an Sensibilität bei wichtigen Geschäftsbeziehungen können das Ergebnis sein. Diese Art von Mitarbeitern ist leicht zu erkennen, denn sie machen in Gruppensituationen sehr schnell auf sich aufmerksam. Um mit solchen Persönlichkeiten umgehen zu können, sollte die Geschäftsleitung Einzelgespräche führen.

- **Der Technologiefanatiker.** Ein Technologiefanatiker ist ein Maulheld, der technologische Sensationen verkündet und andere Standpunkte nicht anerkennt. Er vertritt beispielsweise vehement die Ansicht, dass die gesamte Informationstechnologie zukünftig auf Microsoft basieren wird oder dass CORBA die einzig wahre Lösung für die Implementierung verteilter Objekte ist.

»Es reicht nicht aus, Erfolg zu haben. Andere müssen versagen.«

– Gore Vidal

- **Der Platzhirsch.** Mitarbeiter, die betriebliche oder technische Bereiche für sich beanspruchen, zeigen häufig ein aggressives Verhalten. Sie müssen ihr Territorium verteidigen und Unsicherheiten hinsichtlich der eigenen Kompetenz überdecken. Platzhirsche lassen sich häufig durch Komplimente und mit Einfühlungsvermögen für ihre Schwäche besänftigen. Versuchen Sie nicht, Einwände gegen ihre Ansprüche zu erheben, denn sie sind nur schwer zurückzuhalten, wenn sie neue Chancen sehen oder mehr Macht in ihrem Einflussbereich erringen können.

- **Der Holzkopf.** Wenn es bei ernsten Projektproblemen zu besonders schwierigen oder stressreichen Situationen kommt oder möglicherweise Entlassungen zu befürchten sind, verstärkt sich das Verhalten einiger hartnäckiger Quertreiber. Im Fall anstehender Kündigungen sollten Sie als kompetenter Mitarbeiter, der anderswo Arbeit finden kann, in Erwägung ziehen, freiwillig zu kündigen, damit andere, die es möglicherweise bitter nötig haben, ihren Job und ihr Einkommen behalten.

- **Der Saboteur.** Ein Saboteur ist jemand, der gerade dabei ist, die Gruppe zu verlassen, und damit beginnt, die Arbeitsatmosphäre zu Gunsten seiner nächsten Arbeitsstelle zu manipulieren. Saboteure versuchen beispielsweise oftmals, Kollegen mit Abwerbungen, Gerüchten und negativem Verhalten dazu zu veranlassen, ein Projekt zu verlassen. Solche Situationen sind besonders schwierig zu erkennen und zu vermeiden, weil der Betreffende seine Absicht auszuscheiden nicht bekannt gibt. Ein großer Computerhersteller hatte die Angewohnheit, nach Arbeitsschluss zu Partys mit Alkoholausschank einzuladen, auf denen er die Angestellten ermutigte, über Karrierechancen zu diskutieren. Der Saboteur hat normalerweise einen oder mehrere Vertraute, die seine Pläne kennen. Wurde der Saboteur einmal erkannt, sollte er daran gehindert werden, negativen Einfluss auf die Arbeitssituation auszuüben.

- **Der Karrierist.** Er ist mit dem Saboteur vergleichbar und trifft technische Entscheidungen vor dem Hintergrund, ob sie seinen persönlichen Erfahrungsschatz erweitern und seine Jobchancen steigern. Ein technischer Architekt kann sich beispielsweise für den Einsatz einer Objektdatenbank mit Dauerhaftigkeit der Objekte entscheiden, obwohl ein RDBMS mit Objekt-API technisch die angemessenere Lösung wäre.

- **Der Anachronist.** Er ist ein Querkopf, der technische Erneuerungen einfach aus dem Grund ablehnt, weil er sie nicht versteht. Der Anachronist kann über sehr viele Kenntnisse im Bereich herkömmlicher Technologien verfügen und neue Technologien willkürlich ablehnen. Fortbildungsmaßen sind hier oft eine effektive Lösung.

7.5.11 Beispiele

Ein Angestellter, der dem Typus des Intriganten zuzuordnen war und auf den wir vor einigen Jahren bei unserer Arbeit stießen, wurde kürzlich in eine Ein-Mann-Abteilung versetzt und kurz darauf entlassen, weil die negativen Auswirkungen seiner Persönlichkeit für das Unternehmen überwogen. Nach unserer Erfahrung kann es vorkommen, dass Quertreiber sich selbst ausschalten und das Unternehmen verlassen. Leider kehren sie manchmal wieder zurück.

Ein Bekannter hat sich einer starken Persönlichkeitsveränderung unterzogen (zum Besseren hin), als er sich von der Teilnahme an einem Firmenbonussystem zurückzog, unter dessen Einfluss er sich auf viele konfrontative Einmischungen in unterschiedliche Software-Entwicklungsprozesse einließ, um kurzfristig finanzielle Vorteile zu erlangen.

Platzhirsche können die ruppigste Variante darstellen, insbesondere dann, wenn eine Person oder eine Gruppe glaubt, dass allein ihnen eine bestimmte Domäne gehört, beispielsweise die Architektur. Mit aller Gewalt können sie jeden Versuch unterdrücken, in ihren Bereich einzudringen. Als besonders effektive Waffe dient ihnen dabei die E-Mail, weil sie handfeste Belege liefert. Außerdem lässt sich E-Mail leicht für emotionale Konfrontationen manipulieren.

7.5.12 Verwandte Lösungen

Das Beispiel des Technologiefanatikers dieses AntiPatterns ist auch eine Form des AntiPatterns Goldener Hammer. Verwandte Lösungen finden Sie im Abschnitt 5.7 zu diesem AntiPattern.

7.5.13 Anwendbarkeit für andere Perspektiven und Ebenen

Die Auswirkungen des Corncob-AntiPatterns auf Architektur und Entwicklung zeigen sich gewöhnlich in einer Verlangsamung des Projektablaufs. Konfrontationen mit den Quertreibern senken das Diskussionsniveau und verhindern die Konzentration auf spezifische Fragen. In gewissem Sinne kehrt dieses AntiPattern die mit den Entwurfsmustern angestrebten Vorteile in ihr Gegenteil um. Anstatt den Prozess der Software-Entwicklung auf ein höheres Niveau zu heben und effizienter zu gestalten, tritt bei diesem AntiPattern das Gegenteil ein. Anstatt den Entwicklungsprozess durch die Berücksichtigung aller wirksamen Kräfte ausgewogener zu gestalten, wird die Diskussion gespannter und Entscheidungen werden in Richtungen getroffen, die nicht die bedeutendsten sind.

7.5.14 Mini-AntiPattern: Intellectual Violence

Hintergrund

Der Lambda Calculus ist eine relativ einfache Theorie über die Mathematik von Funktionen und Variablenersetzungen. Er ist eine der wichtigen Theorien, die der Programmiersprache Lisp zugrunde liegen, und wird in ausgewählten Universitäten in den ersten Semestern des Informatikstudiums unterrichtet. So geschulte Personen gehen meist davon aus, dass jeder den Lambda Calculus kennt. Dies führt zu Missverständnissen, die ein Beleg für das Mini-AntiPattern Intellectual Violence (auf Deutsch »intellektuelle Gewalt«) sein können. Mit einer kurzen informellen Aussprache ließen sich diese Missverständnisse allerdings vermeiden.

AntiPattern-Problem

Dieses AntiPattern tritt auf, wenn jemand eine Theorie, eine Technologie oder einen komplizierten Fachbegriff verstanden hat und dieses Wissen dazu benutzt, andere in Meetings einzuschüchtern. Das kann infolge der üblichen Zurückhaltung technischer Mitarbeiter, die ihre Unkenntnis nicht eingestehen wollen, unbeabsichtigt geschehen. Die Folge ist eine Unterbrechung der Kommunikation. Wenn einige oder die meisten der an einem Projekt Beteiligten ein neues Konzept nicht verstehen, kann der weitere Fortgang unendlich lange dadurch blockiert werden, dass versucht wird, die eigene Unwissenheit zu verbergen oder dem Thema ganz aus dem Weg zu gehen. Greift diese Form intellektueller Gewalt um sich, kann eine defensive Grundhaltung entstehen, die jegliche Produktivität behindert. Einige Mitarbeiter kontrollieren und verheimlichen Informationen, anstatt sie zu teilen.

Refactoring-Lösung

Der Arbeitsstil sollte eine gegenseitige Beratung und Aufklärung umfassen. Es muss anerkannt werden, dass jeder Einzelne eigene Talente und Fachgebiete besitzt, unabhängig von seiner Position in der betrieblichen Hierarchie. Der Arbeitsstil soll die Mitarbeiter dazu anhalten, ihr Wissen im Interesse des gesamten Unternehmens mit den anderen zu teilen. Ein solcher Arbeitsstil lässt sich am besten durch ein gutes Vorbild kultivieren. Wenn die leitenden Angestellten eines Unternehmens diese gegenseitige Weitergabe von Informationen unterstützen, lässt sich dies auch auf anderen Unternehmensebenen leichter durchsetzen. Die gemeinsame Nutzung von Informationen bietet eine effektive Möglichkeit, Wissensressourcen zu nutzen.

7.6 AntiPattern: Irrational Management

AntiPattern-Name: Irrational Management

Auch bekannt als: Pathological Supervisor, Short-Term Thinking, Managing by Reaction, Decision Phobia, Managers Playing with Technical Toys

Häufigste Ebene: Unternehmen

Name des Refactoring: Rationale Entscheidungsfindung

Typ des Refactoring: Rolle und Prozess

Hauptursachen: Verantwortlichkeit (die universelle Ursache)

Nicht ausbalancierte Kräfte: Ressourcenmanagement

Anekdotisches: »Wer leitet dieses Projekt?« »Dazu gibt es keine Anweisungen.« »Was ist jetzt zu tun?« »Das sollten wir mit dem Management klären, bevor wir beginnen.« »Mach dir nicht die Mühe zu fragen, die Antwort lautet sowieso nein.«

7.6.1 Hintergrund

Ein irrationales Management führt zu einer Reihe allgemein auftretender Probleme bei Software-Projekten, die bis zu den Persönlichkeiten der das Projekt durchführenden Person(en) zurückverfolgt werden können. Die leitenden Angestellten können beispielsweise ein obsessives Eigeninteresse an einer Technologie haben oder Persönlichkeitsbeschränkungen unterliegen, die sie zu ineffektiven oder irrationalen Managern machen. Ein unvernünftiges Management kann zu einer Verzerrung der Prioritäten führen, wobei die persönlichen Prioritäten des Managers, unabhängig davon, ob sie unwichtig sind, das Software-Projekt auf irrationale Wege führen.

7.6.2 Allgemeine Form

Der Manager (oder das Managementteam) eines oder mehrerer Entwicklungsprojekte ist nicht in der Lage, Entscheidungen zu treffen. Das kann an einem persönlichen Mangel liegen oder sich aus einer Detailbesessenheit ergeben. Die Details können von persönlichem Interesse oder Vorlieben des Managers sein, wie zum Beispiel technisches »Spielzeug« oder Mikromanagement. Beim Eintritt einer Krise sind die Managemententscheidungen eher Reflexreaktionen als wohl durchdachte Strategien oder taktische Schritte. Diese Reaktionen führen häufig zu weiteren Problemen. Der Zyklus aus Unentschlossenheit und der Reaktion darauf kann die Folgen und ihre Tragweite noch steigern.

Dieses AntiPattern ist deutlich gekennzeichnet durch die Unfähigkeit des Managers, den Entwicklern eine Richtung vorzugeben. Sie äußert sich darin,

- dass die Fähigkeiten oder Schwächen der Mitarbeiter nicht erkannt werden,

- dass keine den Fähigkeiten der Mitarbeiter entsprechenden Ziele gesetzt werden,
- dass keine effektive Kommunikation mit den Mitarbeitern stattfindet.

7.6.3 Symptome und Konsequenzen

Das primäre Symptom für dieses AntiPattern ist eine Überlastung des Projekts und anhaltende Debatten zu wichtigen Fragen. Es muss eine Entscheidung getroffen werden, damit das Entwicklungsteam Fortschritte machen kann. Die Überlastung führt zu mehreren Konsequenzen.

- Die Frustration unter den Mitarbeitern wächst.
- Der Projektabschluss wird immer weiter hinausgeschoben.
- Quertreiber nutzen die Situation aus.

7.6.4 Typische Ursachen

Der Manager ist nicht in der Lage,

- die Projektmitarbeiter,
- andere Manager
- oder die Entwicklungsprozesse

anzuleiten. Er verfügt nicht über klare Vorstellungen und Strategien. Deshalb

- kann er keine Entscheidungen treffen,
- fürchtet er das Projektende (Mini-AntiPattern Fear of Success)
- und ignoriert den tatsächlichen Stand der Projektentwicklung und der durchzuführenden Arbeiten.

7.6.5 Bekannte Ausnahmen

Für dieses AntiPattern sollte es generell keine Ausnahmen geben. Vielleicht kann ein »begnadetes Genie« mit den Kenntnissen eines Gurus toleriert werden, das absolut einmalig ist, und einen wichtigen Vorteil bieten, während eine bessere und längerfristige Lösung geplant wird.

7.6.6 Refactoring-Lösung

Das AntiPattern irrationalen Managements kann unter Beachtung folgender Richtlinien vermieden werden:

1. **Gestehen Sie sich ein, dass es ein Problem gibt, und bemühen Sie sich um Abhilfe.** Wenn ein Manager unter einer oder mehreren der typischen Ursachen

leidet, muss er zuerst erkennen, dass er ein Problem hat. Ist er sich seiner Situation nicht bewusst, müssen zuerst die Hauptanzeichen erkannt werden, was häufig nur auf die »harte Tour« geht. Wenn beispielsweise die Projektmitarbeiter vor einem eskalierenden technischen Problem stehen und um Hilfe bitten, wird ein irrational veranlagter Manager die Situation erst erkennen, wenn eine Krise eingetreten ist. Niemand ist bereit, ein Problem zu diskutieren, wenn dies nicht zu seiner Lösung führt. Ein Manager muss sich mit talentierten Mitarbeitern (oder Beratern) umgeben, die sich die umfangreiche Aufgabe des Managements mit ihm teilen und bereit sind, zuzuhören.

2. **Versuchen Sie, die Projektmitarbeiter zu verstehen.** Manager müssen sowohl die technischen Fertigkeiten als auch die Charakterzüge der Teammitglieder kennen. Das Wissen um die technischen Fertigkeiten ermöglicht das Delegieren der Arbeit, und das Wissen über die einzelnen Persönlichkeiten hilft ihm, Arbeitsbeziehungen aufzubauen.

3. **Setzen Sie klare, kurzfristige Ziele.** Dem Projekt sollten einfach zu erreichende Ziele vorgegeben werden. Längerfristige Ziele sind auch erforderlich, tragen aber nichts zur alltäglichen Motivation bei. Ein Manager muss dafür sorgen, dass kurzfristige, sehr spezifische Ziele gesetzt werden und dass die Mitarbeiter wissen, wie sie erreicht werden können.

4. **Setzen Sie ein gemeinsames Ziel.** Die Mitarbeiter müssen mit dem Ziel des Projektes übereinstimmen, damit alle in die gleiche Richtung arbeiten. Der Manager muss den Blick auf dieses Ziel richten und ihn schärfen.

5. **Achten Sie auf zu verbessernde Arbeitsabläufe.** Vor dem Hintergrund, dass jedes Projekt sich in gewisser Weise vom vorhergegangenen leicht unterscheidet, muss der Manager die Entwicklungsprozesse überwachen und sie gegebenenfalls verbessern. Dabei handelt es sich zwar oft nur um kleine Abstimmungen, mit denen ein bestimmter Ablauf effektiver gestaltet werden kann, sie können die Produktivität aber deutlich steigern.

6. **Erleichtern Sie die Kommunikation.** Immer wenn ein »heißes« Thema Stoff für eine Debatte liefert, können die nächsten Schritte am besten in einer gelenkten Gesprächsrunde gefunden werden. Hierfür sollten Sie Folgendes berücksichtigen:

   - Ermitteln Sie die Hauptbeteiligten.
   - Sammeln Sie Hinweise auf die Notwendigkeit des Gesprächs.
   - Sorgen Sie für eine klare Verständigung über die Probleme.
   - Achten Sie darauf, dass jeder angehört wird.
   - Stellen Sie sicher, dass der Lösungsvorschlag von allen verstanden wird.
   - Einigen Sie sich über die vorzuziehende Lösung.
   - Binden Sie die betroffenen Mitarbeiter möglichst in die Implementierung der Lösung ein.

7. **Steuern Sie die Kommunikationsmechanismen.** E-Mail und Newsgroups sind im Allgemeinen nützliche Kommunikationsmechanismen, können aber auf Abwege führen. E-Mails können schnell überhand nehmen und Newsgroups können arrogante und aggressive Debatten auslösen. Verfolgen Sie die E-Mails und die Nachrichten der Newsgroups täglich und erkennen Sie unerwünschte Beiträge. Sprechen Sie direkt mit den betroffenen Parteien und fordern Sie sie zur Einstellung der elektronischen Debatten auf. Muss eine Lösung gefunden werden, dann ist die Einberufung eines Meetings meist der schnellere und effektivere Weg.

8. **Greifen Sie nur in Ausnahmen ein.** Extreme sind immer gefährlich und ein Zuviel an Management bildet hierin keine Ausnahme. Tägliche Meetings und wöchentliche Besprechungen, die die Eingriffe des Managers in allen Projektbereichen erfordern, sind ein Beispiel für übertriebenes Management. Greifen Sie nur in Ausnahmesituationen ein, überwachen Sie, aber greifen Sie nicht störend ein. Haben Sie etwas Geduld, bis andere anstehende Probleme gelöst haben. Greifen Sie nur ein, wenn es notwendig ist.

9. **Wenden Sie effektive Verfahren zur Entscheidungsfindung an.** Zwei rationale Managementverfahren von Kepner-Tregoe eignen sich besonders für das Treffen von Entscheidungen bei Software-Entwicklungen. Das erste ist die so genannte *Situationsanalyse* [Kepner 81]. Diese Technik unterstützt Sie bei der Organisation und beim Management unstrukturierter und chaotischer Umgebungen. Sie kann individuell oder für Gruppen angewendet werden. Die zweite Technik heißt *Entscheidungsanalyse* [Kepner 81]. Sie unterstützt das Treffen objektiver Entscheidungen. Subjektive Einflüsse in Prozessen der Entscheidungsfindung können verheerende Konsequenzen für Software-Projekte haben und Katastrophen auslösen. Solche Einflüsse können durch Freundschaften, die Zeitvorgabe der Verkaufsabteilung, unnötige Betriebssystemvorgaben und nicht erkennbare Infrastrukturzwänge entstehen.

Diese beiden Techniken werden in den zwei folgenden Abschnitten ausführlicher behandelt.

7.6.7 Situationsanalyse

Der Zweck von Situationsanalysen ist das Erkennen der wichtigsten Aspekte komplexer Situationen. Das Verfahren lässt sich in folgende Schritte unterteilen:

1. **Auflistung aller Aspekte.** Diese Liste kann im Prinzip alles enthalten, was ein laufendes Projekt betrifft, zum Beispiel bekannte Fragen, anstehende Aktionen, Verbindlichkeiten, technologische Schwächen und andere Dinge.

2. **Bewerten Sie die einzelnen Aspekte unter drei Gesichtspunkten: Bedeutung, Dringlichkeit und Wachstumspotenzial.** Legen Sie den Maßstab hoch, mittel und niedrig an. Ist ein Aspekt beispielsweise wichtig für einen erfolgreichen

Projektabschluss, dann ist seine Bedeutung hoch einzuschätzen. Muss der Aspekt bewältigt werden, unmittelbar bevor eine Lösung effektiv werden kann, ist er in hohem Maße dringlich. Ist damit zu rechnen, dass die Bedeutung im Verlaufe der Zeit dramatisch ansteigt, hat er ein hohes Wachstumspotenzial.

3. **Stellen Sie entsprechend der Bewertungen Tabellen für die einzelnen Elemente auf.** Weisen Sie den einzelnen Bewertungsstufen Werte zu: hoch = 2, mittel = 1 und niedrig = 0. Eine Bewertung von hoch/mittel/niedrig würde beispielsweise drei Punkte ergeben (2 + 1 + 0).

4. **Legen Sie für die einzelnen Elemente anhand der Bewertung Prioritäten fest.** Ordnen Sie alle Aspekte mit der Bewertung 6 der höchsten Priorität zu und weisen Sie so allen Elementen Prioritäten zu, bis alle Aspekte mit einer Priorität versehen sind.

5. **Weisen Sie die zu lösenden Aspekte den entsprechenden Mitarbeitern zu.** Einige Aspekte der Liste werden von externen Kräften beeinflusst und es wäre nicht gerechtfertigt, Energien in ihre Lösung zu verschwenden, solange sich diese Situation nicht ändert. Andere Aspekte müssen aufgrund von Abhängigkeiten vor anderen gelöst werden. Für qualifizierte Mitarbeiter ist die Lösung der einzelnen Aufgaben recht einfach: Es wird das erforderliche Objekt programmiert, ein Analysemodell eingerichtet, die Risiken durch Tests verringert und so weiter. Der Manager muss jeweils die geeignetsten Mitarbeiter den einzelnen zu lösenden Aspekten zuordnen.

6. **Beginnen Sie mit der höchsten Priorität.** Das Verfahren der Situationsanalyse basiert darauf, jeweils die erste und niemals die zweite Priorität zu bearbeiten. Mit Hilfe der Situationsanalyse kann der Manager aus der verwirrenden Liste der vom Software-Projekt zu bewältigenden Aufgaben immer effektiv die wichtigste Problemstellung auswählen.

7.6.8 Entscheidungsanalyse

Eine korrekte Entscheidungsanalyse erfolgt mit folgenden Schritten:

1. **Definieren Sie den betroffenen Entscheidungsbereich.** Am Beginn des Prozesses steht die Formulierung einer zu lösenden Frage.

2. **Finden Sie alternative Lösungen für die Entscheidung.** Hierzu können spezielle, konkrete Alternativen wie bestimmte Software-Produkte oder Lösungskategorien gehören, die zu bewerten sind.

3. **Legen Sie Entscheidungskriterien fest.** Diese Liste kann mit einer Situationsanalyse erstellt werden.

4. **Unterscheiden Sie wichtige und weniger wichtige Kriterien.** Die wesentlichen Kriterien sind Merkmale, die Bestandteil der Lösung sein müssen, damit diese

akzeptabel ist. Gibt es für ein wesentliches Kriterium keine Alternative, wird die Alternative ausgeschlossen. Die wichtigen Kriterien sollten daher die Form einer sorgfältig ausgewählten kurzen Liste haben. Alle übrigen Kriterien sind erstrebenswert und müssen nach Prioritäten unterteilt werden. Benutzen Sie das Verfahren der Prioritätszuweisung, wie es für die Situationsanalyse beschrieben wurde, und gewichten Sie die erstrebenswerten Alternativen. Gibt es beispielsweise sieben Kriterien, dann hat die höchste den Wert 7, die nächste den Wert 6 usw.

5. **Stellen Sie fest, ob die Alternativen allen wichtigen Kriterien gerecht werden.** Ist dies nicht der Fall, entfernen Sie unbefriedigende Alternativen.

6. **Untersuchen Sie die Fakten.** Versuchen Sie, die Erfüllung der Kriterien durch die Alternativen einzuschätzen.

7. **Richten Sie eine Tabelle ein, die die Alternativen in Spalten und die Kriterien in Zeilen aufführt.** Klassifizieren Sie in dieser Tabelle die Alternativen für erstrebenswerte Kriterien. Stehen beispielsweise fünf Alternativen zur Verfügung, erhält die beste Alternative den Rang 5, die nächste den Rang 4 und so weiter.

8. **Multiplizieren Sie die Bewertungen, um einen Punktwert für jede Position in der Matrix zu berechnen.** Addieren Sie die Werte jeder Spalte, um den Punktstand für jede Alternative zu berechnen. Die Alternative mit dem höchsten Punktstand entspricht der rationalsten oder besten Entscheidung.

9. **Seien Sie sich darüber im Klaren, dass die rationalste Entscheidung nicht unbedingt mit der des Managers oder Kunden übereinstimmen muss.** Ursache kann ein Vorurteil oder ein in der Entscheidungsanalyse nicht richtig bedachtes Kriterium sein, was zu einem Überdenken der Entscheidung für dieses Kriterium führen sollte. Experimentieren Sie mit den Bewertungen der erstrebenswerten Kriterien und fügen Sie neue Kriterien hinzu, bis die Entscheidungsanalyse zur akzeptablen Alternative führt. Überprüfen Sie, ob die sich ergebenden Kriterien und Bewertungen mit den subjektiven Entscheidungskriterien übereinstimmen, die zu dieser Lösung geführt haben. Möglicherweise richten die Entscheidungsträger ihre Kriterien an realistischeren Annahmen aus, wenn sie mit dem tatsächlichen Einfluss konfrontiert werden, den ihre Vorstellungen auf die Entscheidungen haben.

7.6.9 Varianten

Berater können von unschätzbarem Wert sein. Sie können einem Unternehmen zum fehlenden Wissen und zu nicht vorhandenen Fertigkeiten verhelfen. Ihre Hinweise erfolgen unabhängig von internen betrieblichen Belangen und sie neigen nicht zu übertriebenen Detaillierungen, das heißt, sie können in einer aufgeladenen Situation objektiv bleiben. Berater können in einem Software-Projekt drei

Schlüsselrollen übernehmen. Diese Einteilung basiert auf dem Modell für die allgemeine Beratungspraxis von Block:

1. Helfer
2. Fachexperten
3. Gleichgestellte des Managements

In der Rolle des Helfers wird der Berater zu einem zusätzlichen Software-Entwickler, der einem gewöhnlichen Angestellten gleicht. Als Fachexperte löst er Probleme aus einem bestimmten Fachgebiet. Als Gleichgestellter des Managements ist er Ratgeber der Geschäftsführung, der einen unterstützenden Wissenstransfer aus seinem Erfahrungsschatz realisieren kann. Auch wenn es für den Berater professionell lukrativer ist, eine der beiden zuletzt genannten Rollen wahrzunehmen, gibt es durchaus Beispiele, wo er in der Rolle des Helfers zu außergewöhnlichen Ergebnissen verhelfen kann, insbesondere bei einer schnellen Prototypbildung mit neuen Technologien.

7.6.10 Beispiele

Ein Manager, mit dem wir zusammengearbeitet haben, stieg in der Mitte in ein laufendes Projekt ein. Er war nicht genau über die Qualifikationen der Mitarbeiter informiert und besaß keine klaren Vorstellungen vom aktuellen Stand des Projekts. Wenn Probleme auftraten, wies er die Mitarbeiter neu zu, was zu noch ernsteren Problemen führte. Mitarbeiter wurden Projekten zugeteilt, zu denen sie nie zuvor Beziehungen hatten, was die Effektivität stark minderte. Die Situation konnte teilweise gelöst werden, als der Manager das Unternehmen verließ. Der neue Manager war eine sehr ausgeprägte »Menschenpersönlichkeit« und machte deutlich, dass die Mitarbeiter über die erforderlichen Fähigkeiten für die anstehenden Aufgaben verfügten. Leider konnten die bereits aufgetretenen Verzögerungen nicht mehr ausgeglichen werden.

In einer anderen Situation verteilte ein Software-Architekt (ein Quertreiber) seine Meinungen zu den C++-Codierstandards via E-Mail an alle Projektmitarbeiter. In dem Projekt waren einige C++-Gurus beschäftigt, die Anstoß an einigen seiner Äußerungen nahmen. Das führte zu zwei Monate andauernden Auseinandersetzungen über E-Mail und Newsgroups. Eine mögliche Lösung wurde vom Projektmanager darin gesehen, ein »starkes Team« zur Lösung des Problems zusammenzustellen und einen Angriff nach vorne zu versuchen. Leider wurden keine Maßnahmen ergriffen, ähnlich destruktive Auseinandersetzungen über andere Themen zu unterbinden, so dass der Fall zwar behandelt, aber das Problem nur verschoben wurde.

Im dritten Beispiel wurde ein Projekt zur Systemintegration von einem nicht rational arbeitenden Managementteam geleitet. Die einzelnen Manager verfügten über ihre Anteile am Gesamtprozess. Das führte zu Stovepipe-AntiPatterns ohne Kohärenz oder Zusammenhänge (siehe Abbildung 7.8), die Auseinandersetzungen zwischen den unterschiedlichen Managern auslösten. Eine Auseinandersetzung betraf den Übergang von einer Projektphase in die nächste. Nach einem Monat voller Streitereinen und Unstimmigkeiten wurde dann der Blick auf neu eintretende Entwicklungsprobleme gerichtet. Die Geschäftsführung musste schließlich eingreifen, aber da dieser Eingriff von oben kam, war er nicht nachhaltig.

Die nach zahlreichen Auseinandersetzungen zwischen den einzelnen Bereichsleitern schließlich gewählte Lösung bestand in der Bestellung eines Schlichters, der Folgendes gewährleisten sollte:

- Einen kohärenten und zusammenhängenden Ablauf.
- Die Übergangskriterien für die einzelnen Entwicklungsphasen wurden festgelegt, was eine schrittweise Fertigstellung ermöglichte.
- Die Abläufe der wichtigen Prozesse wurden verbessert.

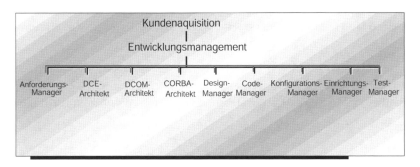

Abb. 7.8: Ein irrationales Managementteam

7.6.11 Mini-AntiPattern: Smoke and Mirrors

AntiPattern-Problem

Demo-Versionen sind wichtige Verkaufswerkzeuge, weil sie von den Kunden oft als Abbild des fertigen Produkts betrachtet werden. Ein auf neue Geschäftsabschlüsse konzentriertes Management unterstützt (manchmal unabsichtlich) dieses Missverständnis und macht Versprechungen, die über die Möglichkeiten des Unternehmens zur Lieferung eines einsatzfähigen Systems hinausgehen. Das bringt die Entwickler in eine unangenehme Situation, weil sie dann unter dem Druck stehen, die versprochenen Fähigkeiten eines Programms abliefern zu müssen. Der eigentliche Verlierer ist der Endanwender, dem die versprochenen Eigenschaften zu den zugesagten Kosten und in der angegebenen Zeit nicht zur Verfügung stehen. Oder er erhält ein schnell zusammengeschustertes Stovepipe-System, das zwar Ähnlichkeit mit der Demo-Version hat, aber nicht zu warten ist.

Eine der Hauptursachen für das AntiPattern Smoke and Mirrors (was frei übersetzt so viel wie »Schall und Rauch« bedeutet), betrifft den Umgang mit den Ausnahmen. Der Endbenutzer wird in dem Glauben belassen, dass das Produkt über Möglichkeiten verfügt, die in Wirklichkeit nicht möglich sind, oder wenn, dann nicht im versprochenen Funktionalitätsumfang, nicht zum versprochenen Preis und nicht in der angegebenen Zeit. Gelingt dem Projekt die Fertigstellung nicht, gilt es als gescheitert und das für die Projektleitung verantwortliche Unternehmen verliert an Reputation.

Refactoring-Lösung

Der Umgang mit den Erwartungen der Endbenutzer ist aus moralischen Gründen und für die Aufrechterhaltung der Glaubwürdigkeit ein wichtiger Faktor. Eine goldene Regel für das Software-Engineering lautet, dass die Kosten für das fertige System drei Mal so hoch sind wie die für einen Prototyp. Wiederverwendbare Software kann das Dreifache des fertigen Systems kosten. Eine weitere durch die Praxis belegte Regel besagt, dass die Software-Entwicklung erwartungsgemäß doppelt so lange dauert und doppelt so teuer wird wie vorgesehen [Johnson 95].

Für den richtigen Umgang mit den Erwartungen ist es oft besser, den Kunden weniger erwarten zu lassen, als hinterher tatsächlich möglich ist. Werden die Erwartungen übertroffen, ist der Kunde angenehm überrascht und Folgeaufträge sind nicht ausgeschlossen.

Varianten

Das AntiPattern Smoke and Mirrors lässt sich für kommerzielle Produkte durch zusätzliche Vorsichtsmaßnahmen verhindern. Zum einen kann ein kompetenter Entwickler Produktschulungen des Herstellers durchführen. Schulungen sind in der Regel nicht Bestandteil der Marketing-Strategie, geben aber ungefilterte Produktinformationen weiter. Kompetente Software-Entwickler können die wirklichen Fähigkeiten eines Produkts vorstellen und der Entwicklungsabteilung ein Feedback geben. Weniger aufwändig ist die Überarbeitung der dem Produkt beigegebenen technischen Dokumentation durch einen oder mehrere kompetente Entwickler. Das gilt auch für die Installationsvoraussetzungen und die Software-Lizenzvereinbarungen. Die Installationsvoraussetzungen können bestimmte Versionen von Betriebssystemen oder Produktversionen verlangen, die für die geplante Einsatzumgebung ungeeignet sind. Nur wenige Software-Lizenzverträge garantieren die allgemeine Gebrauchstauglichkeit. Das heißt, es wird nicht gewährleistet, dass das Produkt sinnvoll eingesetzt werden kann. Eine solche Zusicherung kann dem Kaufvertrag in Verbindung mit einer erweiterten Supportzusage hinzugefügt werden. Solche Supportzusagen mit einer Laufzeit von bis zu 80 Jahren sind in der Telekommunikation durchaus üblich.

7.7 AntiPattern: Project Mismanagement

Antipattern-Name: Project Mismanagement

Auch bekannt als: Humpty Dumpty

Häufigste Ebene: Unternehmen

Name des Refactoring: Risikomanagement

Typ des Refactoring: Prozess und Rolle

Hauptursachen: Verantwortlichkeit (die universelle Ursache)

Nicht ausbalancierte Kräfte: Risikomanagement

Anekdotisches: »Was ist falsch gelaufen? Alles ging gut und plötzlich ...«

7.7.1 Hintergrund

Dieses AntiPattern betrifft die Überwachung und Kontrolle von Software-Projekten. Der dazugehörige Zeitrahmen beginnt nach der Planung und umfasst die Analyse, das Design, das Erstellen und das Testen des Software-Systems. Das Projekt-Missmanagement betrifft Fehler im Ablauf der Projektdurchführung, sofern keine Planungsfehler gemacht wurden (zum Beispiel das AntiPattern Death By Planning).

7.7.2 Allgemeine Form

Die Durchführung eines Projekts ist ein umfangreiches Vorhaben, weil das Erstellen des Projektplans und die Entwicklung der Software so komplex sind wie der Bau eines Wolkenkratzers mit all seinen Einzelschritten und Abläufen sowie den gegenseitigen Kontrollen. Oft werden dabei wichtige Maßnahmen übersehen oder bagatellisiert. Hierzu gehört die technische Planung (Architektur) und die Qualitätskontrollen (Abnahme und Test). Zu den Hauptfehlern gehören eine nicht angemessene Architekturdefinition, unzureichende Codeüberprüfungen (Software-Abnahme) und ein unzureichender Testumfang. Die Tests müssen mehrere Phasen umfassen (Modultests, Integrations- und Systemtests), werden aber häufig nur in geringem Umfang durchgeführt. Zu einem einfachen Integrationstest gehören Grundüberprüfungen der aus getesteten Modulen bestehenden Komponenten hinsichtlich ihrer Kompatibilität. Bei vollständigen Integrationstests werden alle bekannten funktionierenden Abläufe und Fehlerzustände überprüft.

> »Alles was du in diesem Leben brauchst, ist Ignoranz und Vertrauen, dann stellt sich der Erfolg von allein ein.«
>
> – Mark Twain

Auf der Architektur basiert die technische Planung des Projekts, einschließlich der Abnahme- und Testkriterien. Wird eine nicht angemessene Architektur definiert, ist die Basis für eine Überprüfung des Designs während der Abnahme- und Testphase zu gering. Bei der Durchführung der Tests mag das Software-Modul gemäß der Architektur integriert sein, möglicherweise funktioniert es aber nicht so, wie die Anwendung es erwartet.

7.7.3 Symptome und Konsequenzen

- Das Design ist infolge einer fehlenden architektonischen Strategie schwer zu implementieren.
- Codeüberprüfungen und -abnahmen finden selten und mit nur minimalen Anforderungen statt.
- Die Tests verlangen besondere Anstrengungen, weil die Verhaltensrichtlinien für das System nicht adäquat definiert sind.
- In den Integrations- und Systemtestphasen hinterlässt das Projekt aufgrund einer großen Anzahl von Fehlern, die in früheren Phasen nach Architektur-, Design-, Abnahme- und Modultests hätten ausgeschaltet werden müssen, einen schlechten Eindruck.
- Die Mängelberichte häufen sich gegen Ende der Entwicklungs- und Fertigstellungsphasen.

7.7.4 Typische Ursachen

- Die Architektur definiert die technischen Kriterien für die Abnahme, Tests, Integration und Kompatibilität nicht ausreichend.
- Bei Codeüberprüfungen und Software-Abnahmen werden Mängel des Designs nicht aufgedeckt und müssen dann in aufwändigeren Phasen wie etwa bei den Akzeptanztests behandelt werden.
- Unzureichende Testläufe überprüfen nur die für die Integration grundlegenden Anforderungen, nicht aber die Anforderungen an die Kompatibilität der Anwendung.
- Alle der genannten Faktoren verweisen auf ein unzureichendes Risikomanagement seitens des Architekten, der Designer und des Managements.

7.7.5 Bekannte Ausnahmen

Für dieses AntiPattern sollte es keine Ausnahmen geben.

7.7.6 Refactoring-Lösung

Bei einem korrekten Risikomanagement können vorhersehbare Symptome und Folgen dieses AntiPatterns effektiv vermieden werden. Risiken lassen sich unterschiedlich kategorisieren: Risiken des Managements, allgemeine Projektrisiken [Moynihan 89] und Risiken für die Qualitätssicherung. Um Risiken besser qualifizieren zu können, wird im Folgenden auf diese Kategorien eingegangen.

7.7.7 Managementrisiken

Diese Risiken werden von der Geschäftsführung verursacht und können von dieser gelöst werden:

- **Abläufe.** Eine vollständige Ablaufdefinition der Produktentwicklung.
- **Rollen.** Die spezifischen Verantwortlichkeiten für die Umsetzung der Abläufe.

7.7.8 Allgemeine Projektrisiken

Diese wichtigsten Projektrisiken ergeben sich aus den unterschiedlichsten Risikofaktoren:

- Budgetüberschreitungen
- Zu frühe Beendigung des Projekts
- Entwicklung des falschen Produkts
- Technische Fehler

7.7.9 Qualitätssicherung

- **Programm- und Projektmanagement.** Effektivität der Planungs- und Kontrollabläufe.
- **Produktidentifikation.** Genauigkeit der Problemdefinition.
- **Definition der Architektur.** Spezifikation eines Designs und Programmierstrategie.
- **Lösungsentwurf.** Die Fähigkeit zur Erstellung einer konsistenten und optimierten Codespezifikation, die die Lösung vollständig unterstützt.
- **Umsetzung der Lösung (Programmierung).** Die Fähigkeit, eine korrekte Codeimplementierung des Designs zu erstellen, die in der erwarteten Art und Weise funktioniert.
- **Validierung (Test).** Die Probe darauf, ob die implementierte Lösung vollständig den Problemanforderungen gerecht wird.

- **Produktsupport.** Die nachhaltige Wartung und Erweiterung eines auf den Markt gebrachten Produkts.

7.7.10 Allgemeinverständnis

Häufig ist ein fehlendes Allgemeinverständnis Gegenstand des Risikomanagements, was zu einer uneinheitlichen Einschätzung der Entwicklung führt. Dies wiederum birgt in sich die Gefahr, dass die entwickelte Lösung den Anforderungen nicht gerecht wird. In einem Unternehmen muss es ein allgemeines Wissen über alle laufenden Software-Entwicklungen und Projekte geben und in jedem Projekt muss es ein allgemeines Wissen über die Entwicklung geben.

Im Idealfall verfügen alle Entwickler eines Projekts über ein allgemeines Problemverständnis hinsichtlich der Anforderungen und der angestrebten Lösung. Leider ist das nicht immer der Fall, was zu einem oder mehreren der folgenden Missstände führen kann:

- **Mangelnde Funktionalität.** Eine oder mehrere Komponenten wurde(n) nie in Angriff genommen, weil es keine gemeinsame Vorstellung davon gab, wie alle Komponenten in der endgültigen Fassung zusammenarbeiten sollen.

- **Falsche Funktionalität.** Einige Komponenten verfügen nicht über den vollen erforderlichen Funktionalitätsumfang, weil es darüber keine Verständigung zwischen Entwicklern und Endbenutzern (anderen Entwicklern) gab.

- **Überfunktionalität.** Die genauen Anforderungen waren zu keinem Zeitpunkt vollständig deutlich und vertrackte Details wurden nicht geklärt. Die Software-Entwicklung verläuft zwar mit den besten Absichten, ohne dass die Anforderungen oder Bedürfnisse jemals richtig geklärt wurden.

- **Module sind für die Schnittstellen zugeschnitten, ermöglichen aber keine vollständige Zusammenarbeit.** Es fehlt eine Definition der Steuer-Threads oberhalb der System- und Modulgrenzen.

Zum Refactoring gehören Maßnahmen auf der Ebene der Architektur und des Designs. Auf der Ebene der Architektur müssen die gegenseitigen Abhängigkeiten zwischen den Modulen definiert werden. Hierzu gehört die Zuweisung von Verantwortlichkeiten, die die Abhängigkeiten zwischen den Modulen und der Aufteilung der Systemfunktionalität festlegen. Auf der Ebene des Designs müssen die Steuer-Threads für die Module definiert werden. Dies betrifft sowohl die erfolgreichen Abläufe als auch definierte Fehlerzustände.

7.7.11 Varianten

Eine formale Maßnahme zum Risikomanagement ist eine Möglichkeit, Risiken zu mindern. Zum formalen Risikomanagement gehört die Identifikation und Dokumentation von Projektrisiken, die normalerweise in tabellarischer Form mit Spalten für den Risikograd, die Risikobeschreibung und die Risikovermeidung erfolgt. Pläne für das Risikomanagement werden oft in Verbindung mit der formalen Dokumentation von Projekten erstellt, allerdings selten in der Praxis umgesetzt. Die Prioritäten der Projektrisiken und die mit der Risikominderung verbundenen Kosten sind dabei zu berücksichtigen.

Als weitere Variante wird manchmal vorab ein Team darauf angesetzt, die Fähigkeiten eines neuen Produkts und die Kompatibilität einer neuen Technologie zu erkunden. Dieses Team erstellt mit der endgültigen Systemarchitektur vergleichbare Prototypen und verwendet hierfür die grundlegenden Technologien oder einen technischen Ersatz. Es deckt technologische Nachteile auf und sucht nach Auswegen. Das Team informiert anschließend die übrigen Projektmitarbeiter über die neue Technologie und verkürzt dadurch die Lernprozesse. Es muss seine Tätigkeit ein bis drei Monate im Voraus aufnehmen, andernfalls kommt es zu Verzögerungen, weil das eigentliche Projektteam auf die Ergebnisse warten muss.

7.7.12 Beispiel

In einem Software-Entwicklungsprojekt wird die Fertigstellung des Codes nicht gelenkt. Den Entwicklerteams bleibt es selbst überlassen, wie sie vom Design zum auslieferungsfähigen Programm kommen. Das bedeutet, dass sie sich selbst mit eigenen Mechanismen um Fragen der Qualität und des Ablaufs kümmern und ihre eigenen Aktivitäten lenken müssen. Es entstehen nicht akzeptable Risiken durch das Fehlen folgender Voraussetzungen:

- Programmierstandards (Rückverfolgbarkeit bis zum Design)
- Codeüberarbeitungen
- Planen von Tests
- Modultests
- API-Tests
- Integrationstests
- Funktionstests
- Programmdokumentation

Das Risiko manifestiert sich dadurch, dass der Code schlecht dokumentiert, in weiten Teilen nicht getestet ist, sich nicht integrieren lässt und auch nicht den Anforderungen entspricht.

Die Einsetzung eines neuen Projektleiters führt zu Qualitäts- und Ablaufverbesserungen. Die Verbesserungen erfolgen schrittweise und werden von den Teams durch eine Reihe rückschauender Besprechungen unterstützt, in denen die ungelösten Probleme und Fragen ermittelt werden. Anschließend werden Sondergruppen gebildet, die Lösungen durch schrittweise Verbesserungen der Abläufe ermöglichen.

Jede Sondergruppe setzt sich aus einem Vertreter des Supports und einem verantwortlichem Entwickler (aus jedem Team) für die Entwicklungsphasen zusammen:

- Design
- Programmierung
- Test
- Dokumentation

Jedes Mitglied einer Sondergruppe ist für folgende Dinge verantwortlich:

- Verfeinerung des speziellen Ablaufs
- Unterrichtung des Teams
- Die subjektive Bewertung der Umsetzung des speziellen Prozesses durch das Team sowie der Qualität der durchzuführenden Arbeiten
- Die Unterhaltung von Kontakten zu anderen Sondergruppen, um einen einheitlichen Standard der Ablaufimplementierung und Problemlösung zu erreichen

Innerhalb von sechs Monaten wurden alle Abläufe nach und nach mehrfach verfeinert und jedes Team hat jeden Ablauf mindestens einmal umgesetzt. Die Verbesserungen bestanden aus Mängelreduzierungen von über 50% in folgenden Bereichen:

- Programmfehler
- Dokumentationsmängel
- Nicht getesteter Code

7.7.13 Verwandte Lösungen

Eine Variante des Mini-AntiPatterns Smoke and Mirrors beschreibt die Einbindung technischer Beratung in den Projektplan und die Projektaktivitäten. Dies ist eine wichtige Erweiterung des Risikomanagements und verringert die Gefahr wichtiger strategischer Fehler, zu denen es infolge eines Projektmissmanagements kommen kann.

Brad Appleton stellt in seinem Beitrag zur Ablaufsverbesserung [Appleton 97] eine hervorragende Entwurfsmuster-Sprache für die Verbesserung von Software-Entwicklungsprozessen zur Verfügung. Die Umsetzung verbesserter Abläufe ist ein wichtiger Beitrag zur Überwindung des Projektmissmanagements.

7.7.14 Mini-AntiPattern: Throw It over the Wall

Anekdotisches

Die Programmierung ist abgeschlossen (keine Dokumentation, keine Tests).

Hintergrund

Eine Dokumentation ist nur selten vollständig selbsterklärend, daher ist es wichtig, dass die Intentionen des Autors deutlich werden. Dies gilt insbesondere für Leitfäden, wo freie Entscheidungen getroffen werden müssen. Hierfür müssen die Absichten des Autors genau bekannt sein. Seinem Wesen nach ist alles menschliche Wissen persönliches Wissen. Selbst der hervorragendste Wissenschaftler verfügt über persönliche Einsichten, die seine Forschungen und Veröffentlichungen beeinflussen. Ein Verständnis dieser persönlichen Einstellungen ist eine Voraussetzung für das Verständnis seiner Arbeit.

AntiPattern-Problem

Objektorientierte Methoden, Entwurfsmuster und Implementierungspläne, die als flexible Richtlinien gedacht sind, werden von den nachgeordneten Mitarbeitern und objektorientierten Entwicklern häufig allzu wörtlich genommen. Wenn Richtlinien mit der fortschreitenden Entwicklung verändert werden, haftet ihnen unter Umständen ungerechtfertigterweise das Attribut der Vollständigkeit und der Vorschrift an. Solche buchstäblichen Interpretationen flexibler Richtlinien können zu unbeabsichtigten Ergebnissen führen. Möglicherweise werden auf Basis der Richtlinien, die lediglich als Anregung für eine sorgfältige Analyse und für optimierte Entscheidungen gedacht waren, weitreichende Entscheidungen getroffen. Es kann unnötiger Aufwand für nutzlose Analysen und deren Dokumentation entstehen, weil die Richtlinien als obligatorisch interpretiert werden, ohne dass jemand deren Sinn versteht. Zu diesem Phänomen kommt es sowohl in kleineren als auch in größeren Unternehmen und es kann durch einen mangelhaften Kommunikationsaustausch zwischen den einzelnen Entwicklungsphasen entstehen. Eine weitere wichtige Ursache ist der Wunsch, die scheinbaren Erwartungen des Managements erfüllen zu wollen, anstatt die Bedürfnisse des Endbenutzers zu berücksichtigen.

Refactoring-Lösung

Damit technische Dokumentationen wie intendiert interpretiert und umgesetzt werden, sind einige wichtige Aspekte zu berücksichtigen. Zum einen sollte das Wissen mit Hilfe einer Lehrveranstaltung transportiert werden. Wenn neue Richtlinien eingeführt werden, sollte es einen entsprechenden Informationstransfer geben, um die Informationen weiterzugeben und sich über die Motivation auszutauschen. Erfahrungsgemäß reicht ein eintägiges Seminar fü Entwicklungsvorgaben mit einem Umfang von zirka 100 Seiten aus. Es kann angebracht sein, die Veranstaltung in zwei Teile zu unterteilen: eine Einführung für leitende Angestellte und eine Einsatzbesprechung für die Entwickler. Diese beiden Gruppen haben ein jeweils anderes Informationsinteresse. Werden beide Gruppen zusammengefasst, dehnt sich der Teil für das Management oft in die Länge und verkürzt die Zeit für die Behandlung technischer Details. Spätere Kontakte über Telefon und E-Mail sind sinnvoll, um den Wissenstransfer zu vervollständigen.

7.7.15 Mini-AntiPattern: Fire Drill

AntiPatternProblem

»Feuerwehrmanöver« (engl. Fire Drill) sind eine in Software-Entwicklungsunternehmen immer wieder durchgeführte Übung. Ein Projekt wird begonnen, aber die Fertigstellung des Designs sowie andere Entwicklungsaktivitäten verzögern sich um mehrere Monate, während auf der Managementebene verschiedene betriebliche und technische Details gelöst werden. (Manche Software-Entwickler handeln nach der Devise »Warte, bis das Management verzweifelt ist und alles akzeptiert, was abgeliefert wird.«) Das Management behindert die Arbeit der Entwickler entweder dadurch, dass es sie warten lässt oder die Entwicklung in ungewisse und problematische Richtungen lenkt. Am destruktivsten sind wahrscheinlich die extern erzeugten Änderungen der Entwicklungsrichtung, die zu Überarbeitungen und Blockaden der Entwicklung führen. Einige Zeit später wird meist in Verbindung mit einem drohenden Projektabbruch deutlich, dass der Entwicklungsprozess schneller vorangetrieben werden muss. In solchen Situationen wird zu einem allgemeinen »Feuerlöschmanöver« aufgerufen, in dessen Verlauf das Management anspruchsvolle (oder unrealistische) Anforderungen für den Fertigstellungstermin formuliert. Ein typisches Beispiel ist ein Projekt, bei dem sechs Monate mit Anforderungsanalysen und Planung verbracht wurden und für die Bemühungen um das Design, die Implementierung und die Demonstration der Software nur noch weniger als vier Wochen zur Verfügung stehen. Da das gesamte Projekt unter Zeitdruck geraten ist, ist man gern bereit, Kompromisse hinsichtlich der Qualität und der eigentlich notwendigen Tests einzugehen. Das Hinterherhinken hinter dem Zeitplan führt zu dem paradoxen Ergebnis, dass durch die Notsituation einigen Entwicklern die Arbeit leichter fällt, weil das Management nahezu jedes Programm (oder jede Dokumentation) akzeptiert, ohne weitere Fragen zu stellen. Gewissenhafte Entwickler, die ihre Beiträge fristgerecht fertig gestellt haben, werden dagegen vom Management oft aufgefordert, ihre Lösungen umzuarbeiten.

Refactoring-Lösung

Das Projektmanagement ist unabhängig von ungelösten Fragen auf der Managementebene für die Auslieferung der Software verantwortlich. Die Arbeitsumgebung für eine qualitativ hochwertige Software-Entwicklung unterscheidet sich sehr deutlich von der eines Feuerwehrmanövers. Insbesondere durch die Architektur gesteuerte Entwicklungen benötigen einen größeren Zeitrahmen und längerfristige Bemühungen. Eine durch die Architektur gesteuerte Entwicklung ist nach Booch (1996) und anderen Autoren der effektivste Weg für eine erfolgreiche Software-Entwicklung. Beim AntiPattern Fire Drill sind die Mitarbeiter länger mit einem Projekt beschäftigt, was für das Management ein wichtiges Argument ist.

Als Schutzmaßnahme gegen dieses AntiPattern kann das Management zwei alternative Projektumgebungen schaffen und unterhalten: eine interne und eine externe. Die Mehrheit der Software-Entwickler arbeitet in der internen Umgebung, die längerfristig ausgerichtet ist und die ein kontinuierliche Fortschreiten bis zur Fertigstellung ermöglichen soll. Bis zu 80% der Programmbestandteile eines Software-Systems sind nach dem so genannten *internen Modell* [Mowbray 97c] nicht anwendungsspezifisch. In der internen Projektumgebung kann die Erstellung des internen Modells unabhängig von technischen und betrieblichen Fragen vorangetrieben werden. Darüber hinaus bietet die schrittweise Fertigstellung interner Elemente auch die effektivste Möglichkeit, Entwicklungsressourcen in iterativ-inkrementellen Projekten zu nutzen [Korson 97].

Die externe Umgebung repräsentiert die öffentliche Seite des Projekts. Sie unterhält Beziehungen zu außerhalb liegenden Entitäten: zum höheren Management, zu den Kunden und zu anderen Projekten (mit denen man um Ressourcen konkurriert oder wo sich gegenseitige Wiederverwendungsmöglichkeiten von Lösungen anbieten). Die Mitarbeiter aus dem Bereich der externen Umgebung müssen gegebenenfalls mehrfach Projektkrisen auslösen, um wichtige Ressourcen zu erhalten. Beim AntiPattern Fire Drill dient die Notsituation dazu, die eigene Schlagkräftigkeit unter Beweis zu stellen, wenn Projekte um die Aufmerksamkeit des Managements und um Ressourcen konkurrieren. Die externe Umgebung kann von einer kleinen Anzahl von Managern und Entwicklern unterhalten werden. Ihre Aufgabe ist es, sich um die Änderungen in der externen Umgebung zu kümmern und die Mehrheit der Projektmitarbeiter davor abzuschirmen. Beispiele für Aspekte in der externen Umgebung sind: Fortschrittsberichte, Zustandsberichte, Beschaffung, Personalausstattung, Kunden- und Marketingpräsentationen. Vor diesen Dingen soll die Mehrheit der Projektmitarbeiter geschützt werden.

Gelegentlich treten jedoch reale Notsituationen auf, die einen uneigennützigen Einsatz erforderlich machen. Die Häufigkeit von Notfallmanövern sollte jedoch beschränkt bleiben, damit die Projektmitglieder in der Lage sind, tatsächliche Notfälle zu beseitigen.

Verwandte Lösungen

Dieses Mini-AntiPattern steht in Verbindung mit vielen anderen wichtigen AntiPatterns, zum Beispiel mit den AntiPatterns Analysis Paralysis, Viewgraph Engineering und Mushroom Management. Im Fall des AntiPatterns Analysis Paralysis führt der Perfektionsanspruch hinsichtlich der Analysemodelle zu einer verlängerten Analysephase, die die für die Entwicklung zur Verfügung stehende Zeit einschränkt und so zu einer Notsituation führt. Beim AntiPattern Viewgraph Engineering findet der Übergang von der Analyse auf dem Papier zur eigentlichen Software-Entwicklung gar nicht erst statt. Die Arbeitssituation ist mit der oben beschriebenen Notsituation beim Feuerlöschmanöver vergleichbar. Beim Mushroom Management sind die Entwickler unnötigerweise vom Endanwender isoliert (nicht vom Endbenutzer-Management). An die Entwickler werden keine klaren Anforderungen gestellt und sie erhalten kein Feedback über die Fähigkeiten der Benutzerschnittstelle. Bei der Mushroom-Management-Lösung wird ein konstruktiver Austausch zwischen Endbenutzern und Entwicklern favorisiert, während bei der Fire-Drill-Lösung ein destruktiver Austausch zwischen Entwicklern und Endbenutzern befördert wird, wenn Richtungsänderungen und Unsicherheiten den Software-Entwicklungsprozess aus dem Gleis werfen können.

7.7.16 Mini-AntiPattern: The Feud

AntiPattern-Problem

Beim AntiPattern Feud (deutsch: Fehde) kommt es zu persönlichen Konflikten zwischen Managern, die sich sehr stark auf die Arbeitsumgebung auswirken können. Die diesen Managern unterstellten Angestellten leiden unter den Konsequenzen der Unstimmigkeiten der Manager untereinander, weil sich deren Animositäten im Allgemeinen in ihren Einstellungen und ihren Maßnahmen immer negativ auf die Mitarbeiter auswirken. Dementsprechend fehlt den Entwicklern ein produktiver Kommunikationsprozess und der allgemeine Mangel an Kooperationsbereitschaft verhindert jeden sinnvollen Technologietransfer, was sich auf die Produktivität und das Bild des Unternehmens nachteilig auswirken kann. Dieser Konflikt kann in verbalen Attacken kulminieren, die gesamte Belegschaft lähmen und zu Zeit- und Kraftverlusten führen. Auseinandersetzungen via E-Mail können den Konflikt noch verschärfen (siehe das folgende Mini-AntiPattern). Fehden innerhalb des Managements können sich über Jahre hinziehen, wobei es immer wieder zu Feindlichkeitsausbrüchen kommen kann, wenn nicht sofort etwas dagegen unternommen wird.

Refactoring-Lösung

Von Dr. Randall Oakes, einem Veteran der Informationstechnologie, stammt der Ausspruch, dass »es kein Problem gibt, das nicht bei einer Pizza gelöst werden könnte« [Oakes 95]. Er geht davon aus, dass sich betriebliche Probleme meist in einer freundlichen Atmosphäre lösen lassen. Auf diese Weise lässt sich auch der Prozess der Teambildung vorantreiben, so dass Freundschaften entstehen können, die der betriebsübergreifenden Kommunikation förderlich sind. Den meisten Nutzen kann der Sponsor eines solchen Arbeitsessens haben, von dem die Mitarbeiter den Eindruck bekommen, dass er gar nicht so übel ist, wie es auf den ersten Blick erscheint

Varianten

Bei einer betrieblichen Intervention werden innerbetriebliche Differenzen ausgeglichen. Professionelle Vermittler und psychologisch geschulte Fachkräfte führen diese Interventionen mit den entsprechenden Verfahren durch [GDSS 94]. Mit elektronischen Meeting-Tools oder einer zweitägigen Veranstaltung außer Haus können beachtliche Ergebnisse erzielt werden. Auf diesen Meetings kann die Gruppe außer Haus mit ihrer Kreativität die Differenzen aus dem Weg räumen und den betrieblichen Frieden wiederherstellen. Auf ihnen können nicht kompromissbereite Manager zur Kommunikation und zum Aufbau neuer Beziehungen veranlasst werden. Die Teilnehmer finden neue Lösungen für Probleme, die zuvor als unlösbar galten.

7.7.17 Mini-AntiPattern: E-Mail Is Dangerous

E-Mail ist für den Software-Entwickler ein wichtiges Kommunikationsmedium. Leider eignet sich dieses Medium für viele Themen und vertrauliche Dinge nicht. E-Mails sind beispielsweise nicht das richtige Medium für konfrontative Auseinandersetzungen, weil es durch die physische Abwesenheit des Gesprächspartner leichter zu emotionalen Verletzungen kommen kann und aus einer persönlichen Unstimmigkeit leicht ein »öffentliches Ereignis« werden kann. Produktivität und Moral können schnell zurückgehen, wenn die Projektmitglieder sich in längeren Auseinandersetzungen via E-Mail verzetteln. Dieses Mini-AntiPattern kann viele negative Folgen nach sich ziehen, von denen einige hier mit empfehlenswerten Gegenmaßnahmen erwähnt werden:

- »Vertrauliche Mitteilungen« landen in der Regel im Posteingang desjenigen, der sie auf keinen Fall erhalten sollte. Es ist ratsam, sich immer so zu verhalten, als könnte eine E-Mail in die Hände Ihres ärgsten Feindes oder Konkurrenten geraten.

- E-Mails können an viele Empfänger gleichzeitig versendet werden, beispielsweise an gesamte Abteilungen, Firmen, Kunden, Mailing-Listen oder öffentliche Internet-Foren. Verfassen Sie jede E-Mail-Nachricht so, dass sie auch auf der Titelseite einer Tageszeitung erscheinen könnte.

- Beim Verfassen einer E-Mail-Nachricht sollten Sie berücksichtigen, dass es sich um ein Dokument handelt, das später gegen Sie verwendet werden kann.

E-Mails eignen sich nicht für den Austausch über komplexe Themen. Aufgrund der Technologie und anderer Charakteristika des Mediums entstehen schnell Missverständnisse, weil ein längerer Informationsaustausch mit Hilfe von E-Mails die Diskussion auf den kleinsten gemeinsamen Nenner reduziert. Außerdem versenden Diskussionsgruppen Dutzende von Nachrichten zu allen möglichen Themen, die teilweise trivial und nutzlos sind. Solche umständlichen Diskussionen sind zeitraubend und arbeitsaufwändig.

Refactoring-Lösung

Setzen Sie E-Mails nur mit Bedacht ein. Vermeiden Sie dieses Medium bei sachlichen Auseinandersetzungen, zum Vorbringen sachlicher Kritik, für vertrauliche Informationen, bei politisch brisanten und juristisch verwertbaren Aussagen. Wählen Sie beim geringsten Zweifel ein anderes Medium. Zwar sind Telefongespräche, Faxübertragungen und persönliche Gespräche auch nicht hundertprozentig gesichert, die Gefahr möglicher Folgeschäden ist aber wesentlich geringer.

Teil III

Anhänge

Anhang A

AntiPatterns – Zusammenfassung

Tabelle A.1 fasst die AntiPatterns und Tabelle A.2 die Mini-AntiPatterns zusammen. Die Kapitelspalte (rechts außen) nennt das Kapitel, in dem das AntiPattern beschrieben wird. Jedes Kapitel steht für eine andere Perspektive:

- Kapitel 5: Perspektive des Software-Entwicklers
- Kapitel 6: Perspektive der Architektur
- Kapitel 7: Perspektive des Managements

AntiPatterns

Name	AntiPattern-Lösung	Refactoring-Lösung	Kap.
Analysis Paralysis	Das Streben nach Vollständigkeit und Perfektion während der Analysephase blockiert das Projekt.	Wiederholt durchgeführte Entwicklungsschritte verschieben die detaillierte Analyse bis zu dem Zeitpunkt, an dem das Wissen zur Verfügung steht.	7
Architecture by Implication	Das System wurde ohne eine dokumentierte Architektur entwickelt, was oft aus Selbstüberschätzung nach erfolgreich abgeschlossenen Projekten geschieht.	Definition der Architektur aus den Perspektiven der unterschiedlichen Interessengruppen.	6
The Blob	Ein Design im prozeduralen Stil führt zu einem Objekt mit zahlreichen Verantwortlichkeiten, während die übrigen Objekte nur Daten aufnehmen.	Das Design ist so zu überarbeiten, dass die Verantwortlichkeiten einheitlicher verteilt und die Auswirkungen von Änderungen isoliert werden.	5
Corncob	Schwierige Mitarbeiter behindern den Software-Entwicklungsprozess und lenken ihn in eine falsche Richtung.	Das Verhalten dieser Einzelpersonen wird durch verschiedene taktische, betriebliche und strategische Maßnahmen unterbunden.	7
Cut-and-Paste Programmierung	Das Ausschneiden und Kopieren wiederverwendeten Codes sorgt für Wartungsprobleme.	Die Blackbox-Wiederverwendung verringert Wartungsprobleme, weil es einen gemeinsamen, getesteten und dokumentierten Code für Wiederverwendungen gibt.	5

Tabelle A.1: AntiPatterns – Zusammenfassung

Anhang A
AntiPatterns – Zusammenfassung

Name	AntiPattern-Lösung	Refactoring-Lösung	Kap.
Death by Planning	Übertriebene Planung im Vorfeld von Software-Projekten führt zu nutzlosen Plänen und Hintanstellung der eigentlichen Entwicklungsarbeit.	Iterative Software-Entwicklungsprozesse mit bescheideneren Planungen unter Berücksichtigung der bekannten Fakten und eine schrittweise Umstellung der Pläne.	7
Design by Committee	Das Design ist zu komplex und es fehlt eine allgemeine architektonische Vision.	Klare Aufgabenverteilungen für eine effektivere Abwicklung.	6
Functional Decomposition	Ein nicht objektorientiertes Design (möglicherweise älteres Design) wird in einer objektorientierten Sprache codiert.	Ein neues Design nach objektorientierten Prinzipien entwerfen, andere Möglichkeiten bieten sich nicht an.	5
Golden Hammer	Eine vertraute Technologie oder ein bekanntes Konzept wird ohne weitere Überlegung für viele Probleme angewendet.	Fort- und Weiterbildung für die Entwickler.	5
Irrational Management	Gewohnheitsmäßige Unentschlossenheit und ähnliche Ursachen führen zu De-facto-Entscheidungen und Entwicklungsnotständen.	Managementverfahren für eine rationale Entscheidungsfindung.	7
Lava Flow	Nicht benutzte Codeelemente und Designinformationen befinden sich als Rückstände in einem dauernd geänderten Design.	Installation von Konfigurationskontrollprozessen für die Vermeidung von Coderückständen, Umarbeitung oder Weiterentwicklung des Designs.	5
Poltergeister	Klassen mit sehr beschränkten Aufgaben und kurzem Lebenszyklus, die häufig Prozesse für andere Objekte starten.	Zuweisung der Aufgaben an längerlebige Objekte und Entfernung der Poltergeister.	5
Project Mismanagement	Unaufmerksamkeit des Managements bei Software-Entwicklungsprozessen kann in die falsche Richtung und zu anderen Symptomen führen.	Überwachung und Kontrolle der Software-Projekte, um erfolgreiche Entwicklungen zu ermöglichen.	7
Reinvent the Wheel	Herkömmliche Systeme mit überlappender Funktionalität arbeiten nicht zusammen. Jedes System wird isoliert voneinander aufgebaut.	Definition einer allgemeinen Schnittstelle mit Hilfe von Architektur-Mining und Verallgemeinerung, Integration mit Objekt-Wrapping.	6

Tabelle A.1: AntiPatterns – Zusammenfassung (Forts.)

Name	AntiPattern-Lösung	Refactoring-Lösung	Kap.
Spaghetti-Code	Eine Ad-hoc-Software-Struktur erschwert die Optimierung und Erweiterung von Code.	Häufige Überarbeitung des Codes, um die Software-Struktur zu verbessern, Software-Pflege und Unterstützung einer iterativen Entwicklung.	5
Stovepipe Enterprise	Nicht miteinander koordinierte Software-Architekturen verhindern Kompatibilität und Wiederverwendung.	Die Konventionen für die Systeme, die Wiederverwendung und Kompatibilität werden über eine unternehmensweite Architekturplanung koordiniert.	6
Stovepipe System	Spontane Integrationslösungen und mangelnde Abstraktionen führen zu zerbrechlichen und schwer zu pflegenden Architekturen.	Verwendung von Abstraktionen, Subsystemen und Metadaten zur Einrichtung anpassungsfähiger Systeme.	6
Vendor Lock-In	Proprietäre, produktabhängige Architekturen eignen sich nicht für umfangreiche Systeme und führen dazu, dass Architektur- und Wartungskosten außer Kontrolle geraten.	Installation einer Isolierschicht zwischen produktabhängigen Schnittstellen und der wichtigsten Anwendungssoftware, damit ein Management der Komplexität und Architektur möglich wird.	6

Tabelle A.1: AntiPatterns – Zusammenfassung (Forts.)

Mini-AntiPatterns

Name	AntiPattern-Lösung	Refactoring-Lösung	Kap.
Ambiguous Viewpoint	Ein unklarer Modellierungsstandpunkt führt zu problematischen Zweideutigkeiten in den Objektmodellen.	Deutlich machen, aus welcher der drei wichtigen Perspektiven modelliert wird: aus der betrieblichen, aus der der Spezifikation oder aus der der Implementierung.	5
Autogenerated Stovepipe	Automatische Erzeugung von Schnittstellen für verteilte, umfangreiche Systeme.	Trennung des Designrahmens auf Architekturebene vom Subsystemspezifischen Design, um die Komplexität handhaben zu können.	6
Blowhard Jamboree	Hersteller verbreiten Marketing-Informationen für die Kundschaft.	Fakten und Medienrummel von In-House-Experten trennen lassen.	7
Boat Anchor	Eine kostspielige Technologie wird für ein Systementwicklungsprojekt eingekauft, bleibt aber ungenutzt.	Kompetente Entwickler sollten das Produkt vor der Anschaffung in Augenschein nehmen.	5

Tabelle A.2: Mini-AntiPatterns – Zusammenfassung

Anhang A
AntiPatterns – Zusammenfassung

Name	AntiPattern-Lösung	Refactoring-Lösung	Kap.
Continuous Obsolescence	Im Internet-Zeitalter wechseln Technologien so schnell, dass es schwierig wird, Schritt zu halten.	Auswahl stabiler Technologien und Schnittstellen, die der eigenen Kontrolle unterliegen. Open-Systems-Standards bieten Stabilität.	5
Cover Your Assets	Bei der Software-Entwicklung mit Pflichtenheft werden zu detaillierte Anforderungen gestellt.	Klare Richtlinien für die Zusammenstellung von Pflichtenheften und dokumentierte Anforderungen.	6
Dead End	Der Eingriff in kommerzielle oder wiederverwendete Software führt zu späteren Problemen bei der Pflege von Software-Systemen.	Keine Veränderungen an unterstützter Software, Auswahl von Mainstream-Produkten und gängiger Betriebssysteme.	5
E-Mail Is Dangerous	E-Mail ist eine nützliche, aber unsichere Form der Kommunikation.	Keine E-Mails für vertrauliche oder kontroverse Informationen und sachliche Auseinandersetzungen.	7
Fear of Success	Auch Software-Entwickler neigen zu eigenartigem Verhalten, wenn der erfolgreiche Abschluss eines Projekts bevorsteht.	Der erreichte Erfolg muss bei Beendigung des Projekts klar herausgestellt werden.	7
The Feud	Manager, die sich in längerfristige Konflikte mit Gleichgestellten verstricken, haben einen negativen Einfluss auf die übrigen Mitarbeiter.	Professionelle Hilfe von außen oder informelle Gesprächsrunden.	7
Fire Drill	Das Management verzögert den Fortgang des Designs und der Implementierung bis zum letzten Augenblick und erwartet dann schnelle Resultate.	Die Initiative ergreifen und Design und Prototyping vorantreiben, auch wenn Kunden oder Management noch nicht vollständig an Bord sind.	7
The Grand Old Duke of York	Vier von fünf Entwicklern können nicht vernünftig abstrahieren, was zu ausufernder Komplexität führt.	Wählen Sie Architekten für das Projektteam aus, die abstrahieren können und einen Instinkt für die Architektur besitzen.	6
Input Cludge	Selbst programmierte Eingabealgorithmen enthalten viele Fehler, die dem Anwender und Tester nicht verborgen bleiben.	Hochwertige Eingabeverarbeitung mit Eigenschaftsmatrizen.	5

Tabelle A.2: Mini-AntiPatterns – Zusammenfassung (Forts.)

Name	AntiPattern-Lösung	Refactoring-Lösung	Kap.
Intellectual Violence	Mit Verweisen auf geheimnisvolle Papiere, Theorien und Standards werden andere Mitarbeiter eingeschüchtert oder sollen kurzfristige Ziele erreicht werden.	Weiterbildung und eine Atmosphäre gegenseitigen Lernens innerhalb des Unternehmens schaffen.	7
Jumble	Das Design der Schnittstellen ist eine unstrukturierte Mischung aus horizontalen und vertikalen Elementen, was zur Notwendigkeit häufiger Schnittstellenänderung führt und eine Wiederverwendung unmöglich macht.	Aufteilung des Architekturdesigns im Hinblick auf horizontale, vertikale und Metadatenelemente.	6
Mine Field	Die Software-Technologien sind viel weniger robust, als vielfach angenommen wird. Fehler können überall vorhanden sein und möglicherweise Katastrophen auslösen.	Software-Tests und -Inspektionen verringern die Häufigkeit und Stärke von Software-Mängeln.	5
Mushroom Management	Entwickler erhalten keine Informationen und eine Kommunikation mit dem Endbenutzer findet nicht statt.	Regelmäßiger Austausch mit den Endbenutzern, um die Einsatzfähigkeit und Akzeptanz zu verbessern.	5
Smoke and Mirrors	Endbenutzer gehen fälschlicherweise davon aus, dass eine Produktdemonstration bereits das einsatzfähige Produkt zeigt.	Keine falschen Erwartungen wecken, damit es für Verkauf und Marketing nicht zu Haftungsproblemen kommt.	7
Swiss Army Knife	Ein Zuviel an Design bei Schnittstellen führt zu Objekten mit zahlreichen Methoden, die versuchen, jede mögliche Anforderung vorwegzunehmen. Dadurch entsteht ein schwer zu begreifendes und umzusetzendes Design, bei dem die Fehlersuche erschwert wurde, und dessen wechselseitige Abhängigkeit für die Implementierung schwer nachzuvollziehen sind.	Klare Definitionen des Zwecks von Komponenten und eine korrekt abstrahierte Schnittstelle erleichtern den Umgang mit der Komplexität.	6

Tabelle A.2: Mini-AntiPatterns – Zusammenfassung (Forts.)

Anhang A
AntiPatterns – Zusammenfassung

Name	AntiPattern-Lösung	Refactoring-Lösung	Kap.
Throw It over the Wall	Dokumente werden ohne Rücksicht auf den Technologietransfer produziert und verteilt. Flexible Richtlinien werden fälschlicherweise als De-facto-Richtlinien oder formale Prozesse interpretiert.	Erstellen und Verteilen von Informationen zur geplanten Implementierung jedes neuen Vorgangs oder jeder neuen Richtlinie unter Zuhilfenahme von Weiterbildungen, Schulungen und Maßnahmen für den Technologietransfer.	7
Viewgraph Engineering	Unternehmen mit begrenzten technischen Möglichkeiten für die Systementwicklung werden ernst genommen, wenn sie substanzielle Dokumente und ausgefeilte Briefings produzieren.	Überprüfen der Möglichkeiten des Entwicklungsunternehmens sowie der Projektmannschaft. Prototyping für jeden Systementwicklungsprozess einsetzen.	7
Warm Bodies	Zu große Projektteams können für eine ineffektive Organisation und Terminüberschreitungen verantwortlich sein.	Kleine Projektteams (vier Mitarbeiter für vier Monate)	6
Wolf Ticket	Ein Produkt erweckt den Anschein positiver Qualitäten, weil es in der Verpackung eines offenen Systems daherkommt oder Übereinstimmung mit Standards vorgibt. Es gibt nur für wenige Standards Test-Suiten (weniger als 6%) und nur wenige Produkte werden tatsächlich auf ihre Konformität mit den Standards getestet.	Überprüfen Sie die Angaben, befragen Sie Fachleute und nehmen Sie nichts als gesichert hin. Übertragen Sie die Aufgabe der Überprüfung der Marketing-Abteilung. Sprechen Sie selbst mit den Produktexperten und Entwicklern.	6

Tabelle A.2: Mini-AntiPatterns – Zusammenfassung (Forts.)

Anhang B

AntiPattern-Terminologie

Allgemeine Form Dieser Abschnitt der AntiPattern-Beschreibung nennt die generischen Charakteristika des AntiPatterns. Das Refactoring löst das hier beschriebene allgemeine AntiPattern auf.

Anekdotisches Ein Abschnitt im Steckbrief des AntiPatterns, der Klischees oder Witziges zur Beschreibung des AntiPatterns enthält.

AntiPattern Ein verbreitetes Muster oder eine Lösung, die zu deutlich negativen Konsequenzen führt. Ein AntiPattern kann ein Entwurfsmuster im falschen Kontext sein. Korrekt dokumentiert, besteht ein AntiPattern aus einer AntiPattern-Lösung mit dem Refactoring.

AntiPattern-Name Dieser Abschnitt aus der Kurzbeschreibung des AntiPatterns gibt eine eindeutige Bezeichnung mit einer abwertenden Note an.

Anwendbarkeit auf andere Perspektiven und Bereiche Dieser Abschnitt der AntiPattern-Beschreibung beschreibt, wie sich das AntiPattern auf die Perspektiven des Managements, der Architektur oder der Entwickler auswirkt. Optional enthält dieser Abschnitt interessante Implikationen des AntiPatterns auf andere Bereiche der Software-Entwicklung.

Architektonische Charakteristika Kennzeichen eines Designartefakts, die seine Verwendung und Positionierung innerhalb der architektonischen Gliederung betreffen. Zum Beispiel der Reifegrad, die Fachspezifik, die Flexibilität, Einschränkungen, Abhängigkeiten für die Implementierung, Komplexität, Stabilität und so weiter.

Architektonische Gliederung Die Architektur definiert Grenzen zwischen Kategorien der Designartefakte. Diese Gliederungen trennen Kategorien von Entitäten mit unterschiedlichen Charakteristika. Durch die Gliederung können unterschiedliche Belange voneinander abgegrenzt werden, was die Anzahl der widerstreitenden Kräfte reduziert und die Problemlösung erleichtert. Gliederungen isolieren auch Entitäten, die sich voraussichtlich unabhängig voneinander ändern können, beispielsweise zwischen einem generischen wiederverwendbaren und einem fachspezifischen Objekt.

Architektonische Positionierungskriterien Entwurfsmuster liegen auf einer Ebene, auf der die Problemdarstellung am besten anwendbar ist, und in der sich die Grenzen der Lösung innerhalb des Bereichs der Ebene befinden. Diese Definition enthält zwei Kriterien, daher hat die Problemanwendbarkeit Vorrang vor dem Lösungsbereich. Bestimmte Entwurfsmuster können möglicherweise auf mehreren Ebenen angesiedelt werden. Der Abschnitt über die Anwendbarkeit auf andere Perspektiven und Bereiche der AntiPattern-Beschreibung beschreibt die Anwendbarkeit des AntiPatterns auf andere Ebenen.

Architektonische Vorteile   Die positiven Ergebnisse des Designs und einer guten Architektur sowie der damit verbundenen Software-Schnittstellen. Typische Vorteile sind Anpassungsfähigkeit, Kosten und Risikominderung und so weiter.

Architektur   Mehrere Ansichten eines kompletten Systems. Eine Architektur berücksichtigt die Perspektiven potenzieller Benutzergruppen des Systems, beispielsweise die Perspektiven der Endbenutzer, der Entwickler, der Software-Architekten, der Fachexperten und der Manager.

Beispiel   Ein Abschnitt der AntiPattern-Beschreibung mit einem Beispiel für das AntiPattern und das Refactoring.

Bytecode   Die Zwischenform zwischen einer höheren Programmiersprache wie etwa Java und dem Maschinencode.

Designartefakt   Eine bestimmte Instanz einer Designentscheidung.

Designpunkt   Ein bestimmter Konflikt in einem zulässigen Bereich von Optionen innerhalb des Entwurfsmusters. Der vollständige Bereich der Designoptionen für ein bestimmtes Problem bildet ein Kontinuum alternativer Auswahlmöglichkeiten. Ein Designpunkt ist eine dieser Auswahlmöglichkeiten, die Kräfte auflöst und Vorteile und Konsequenzen ausbalanciert, beispielsweise die Entscheidung für den Datentyp `string` anstatt für den Typ `enumeration` in einer IDL-Parameterspezifikation. Während die Enumeration über eine feste Menge von Alternativen verfügt, die nicht ohne IDL-Änderungen erweiterbar sind, kann der Typ `string` einen breiten Bereich von Verwendungen und Erweiterungen abdecken.

Entwurfsmuster   Eine Problemdarstellung und Problemlösung, die eine festgelegte, allgemein übliche Herangehensweise zur Lösung eines Designproblems beschreibt. Korrekt dokumentierte Entwurfsmuster werden mit Hilfe einer einheitlichen Vorlage beschrieben, die für Prägnanz und ausführliche Beschreibung der Details, Fragen und Konflikte sorgt.

Häufigste Ebene   Diese Zeile aus der Kurzbeschreibung des AntiPatterns gibt den Bereich der Software-Entwicklung aus dem Software-Design-Level-Modell (SDLM) an, in dem das AntiPattern gewöhnlich anzutreffen ist. Zu den Optionen gehören: Idiom, Mikroarchitektur, Framework, Anwendung, System, Unternehmen oder Global. Dieser Bereich schränkt den Lösungsbereich ein.

Hauptursachen   Diese Zeile aus der Kurzbeschreibung des AntiPatterns nennt die allgemeinen Ursachen für sein Auftreten. Sie wurde der Kolumne »Deadly Sins of Objekt-Oriented Architecture« [Mowbray 97a] entnommen und enthält die optionalen Angaben: Eile, Geiz, Stolz, Ignoranz, Apathie, Engstirnigkeit und Faulheit. Die generelle Ursache ist nicht wahrgenommene Verantwortung oder Verantwortungslosigkeit.

Hintergrund Dieser Abschnitt aus der Beschreibung des AntiPatterns enthält ergänzende Hinweise, die in anderen Abschnitten nicht genannt werden.

Horizontalkräfte Auf mehrere Fachgebiete oder Probleme anwendbare Kräfte, die Designentscheidungen für mehrere Module oder Komponenten beeinflussen. Horizontalkräfte können bewirken, dass an anderer Stelle getroffene Designentscheidungen einen direkten oder indirekten Einfluss auf lokale Designentscheidungen haben können.

Implementierung Der Code (die Software oder das Programm) bildet den Mechanismus, der Dienste bereitstellt, die einer Schnittstelle angepasst sind. Man spricht auch von Objektimplementierung.

Java Virtual Machine (JVM) Ein Laufzeitsystem der Programmiersprache Java für die dynamische Interpretation von Java-Bytecode. Die JVM ist auch für andere Java-Eigenschaften wie zum Beispiel die Garbage Collection und das Erzeugen von Objekten verantwortlich.

Komponente oder Software-Komponente Ein kleineres Software-Modul auf Anwendungs- oder tieferer Ebene. In einer Komponentenarchitektur nutzen die Komponenten gemeinsam eine allgemeine Schnittstelle sowie Metadaten, um Interoperabilität, Komponentenersetzung und Systemerweiterungen zu ermöglichen.

Kräfte Die motivierenden Faktoren des Kontextes, die die Designentscheidungen beeinflussen. Auf diese Kräfte wird im Abschnitt über die Anwendbarkeit des AntiPatterns eingegangen und ihre Auflösung im Abschnitt *Refactoring* beschrieben. (Siehe auch: Horizontalkräfte, Vertikalkräfte und Primärkräfte.)

Mining Die Untersuchung existierender Lösungen und herkömmlicher Systeme, die dazu dienen soll, schnell ein solides Verständnis der Aufgaben für die Lösung eines neuen Problems zu erlangen. Das Mining führt möglicherweise zur Wiederverwendung früherer Lösungen, zu horizontalen Verallgemeinerungen mehrerer Lösungen oder zum Wrapping von Anforderungen an herkömmliche Systeme.

Modul oder Software-Modul Ein generischer Begriff für einen Programmbestandteil. Mit *Modul* wird Software aus unterschiedlichen Bereichen bezeichnet. Ein Modul auf Anwendungsebene ist ein Subsystem; ein Modul auf Systemebene ist ein vollständiges Software-System und so weiter. Ein Modul kann von anderen Modulen gleicher Ebenen unterschieden werden.

Nicht ausbalancierte Kräfte Diese Zeile der AntiPattern-Kurzbeschreibung basiert auf dem Software-Design-Level-Modell (SDLM), das die ignorierten, missbrauchten oder überstrapazierten allgemeinen Kräfte des AntiPatterns nennt. Zur Auswahl stehen: Funktionsmanagement, Leistungsfähigkeit, Komplexität, Veränderung, IT-Ressourcen, Technologietransfer. Das Ressourcenmanagement ist die universelle Kraft.

PLoP Pattern Languages of Programs. Eine jährliche Konferenz zur Erstellung und Dokumentation von Mustern und Mustersprachen.

Anhang B
AntiPattern-Terminologie

Primärkräfte Eine Klasse von Horizontalkräften, die in allen Software-Architekturen und bei allen Software-Entwicklungen zu finden sind. Primärkräfte sind in den meisten Designsituationen anzutreffen und sollten als Bestandteil der Kontextkräfte betrachtet werden, die die meisten Lösungen beeinflussen.

Refactoring In diesem Abschnitt der AntiPattern-Beschreibung wird die Lösung für das AntiPattern beschrieben. Er entspricht dem Abschnitt *Allgemeine Form*. Die Beschreibung berücksichtigt keine Varianten und kann in einzelne Schritte unterteilt sein.

Schnittstelle Ein Software-Grenze zwischen den Anwendern eines Dienstes (den Clients) und einem Dienstanbieter (eine Implementierung).

Symptome und Konsequenzen Dieser Abschnitt der AntiPattern-Vorlage führt Symptome und Konsequenzen auf, die sich aus dem AntiPattern ergeben.

Typ des Refactoring Diese Kurzbeschreibung basiert auf dem Software-Design-Level-Modell (SDLM), das den Typ der Maßnahme angibt, der sich aus der Lösung des AntiPatterns ergibt. Zur Auswahl stehen: Software, Technologie, Prozess oder Rolle. *Software* verweist darauf, dass für die Lösung neue Software produziert wird. *Technologie* zeigt an, dass für die Lösung eine andere Technologie oder ein anderes Produkt erforderlich ist. *Prozess* gibt an, dass für die Lösung die Durchführung eines Prozesses erforderlich ist. Bei der Angabe *Rolle* muss Verantwortung an Personen oder Gruppen delegiert werden.

Typische Ursachen Dieser Abschnitt der AntiPattern-Beschreibung führt die Ursachen für das AntiPattern an.

Varianten Dieser Abschnitt der AntiPattern-Beschreibung führt die wichtigsten bekannten Varianten des AntiPatterns auf. An dieser Stelle werden ebenfalls bekannte alternative Lösungen beschrieben.

Vertikalkräfte Situationsspezifische Kräfte innerhalb eines bestimmten Fachgebietes oder Problemkontextes. Fachspezifische Kräfte sind für eine bestimmte Situation einmalig. Da Vertikalkräfte einmalig (oder lokal) für eine Situation der Software-Entwicklung sind, führt die Auflösung von Vertikalkräften gewöhnlich zu einmaligen Lösungen für jedes Software-Problem. Schnittstellen, die ausschließlich auf der Basis von Vertikalkräften erstellt wurden, heißen *vertikale Schnittstellen*.

Verwandte Lösungen Dieser Abschnitt der AntiPattern-Beschreibung verweist auf andere Erwähnungen des AntiPatterns oder enthält Verweise zu Erklärungen von Unterschieden zwischen diesem und anderen AntiPatterns.

Vorlage oder AntiPattern-Vorlage Das Muster für eine Beschreibung eines Entwurfsmusters oder AntiPatterns. Jeder Abschnitt der Vorlage beantwortet wichtige Fragen zum Entwurfsmuster oder AntiPattern.

Anhang C

Abkürzungen

ACID	Atomic, Consistent, Isolated, Durable (Unteilbar, konsistent, isoliert, dauerhaft)	
ANSI	American National Standards Institute	
API	Application Program-Interface	
CASE	Computer-Aided Software-Engineering	
CD-ROM	Compact Disc Read-Only Memory	
CIO	Chief Information Officer (Leiter der Technologieabteilung)	
CMU	Carnegie Mellon University	
COM	Microsoft Component Object Model	
CORBA	Common Object Request Broker Architecture	
COSE	Common Open Software Environment	
COTS	Commercial Off-The-Shelf (Software von der Stange)	
DIN	Deutsche Industrienorm	
ECMA	European Computer Manufacturers Association	
E-R	Entity-Relationship Modeling	
FGDC	Federal Geographic Data Committee	
FIPS	Federal Information Processing Standard	
FTP	File Transfer Protocol	
GPL	Gamma Pattern Language	
HVM	Horizontal-Vertical-Metadata	
IBM	International Business Machines	
ICD	Interface Control Document	
IDL	ISO/CORBA Interface Definition Language	
IEEE	Institute of Electrical and Electronics Engineers	
ISO	International Standards Organization	
IT	Information Technology	
MVC	Model-View-Controller	
O&M	Operations and Maintenance	
ODMG	Objekt Database Management Group	
ODP	Open Distributed Processing	
OLE	Microsoft Objekt Linking and Embedding	

OLTP	Online Transaction Processing	
OMA	Objekt Management Architecture	
OMG	Object Management Group	
ONC	Open Network Computing	
OO	Objektorientiert	
OOA	Objektorientierte Analyse	
OOA&D	Objektorientierte Analyse und Design	
OOD	Objektorientiertes Design	
OODBMS	Objektorientiertes Datenbank-Managementsystem	
OQL	ODMG Object Query Language	
OSE	Open Systems Environment	
OSF	Open Software Foundation	
PLoP	Pattern Languages of Programs Conference	
RFC	Request for Comment	
RFP	Request for Proposal	
SEI	Software Engineering Institute	
SGML	Standard General Markup Language	
SPC	Software Productivity Consortium	
SQL	Structured Query Language	
SYSMAN	X/Open Systems Management	
TCP/IP	Transmission Control Protocol/Internet Protocol	
TWIT	Third-World Information Systems Troubles	
URL	Universal Resource Locator	
WAIS	Wide Area Information Search	

Anhang D

Bibliografie

Die folgenden Quellen wurden unter Angabe von Name und Datum zitiert (zum Beispiel *[Katz 93]*.

[Adams 96a] Adams, Scott, The Dilbert Principle: A Cubicle's Eye View of Bosses, Meetings, Management Fads, and Other Workplace Afflictions, New York: HarperBusiness, 1996.

[Adams 96b] Adams, Scott, Dogbert's Top Secret Management Handbook, New York: HarperBusiness, 1996.

[Adams 97] Adams, Scott, Dilbert Future: Thriving on Stupidity in the 21st Century, New York: HarperBusiness, 1997.

[Akroyd 96] Akroyd, Michael, AntiPatterns Session Notes, Object World West, San Francisco, 1996.

[Alexander 77] Alexander, Christopher, A Pattern Language, Oxford: Oxford University Press, 1977.

[Alexander 79] Alexander, Christopher, The Timeless Way of Building, Oxford: Oxford University Press, 1979.

[Appleton 97] Appleton, Brad, Patterns for Conducting Process Improvement, PLoP, 1997.

[Augarde 91] Augarde, Tony, The Oxford Dictionary of Modern Quotations, Oxford: Oxford University Press, 1991.

[Bates 96] Bates, M.E., The Online Deskbook, New York: Pemberton Press, 1996.

[Beck 96] Beck, Kent, Guest Editor's Introduction to Special Issue on Design Patterns, OBJECT Magazine, SIGS Publications, Januar 1996, pp. 23–63.

[Beizer 97a] Beizer, Boris, Introduction to Software Testing, International Conference on Computer Aided Testing, McLean, VA, 1997.

[Beizer 97b] Beizer, Boris, Foundations of Testing Computer Software, Workshop, 14th International Conference and Exposition on Testing Computer Software, Vienna, VA, Juli 1997.

[Blueprint 97] Blueprint Technologies, Software Silhouettes, McLean, Virginia, 1997.

[Block 81] Block, Peter, Flawless Consulting: A Guide to Getting Your Expertise Used, San Diego: Pfeiffer & Company, 1981.

[Booch 96] Booch, Grady, Object Solutions, Reading, MA: Addison-Wesley-Longman, 1996.

[Bowen 97] Bowen, Jonathan P., und Hinchey, Michael G., The Use of Industrial-Strength Formal Methods, Proceedings of the Twenty-First Annual Computer Software and Applications Conference (COMPSAC 97), IEEE, August 1997.

[Brodie 95] Brodie, Michael, und Stonebraker, Michael, Migrating Legacy Systems: Gateways, Interfaces, and the Incremental Approach, Menlo Park, CA: Morgan Kaufmann Publishers, 1995.

[Brooks 79] Brooks, Frederick P., The Mythical Man-Month, Reading, MA: Addison-Wesley, 1979.
Deutsche Übersetzung: Frederick P. Brooks: Vom Mythos des Mann-Monats, mitp, 2003

[Brown 95] Brown, Kyle, Design by Committee, on the Portland Patterns Repository Web site, http://c2.com/ppr/index.html.

[Brown 96] Brown, William J., Leading a Successful Migration, Object Magazine, October 1996, pp. 38–43.

[Buschmann 96] Buschmann, Frank; Meunier, Regine; Rohnert, Hans; Sommerlad, Peter; Stal, Michael, Pattern-Oriented Software Architecture: A System of Patterns, New York: John Wiley & Sons, Inc., 1996.

[C4ISR 96] C4I Integration Support Activity, C4ISR Architecture Framework, version 1.0, Integrated Architectures Panel, U.S. Government Document CISA-0000-104-96, Washington, DC, Juni 1996.

[Cargill 89] Cargill, Carl F., Information Technology Standardization: Theory, Process, and Organizations, Bedford, MA: Digital Press, 1989.

[Connell 87] Connell, John, Rapid Structured Prototyping, Reading, MA: Addison-Wesley, 1987.

[Constantine 95] Constantine, Larry, Constantine on Peopleware, Englewood Cliffs, NJ: Prentice-Hall, 1995.

[Cook 94] Cook, Steve, und Daniels, John, Designing Object Systems, Englewood Cliffs, NJ: Prentice-Hall, 1994.

[Coplien 94] Coplien, James O., A Development Process Generative Pattern Language, PLoP, 1994.

[Coplien 94] Coplien, James O., Object World briefing on design patterns, AT&T Bell Labs Conference Tutorial, San Francisco, 1994.

[Cusumano 95] Cusumano, M.A., und Selby, R.W., Microsoft Secrets, New York: Free Press, 1995.

[Davis 93] Davis, Alan M., Objects, Functions, and States, Englewood Cliffs, NJ: Prentice-Hall, 1993.

[Dikel 97] Dikel, David; Hermansen, Christy; Kane, David; Malveau, Raphael, Organizational Patterns for Software Architecture, PLoP, 1997.

[Dolberg 92] Dolberg, S.H., Integrating Applications in the Real World, Open Information Systems: Guide to UNIX and Other Open Systems, Boston: Patricia Seybold Group, Juli 1992.

[Duell 97] Duell, M., Resign Patterns: Ailments of Unsuitable Project-Disoriented Software, The Software Practioner, vol. 7, No. 3, May–June 1997, p. 14.

[Edwards 97] Edwards, Jeri, und Devoe, D., 10 Tips for Three-Tier Success, D.O.C. Magazine, July 1997, pp. 39–42.

[Foote 97] Foote, Brian, Yoder, Joseph, Big Ball of Mud, Proceedings of Pattern Languages of Programming, PLoP, 1997.

[Fowler 97] Fowler, Martin, Analysis Patterns: Reusable Object Models, Reading, MA: Addison-Wesley 1997.

[Gamma 94] Gamma, Erich; Helm, Richard; Johnson, Ralph; Vlissides, John, Design Patterns, Reading, MA: Addison-Wesley, 1994.

[Gaskin 79] Gaskin, Stephen, Mind at Play, Summerville, TN: The Book Publishing Company, 1979.

[GDSS 94] Group Decision Support Systems, Group Facilitation Using Groupsystems V, Training Course, Georgetown, Washington DC, 1994.

[Gilb 93] Gilb, Tom, und Graham, Dorothy, Software Inspection, Workingham, UK: Addison-Wesley, 1993.

[Goldberg 95] Goldberg, Adele, und Rubin, Kenny S., Succeeding with Objects: Decision Frameworks for Project Management, New York: Addison-Wesley, 1995.

[Griss 97] Griss, Martin, Software Reuse: Architecture, Process, and Organization for Business Success, Object World, San Francisco, 1997.

[Halliwell 93] Halliwell, Chris, Camp Development and the Art of Building a Market through Standards, IEEE Micro, vol. 13, no. 6, December 1993, pp. 10–18.

[Herrington 91] Herrington, Dean, und Herrington, Selina, Meeting Power, The Herrington Group, Inc., Houston, TX, 1991.

[Hilliard 96] Hilliard, Richard; Emery, Dale; Rice, Tom, Experiences Applying a Practical Architectural Method. In Reliable Software Technologies: Ada

Europe '96, A. Strohmeier (ed.), New York: Springer-Verlag, Lecture Notes in Computer Science, vol. 1088, 1996.

[Horowitz, 93] Horowitz, Barry M., Strategic Buying for the Future, Washington DC: Libey Publishing, 1993.

[Hutt 94] Hutt, Andrew (ed.), Object Oriented Analysis and Design, New York: John Wiley & Sons, Inc., 1994.

[ISO 1996] International Standards Organization, Reference Model for Open Distributed Processing, International Standard 10746-1, ITU Recommendation X.901, 1996.

[Jacobson 92] Jacobson, Ivar, Object-Oriented Software Engineering, Reading, MA: Addison-Wesley, 1992.

[Jacobson 97] Jacobson, Ivar; Griss, Martin; Jonsson, Patrick, Software Reuse: Architecture Process and Organization for Business Success, Reading, MA: Addison-Wesley, 1997.

[Jacobson 91] Jacobson, Ivar, Lindstrom, F., Reengineering of Old Systems to an Object-Oriented Architecture, OOPSLA Conference Proceedings, 1991.

[Johnson 95] Johnson, Johnny, Creating Chaos, American Programmer, Juli 1995.

[Johnson 93] Johnson, Ralph, Tutorial on Object-Oriented Frameworks, OOPSLA93 Tutorial Notes, Association for Computing Machinery, 1993.

[Kane 97] Kane, David; Opdyke, William; Dykel, David, Managing Change to Reusable Software, PLoP, 1997.

[Katz 93] Katz, Melony; Cornwell, Donna; Mowbray, Thomas J, System Integration with Minimal Object Wrappers, Proceedings of TOOLS '93, August 1993.

[Kepner 81] Kepner, C. H., Tregoe, B. B., The New Rational Manager, Princeton, NJ: Kepner-Tregoe, Inc., 1981.

[Kitchenham 96] Kitchenham, Barbara, Software Metrics, Cambridge, MA: Blackwell Publishers, 1996.

[Korson 97] Korson, Timothy, Process for the Development of Object-Oriented Systems, Tutorial Notes, Object World West Conference, Juli 1997.

[Kreindler 95] Kreindler, R. Jordan, und Vlissides, John, Object-Oriented Patterns and Frameworks, IBM International Conference on Object Technology, San Francisco, CA, 1995.

[Kruchten 95] Kruchten, Phillipe B., The 4+1 View Model of Architecture, IEEE Software, November 1995, pp. 42–50.

[McCarthy 95] McCarthy, J., Dynamics of Software Development, Redmond, WA: Microsoft Press, 1995.

[McConnell 96] McConnell, Steve, Rapid Development, Redmond, WA: Microsoft Press, 1996.

[Melton 93] Melton J., und Simon, A.R., Understanding the New SQL, Menlo Park, CA: Morgan Kaufmann Publishers, 1993.

[Moore 97] Moore, K. E., Kirschenbaum, E. R., Building Evolvable Systems: The ORBlite Project, Hewlett-Packard Journal, Februar 1997.

[Mowbray 95] Mowbray, Thomas J., und Zahavi, Ron, The Essential CORBA, New York: John Wiley & Sons, Inc., 1995.

[Mowbray 97a] Mowbray, Thomas J., The Seven Deadly Sins of Object-Oriented Architecture, OBJECT Magazine, März 1997, pp. 22–24.

[Mowbray 97b] Mowbray, Thomas J., What Is Architecture? OBJECT Magazine, Architecture column, September 1997.

[Mowbray 97c] Mowbray, Thomas J., Malveau, Raphael C., CORBA Design Patterns, New York: John Wiley & Sons, Inc., 1997.

[Moynihan 89] Moynihan, T.; McCluskey, G.; Verbruggen, R., Riskman1: A Prototype Tool for Risk Analysis for Computer Software, Third International Conference on Computer-Aided Software Engineering, London, 1989.

[Oakes 95] Oakes, R., Presentation at Healthcare Software Development Conference, Medical Records Institute, Boston, 1995.

[Opdyke 92] Opdyke, W.F., Refactoring Object-Oriented Frameworks, Doktorarbeit, University of Illinois, Urbana, IL, 1992.

[PLoP 94] Proceedings of the First Conference on Pattern Languages of Programs, August 1994.

[PLoP 95] Proceedings of the Second Conference on Pattern Languages of Programs, August 1995.

[PLoP 96] Proceedings of the Third Conference on Pattern Languages of Programs, August 1996.

[PLoP 97] Proceedings of the Fourth Conference on Pattern Languages of Programs, September 1997.

[Pree 95] Pree, Wolfgang, Design Patterns for Object-Oriented Software Development, Reading, MA: Addison-Wesley, 1995.

[RDA 96] RDA Consultants, Experiences Using CASE Tools on ROOP Projects, Tinomium, MD, 1996.

[Riel 96] Riel, A.J., Object-Oriented Design Heuristics, Reading, MA: Addison-Wesley, 1996.

[Roetzheim 91] Roetzheim, W.H., Developing Software to Government Standards, Englewood Cliffs, NJ: Prentice-Hall, 1991.

[Rogers 97] Rogers, Gregory F., Framework-Based Software Development in C++, Short Hillzs, NJ: Prentice-Hall, 1997.

[Ruh 97] Ruh, William A., und Mowbray, Thomas J., Inside CORBA, Reading, MA: Addison-Wesley, 1997.

[Schmidt 95] Schmidt, Douglas, Using Design Patterns to Develop Reusable Object-Oriented Communication Software, Communications of the ACM, October 1995, pp. 65–74.

[Schmidt 95] Schmidt, Douglas C., und Coplien, James O., Pattern Languages of Program Design, Reading, MA: Addison-Wesley, 1995.

[Shaw 93] Shaw, M. Software Architecture for Shared Information Systems, Carnegie Mellon University, Software Engineering Institute, Technical Report No. CMU/SEI-93-TR-3, ESC-TR-93-180, März 1993.

[Shaw 96] Shaw, Mary, und Garlan, David, Software Architecture: Perspectives on an Emerging Discipline, Englewood Cliffs, NJ: Prentice-Hall, 1996.

[Spewak 92] Spewak, S. H., und Hill, S. C., Enterprise Architecture Planning, New York: John Wiley & Sons, Inc., 1992.

[Strikeleather 96] Strikeleather, J., The Importance of Architecture, OBJECT 6(2), April 1996.

[Taylor 92] Taylor, D. A., Object-Oriented Information Systems, New York: John Wiley & Sons, Inc., 1992.

[Vlissides 96] Vlissides, John M.; Coplien, James O.; Kerth, Norman L., Pattern Languages of Program Design, Reading, MA: Addison-Wesley, 1996.

[Walden 95] Walden, Kim, und Nerson, Jean-Marc, Seamless Object-Oriented Software Architecture, Englewood Cliffs, NJ: Prentice-Hall, 1995.

[Webster 95] Webster, Bruce F., Pitfalls of Object-Oriented Development, New York: M&T Books, 1995.

[Webster 97] Webster, Bruce F., Everything You Know Is Wrong, Object World West '97, SOFTBANK-COMDEX, 1997.

[Yourdon 93] Yourdon, Edward, Software Reusability: The Decline and Fall of the American Programmer, Englewood Cliffs, NJ: Prentice-Hall, 1993.

[Yourdon 97] Yourdon, Edward, Death March, Short Hills, NJ: Prentice-Hall, 1997. Deutsche Übersetzung: Edward Yourdon: Himmelsfahrtskommando. Aussichtslose IT-Projekte überleben, mitp 2004

Stichwortverzeichnis

Numerisch
4 + 1 Model 196

A
Ablaufsverbesserung 266
Abstraktion
 aggregierte 98
Adapter 38
Akroyd, Michael 40, 122
Akroyd, Mike 97
Alexander
 Christopher 37, 78
Analysemodell 121, 197
Analysephase 228
Analysis Paralysis 227
Änderungen
 Management 55, 59
Anekdotisches 86
AntiPattern 31, 44
 Definition 35
 Name 84
 Vorlage 84
 Zusammenfassung 99, 275
Anwendungsebene 62, 67
Anwendungsentwickler 221
Appleton, Brad 266
Arbeitsumgebung
 disfunktionale 90
Architecture by Implication 192
Architektur 161
 Definition 207
 objektorientierte 63
 rechnerische Verarbeitung 171
Architekturdiagramm 208
Architekturdokumentation 208
Architektur-Farming 213
Architektur-Mining 213
Architekturskizze 182
ARV 171
Autogenerated Stovepipe 164

B
Beck, Kent 37
Bedingung
 eleminieren 98
Berater 257
Besucher 38
Betriebsumgebung 170
Blackbox
 Wiederverwendung 157
Blob 101
Blowhard Jamboree 227
Bottom-Up-Designverfahren 214
Brooks, Fred 40

C
C4ISR-AF 196
Clients 179
Codebereinigung 141
Common Object Request Broker Architecture 206
Continuous Obsolescence 112
Coplien, James 38, 40
CORBA 206
 Entwurfsmuster 81
CORBA2 206
CORBAservices 66
Corncob 244
COTS 60
COTS-Anpassung 138
COTS-Produkt 60
Cover Your Assets 182
Cunningham, Ward 37
Cut-and-Paste 154

D
Datenbank 137
Datenbankzugriff 191
DCOM 197
Dead End 138
Death by Planning 232
Death-March-Projekt 224
De-facto-Standard 72, 190

De-jure-Standard 72
Demo-Version 259
Design
    Wiederverwendung 65
Design by Committee 200
Designebene 61
Detailitis Plan 233
Dienstdefinition 208
Distributed Common Object Model 197
Dokumentation 267

E
Ebene
    häufigste 84
Effektivität 57
Eisenhower
    Dwight 192
E-Mail Is Dangerous 271
Enterprise Architecture Planning 196
Entscheidungsanalyse 256
Entwicklungsprofil 169, 172
Entwurfsebene 73
Entwurfsmuster 31, 36, 38, 43
    degeneriertes 77
    nach Alexander 78
EOSDIS 188

F
Fachexperte 258
Fassade 38
Fear of Success 242
Fire Drill 268
Framework-Ebene 66
Frameworks 33
Functional Decomposition 121
Funktionalität 67
    mangelnde 264
Funktionsmanagement 55, 58

G
Gamma-Mustersprache 63
Glass Case Plan 233
Globale Ebene 71
Goal-Question-Architektur 196
GoF-Entwurfsmuster 80
Goldener Hammer 132
GPL 63
GQA
    Goal-Question-Architektur 196

Grand Old Duke of York
    Mini-AntiPattern 219
Greenfield-System 212

H
Hauptursache 46, 85
Hillside Group 38
Hintergrund 86
Horizontalkraft 55

I
Input Cludge 150
Integrationstest 261
Intellectual Violence 251
Intelligenz
    künstliche 32
Interoperabilität 169
Interoperabilitätsspezifikation 172
Irrational Management 252
Isolierschicht 185
Isolierschicht-Pattern 189
IT-Ressourcen
    Management 55

J
Java Database Connectivity 206
JDBC 206
Johnson, Ralph 44
Jumble 175

K
Klassenschnittstelle 210
Koenig, Andrew 40
Kompatibilität 58
Komplexität 69
Komplexitätsmanagement 55, 59
Komponentenentwickler 220
Konfigurationskontrolle 152
Konsortiumstandard 72
Kraft
    fachspezifische 54
    nicht ausgeglichene 86

L
Lava Flow 113
Leistungssteigerung 142
LiveObjects 188
Lost Architektur Process 207

M

Makrokomponente 63
Management
  Software-Entwicklung 223
Managementrisiko 263
McNamara
  Robert 192
Meetings 202
Metadaten 70, 180
Mikroarchitektur 63, 66
Mikromuster 78
Mikrovorlage 79
Minefield 151
Mini-AntiPattern 84
Minimalvorlage 78
Mining 214
Minipattern
  deduktives 79
  induktives 79
Minivorlage 79
Modell
  externes 62
  internes 62, 269
Modellierung
  objektorientierte 197
Mushroom Management 159
Musterform
  degenerierte 78
Mustersprache 62, 77
Mustervorlage
  System 80

N

Naming-Dienst 180
Naming-Services 191

O

Oakes, Randall 247, 271
Object Request Broker 60, 206
Objektebene 63, 65
Objektorientierung 33
Objekt-Wrapper-Pattern 189
Objekt-Wrapping 67
ODBC 206
OO DCE
  Object-Oriented Distributed Computing Environment 187
Open Database Connectivity 206
OpenDoc 188
ORB 206
ORBlite-Framework 188

P

Parallelverarbeitung 33
Pattern Languages of Program Design 38
Performancemanagement 55, 58
Perspektive 121
  konzeptionelle 197
Pflichtenhefte 182
Planung 192
PLoP 38
Poltergeister 126
Portland Pattern Repository 37
Profil 210
  organisatorisches 71
Profilerstellung 210
Profil-Pattern 189
Programmierung
  strukturierte 32
Projektdauer 199
Projekt-Missmanagement 261
Projektplanung 236
Projektrisiko
  allgemeines 263
Prototyp 231
Proxy-Pattern 189
Prozessmuster 85
Pseudo-AntiPattern 97

Q

Qualitätssicherung 263

R

Railroad 205
Refactoring 44, 83, 97
  formales 98
  Lösungstyp 85
  Name 85
Reference Model for Open Distributed Process 196
Referenzmodell 43, 46
  offene Systeme 169
  standardmäßiges 168
REINVENT THE WHEEL 211
Ressourcenmanagement 61
RFI 207
RFP
  (Request for Proposal) 207

Risiko 263
Risikomanagement 265
RM-ODP
    Reference Model for Open Distributed
        Process 196
Rollenmuster 85
Rubber Stamp 205

S

SAG
    SQL Access Group 206
SCCS 119
Schnittstelle 52
    horizontale 69
    vertikale 69
Schnittstellen
    verteilte 164
SDLM 46
SHAPE 190
Situationsanalyse 255
SmallTalk 37
Smoke and Mirrors 259
Software
    Wiederverwendung 64, 215
Software-Designebene 63
Software-Entwicklung 32
    inkrementelle 230
Software-Muster 85
Spaghetti-Code 139
Spezifikationsmodell 169
Spitwads 204
SQL 205
SQL Access Group 206
Standard
    formaler 72
Stovepipe Enterprise 165
Stovepipe-System 165, 176
Strukturmuster 70
Strukturwandel
    objektorientierter 122
Superklassenabstraktion 98
Swiss Army Knife 210
System
    komplexes 51
Systemanforderungsprofil 170
Systemarchitektur
    definieren 195
Systemebene 62, 68
Systemmanagement 191

T

Technologiemuster 85
Technologieprofil 170
Technologietransfer
    Management 55, 61
Test-Software 153
The Blob 102
Throw It over the Wall 267
ToolTalk 188
Top-Down-Prozess 213
Top-Down-Verfahren 212
Trading-Dienst 180
Trading-Services 191
Transaktionen 191
TWIT-Syndrom 248

U

Überprüfung
    formale 153
Unternehmensarchitektur 71, 169, 171
Unternehmensebene 62, 64, 70
Urkraft 54, 73
Urkräfte 46, 53

V

Varianten 86
Vendor Lock-In 183
Verantwortlichkeit
    Ebenen 57
Vererbung 156
Verhaltensmuster 70
Vertikalkraft 54
Viewgraph Engineering 231
Vorlage 44
    AntiPattern 77
    Entwurfsmuster 77

W

Warm Bodies 198
Webster, Bruce 40
Whitebox
    Wiederverwendung 156
Wiederverwendung 64, 67, 211
Wolf Ticket
    Mini-AntiPattern 190

Z

Zachman-Framework 196

Martin Fowler

Patterns für Enterprise Application-Architekturen

Mit Beiträgen von:
- David Rice
- Matthew Foemmel
- Edward Hieatt
- Robert Mee
- Randy Stafford

Durch neue Technologien wurde die Erstellung von Unternehmensanwendungen revolutioniert. Plattformen wie Java oder .NET haben sich dabei etabliert.

Mit Hilfe dieser neuen Technologien sind Sie zwar in der Lage, mächtige Applikationen zu entwickeln, diese sind aber häufig nur sehr schwierig zu implementieren.

Viele Enterprise-Applikationen sind fehlerhaft, weil der dahinter stehenden Architektur nicht genügend Aufmerksamkeit gewidmet wurde.

Patterns für Enterprise Application-Architekturen ist exakt aus diesem Grund geschrieben worden.

Der Herausgeber Martin Fowler, eine Koryphäe des objektorientierten Designs, stellte fest, dass trotz des rasanten Wandels in der IT-Technologie – von Smalltalk zu CORBA zu Java zu .NET – dieselben fundamentalen Design-Prinzipien angewandt werden können. Mit der Unterstützung vieler erfahrener Experten arbeitete Fowler mehr als 40 wiederverwendbare Lösungen in Patterns ein, die plattformunabhängig zur Erstellung von Unternehmensanwendungen genutzt werden können.

Dieses beeindruckende Handbuch beinhaltet eigentlich zwei Bücher:

Der **erste Teil** bietet dem Leser ein Tutorial zur Entwicklung von Unternehmensanwendungen.

Im **zweiten Teil** finden Sie eine umfassende Referenz der behandelten Patterns. Zu jedem Pattern gibt es exakte Informationen bezüglich des Einsatzes und der Implementierung, sowie detaillierten Code in Java und C#. Zahlreiche erläuternde UML-Diagramme veranschaulichen den jeweiligen Lösungsweg.

Dieses Buch vermittelt Ihnen das Wissen, welches Sie brauchen, um die passenden architektonischen Grundentscheidungen für eine Enterprise-Applikation zu treffen und das richtige, bewährte Pattern einzusetzen.

Probekapitel und Infos erhalten Sie unter: www.mitp.de

ISBN 3-8266-1378-3

Craig Larman

UML 2 und Patterns angewendet – Objektorientierte Softwareentwicklung

- **Mit einem Vorwort von Philippe Kruchten**
- **UML 2.0, Use Cases, Gang of Four- und GRASP-Patterns**
- **Umfangreiche Fallstudien und zahlreiche Praxistipps**

Dieses Lehrbuch des international bekannten Autors und Software-Entwicklers Craig Larman ist ein Standardwerk zur objektorientierten Analyse und Design unter Verwendung von UML 2.0 und Patterns. Das Buch zeichnet sich insbesondere durch die Fähigkeit des Autors aus, komplexe Sachverhalte anschaulich und praxisnah darzustellen.

Der Leser erhält grundlegende OOA/D-Fertigkeiten sowie umfassende Erläuterungen zur iterativen Entwicklung und zum Unified Process (UP). Anschließend werden zwei Fallstudien vorgestellt, anhand derer die einzelnen Analyse- und Designprozesse des UP in Form einer Inception-, Elaboration- und Construction-Phase durchgespielt werden.

Der Leser wird Schritt für Schritt mit Use Case- und Domänenmodellen vertraut gemacht und lernt, wie er diese mit UML-Diagrammen visualisieren kann. Darüber hinaus wird der Objektentwurf anhand von Patterns, insbesondere die „Gang of Four" Design Patterns und GRASP, erläutert. Zudem erfährt der Leser, wie er aus seinen Diagrammen Klassendefinitionen und Methoden ableiten und schließlich in Code umsetzen kann. Hierbei werden UML und Patterns im Kontext des Softwareentwicklungsprozesses nicht nur erläutert, sondern insbesondere auch konkret und praxisnah angewendet. Auch weiterführende Analyse- und Designthemen, wie z.B. Zustandsmodellierung, Paketdesign und Architekturanalyse, werden besprochen.

Aus dem Inhalt:
- Zwei Fallstudien, anhand derer die OO-Prinzipien sowie der konkrete Einsatz von Patterns und UML gezeigt werden
- UML 2.0, Use Cases, agile Modellierung, Test-Driven Development, Refactoring
- Iterative Entwicklung und der Unified Process
- Diagrammnotation in UML und Umsetzung in Code
- Gang of Four Patterns und Objektdesign mit GRASP

Probekapitel und Infos erhalten Sie unter: www.mitp.de

ISBN 3-8266-1453-4

Lars Wunderlich

Software-Architekturen in Java

Modelle, Techniken, Praxis

- **Projektmanagement, Vorgehensmodelle, Entwicklungstechniken**
- **Architekturen vom Rich Client bis zum J2EE-Cluster**
- **Einsatz von Open Source Lösungen**

Der Software-Architekt ist in besonderer Weise für das Gelingen oder Fehlschlagen eines Projekts verantwortlich. Er muss eine Vielzahl von strategischen Entscheidungen treffen und dafür umfassende Kenntnisse der verschiedenen Modellierungsansätze, Tools und Architekturmuster besitzen.

Lars Wunderlich zeigt angehenden Architekten und Java-Profis auf, welche vielfältigen Möglichkeiten aber auch Grenzen von Sprachen, Konzepten und Architekturen es gibt. Er wendet sich dabei insbesondere an Entwickler, die bereits über fundierte Java-Kenntnisse verfügen und nun einen praxisbezogenen Zugang zu Software-Architekturen in Java suchen.

Der Autor bietet dem Leser eine umfassende Einführung in die Tätigkeitsbereiche des Architekten und lässt ihn hinter die Fassaden erfolgreicher Java-Architekturen und -Projekte blicken. Er spannt dabei den Bogen z.B. von der simplen HelloWorld-Anwendung bis zum verteilten Webservicesystem und von der Struts-basierten Webapplikation bis hin zur agentenbasierten künstlichen Intelligenz. Das Spektrum umfasst sowohl die Grundlagen realitätsnaher Programmabbildung als auch GRAS-Patterns, Domainmodellierungen und komponenten-basierte Entwicklung.

Der Autor unterstreicht seine Ausführungen in dem thematisch sehr breit gefächerten Werk mit zahlreichen Beispielen aus der Praxis und zeigt zugleich vielfältige Lösungsmöglichkeiten auf.

Aus dem Inhalt:

- Herausforderungen des Projekt- und Teammanagements bewältigen
- Grundlagen der Software-Entwicklung und -Architektur
- Objektorientiertes Design und Entwicklungsvarianten in Java
- Typische Java-Architekturen mit Open Source Tools:
- Rich Clients und Webfrontends
- Entwicklung verteilter Systeme (z.B. mit RMI und Webservices)
- Enterprise Server Architekturen mit J2EE und deren Alternativen
- Aspekte von Modellierungs- und Implementierungslösungen
- Kurz-Überblick über Open Source Tools

Probekapitel und Infos erhalten Sie unter: www.mitp.de

ISBN 3-8266-1537-9

Jack Greenfield, Keith Short
Unter Mitarbeit von
Steve Cook und Stuart Kent

Software Factories

Moderne Software-Architekturen mit SOA, MDA, Patterns und agilen Methoden

- **Ausgezeichnet von der Advanced Developers Conference**
- **Zusammenführung der neuesten Entwicklungstechniken**
- **SOA, MDA, XML, Patterns, agile Methoden**

Jack Greenfield und Keith Short entwickeln in diesem Buch das Modell der Software Factories. Anhand dieser zeigen sie, wie eine Industrialisierung der Software-Entwicklung erreicht werden kann, die zu höherer Produktivität, Qualität und besserer Prozesskontrolle führt.

Viele der heutigen Probleme der Software-Entwicklung sind Symptome für Probleme der Software-Entwicklungsverfahren. Software Factories können diese Probleme lösen, indem sie die entscheidenden Methoden zusammenführen, die sich in den letzten zehn Jahren bewährt haben, aber noch nicht in dieser Kombination eingesetzt worden sind.

In diesem Buch führen Greenfield und Short die Software Factories als Kombination von Sprachen, Patterns, Frameworks und Werkzeugen ein, mit denen schnell und kosteneffizient beliebig viele Varianten eines Standardprodukts oder einer ganzen Software-Produktlinie erstellt werden können. Dieses bahnbrechende Verfahren verspricht, die Software-Entwicklung zu industrialisieren, indem diese zunächst in einzelnen Unternehmen automatisiert wird und dann die Prozesse unternehmensübergreifend zu Software-Lieferketten verbunden werden, welche die Kosten und Risiken verteilen. Der Prozess wird anhand eines Beispiels demonstriert, das im ganzen Buch sukzessive ausgebaut wird.

Die Autoren erläutern unter anderem:
- die chronischen Probleme, die mit der Objektorientierung nicht gelöst werden konnten und die sich mit den entscheidenden Entwicklungen der letzten zehn Jahre endlich lösen lassen
- wie mit Software-Produktlinien eine konsistente und wirtschaftlich relevante Wiederverwendung erreicht werden kann
- wie agile Entwicklungsmethoden mit Patterns, Frameworks, Werkzeugen und anderen wiederverwendbaren Assets ausgebaut werden können

Probekapitel und Infos erhalten
Sie unter: www.mitp.de

ISBN-10: 3-8266-1610-3
ISBN-13: 978-3-8266-1610-5

Tobias Wassermann

Versionsmanagement mit Subversion

Installation, Konfiguration, Administration

- Repository-Verwaltung und -Administration
- Serverkonfiguration von Apache und svnserve, grafische Oberflächen für Subversion
- Vollständige Befehlsreferenz

Versionsmanagement ist in den letzten Jahren immer wichtiger geworden. Versionierung ist für alle Daten sinnvoll, die sich ändern und die von verschiedenen Benutzern zugleich bearbeitet werden. Arbeiten mehrere Entwickler am selben Projekt, müssen sie ihre Quelltexte untereinander synchronisieren. Mit Subversion als Versionskontrollsystem ist es möglich, Dateien von verschiedenen Benutzern zugleich bearbeiten zu lassen und die verschiedenen Änderungen zusammenzuführen. Hierzu werden alle laufenden Änderungen erfasst und alle Versionsstände der Dateien in einem Repository gesichert. Auf diese Weise ist eine vollständige Historie der geänderten Daten einsehbar. Mit Subversion als Versionsmanagementsystem kann sichergestellt werden, dass jeder Benutzer mit dem aktuellen Stand arbeitet und bei Problemen jederzeit auf ältere Versionen zurückgreifen kann.

Tobias Wassermann bietet ein umfassendes Handbuch für die Arbeit mit Subversion. Der Entwickler findet hier alles, was er zum effizienten Arbeiten mit Subversion benötigt: angefangen bei der Installation, der Konfiguration und grundlegenden Arbeitsweisen über die Verwaltung von Repositories, Tags, Branches, Verzeichnissen und Dateien bis hin zur Serverkonfiguration und den Möglichkeiten des Subversion-Kommandozeilenclients. Das Buch wird abgerundet durch eine vollständige Befehlsreferenz sowie ein Kapitel, das sich speziell an CVS-Umsteiger richtet. Grundlage dieses Buches ist Subversion 1.4.

Aus dem Inhalt:
- Architektur und Funktionsweise von Subversion
- Installation und grundlegender Arbeitsablauf
- Verwaltung von Repositories
- Arbeitskopien, Tags und Branches
- Arbeiten mit Verzeichnissen und Dateien
- Grafische Oberflächen für Subversion
- Subversion als Server: Konfiguration von Apache und svnserve
- Repository-Administration
- Subversion als Kommandozeilenclient
- Arbeitserleichterung mit Properties
- Subversion für Umsteiger von CVS und Microsoft VSS
- Vollständige Referenz der Subversion-Kommandozeilentools und ihrer Befehle: svnadmin, svndumpfilter, svnlook, svnserve, svnsync, mod_dav_svn

Probekapitel und Infos erhalten Sie unter: www.mitp.de

ISBN 978-3-8266-1662-4

Uwe Rozanski

Enterprise JavaBeans 3.0
mit Eclipse und JBoss
Praxisbuch und Referenz

- Aufbau, Anwendung und Einsatz aller Bean-Arten
- Java Persistence API, XML Deployment Descriptor, Transaktionsschutz, Security, Web Services
- Praxisbeispiele und Übungen mit Musterlösungen zu jedem Kapitel

Der Einsatz von Enterprise JavaBeans ist bei der Programmierung von serverseitigen Unternehmensanwendungen Standard. Dieses Buch behandelt den neuesten Entwicklungsstand der Enterprise JavaBeans und die Java Persistence API. Es bietet eine übersichtliche Darstellung der komplexen EJB-Welt und zeigt anhand von zahlreichen praktischen Beispielen, Übungsaufgaben und Musterlösungen, wie Sie effizient und erfolgreich EJBs programmieren. Gleich zu Anfang wird eine Entwicklungsumgebung mit Eclipse und JBoss aufgebaut, damit die Beispiele in der Praxis nachvollzogen werden können.

Uwe Rozanski erläutert ausführlich den Aufbau und die Anwendung jeder einzelnen Bean-Art. Jedes Kapitel enthält zahlreiche Beispiele, die den konkreten Einsatz der Beans anhand von Sourcecode aufzeigen.

In einem großen Teil des Buches wird eine Kundenverwaltung aufgebaut und weiterentwickelt, um die praktische Verwendung der einzelnen Bean-Arten konkret aufzuzeigen. Zusätzlich werden auch so wichtige Themen behandelt wie der Transaktionsschutz, die Verwendung von XML Deployment Descriptoren, Security und Web Services. Des Weiteren geht der Autor in einzelnen Abschnitten auf Unterschiede zu EJB 2.1 ein. Ein kompletter Webshop rundet das Buch ab. Hier finden Sie auch wichtige Hinweise für die Erstellung größerer Projekte.

Mit diesem Buch wird es Ihnen gelingen, die kompliziert wirkende EJB-Welt zu verstehen und EJBs effektiv für Ihre Anwendungen einzusetzen. Das Buch ist so aufgebaut, dass es sich sowohl zum Selbststudium als auch als Seminarunterlage eignet. Durch den strukturierten Aufbau ist es ebenfalls langfristig als Referenz einsetzbar.

Probekapitel und Infos erhalten Sie unter: **www.mitp.de**

ISBN 978-3-8266-1699-0

inkl. CD-ROM

Dirk Krafzig · Karl Banke · Dirk Slama

Enterprise SOA

Best Practices für Serviceorientierte
Architekturen –
Einführung, Umsetzung, Praxis

- SOA-Definition,
  Architektur, Infrastruktur

- Organisation, Strategie,
  Projektmanagement

- Vier konkrete Fallstudien

Enterprise SOA bietet einen vollständigen Leitfaden, der Ihnen zeigt, wie Sie die Konzepte der Serviceorientierten Architektur nutzen können, um Kosten und Risiken zu reduzieren, Effizienz und Agilität zu verbessern und Ihr Unternehmen von den Launen und den Abhängigkeiten sich ständig ändernder Technologien zu befreien.

- Profitieren Sie von den SOA-Erfahrungen großer Unternehmen. Lernen Sie aus den vier Fallstudien bei Credit Suisse, Halifax Bank of Scotland und anderen Weltklasse-Unternehmen.
- Machen Sie Ihre Unternehmenstechnologie unabhängig, flexibel und handlungsfähig. Bewältigen Sie die Heterogenität der Infrastruktur, indem Sie sich auf die Architektur konzentrieren und nicht auf spezielle Implementierungstechniken.
- Erkennen Sie die technischen und nicht-technischen Erfolgsfaktoren für SOA im Unternehmen.
- Definieren Sie den wirtschaftlichen Mehrwert einer SOA und lassen Sie Ihr Management davon profitieren.

- Wenden Sie pragmatische Entwurfskonzepte an, um Probleme der Daten- und Prozessintegrität in einer SOA-Umgebung zu lösen.

Egal, ob Sie Manager, Architekt, Analyst oder Entwickler sind – wenn Sie einen größeren Nutzen aus den IT-Services ziehen müssen, wird Ihnen Enterprise SOA zeigen, wie Sie dabei vorgehen können – vom Anfang bis zum Ende.

Über die Autoren:

Dirk Krafzig, **Karl Banke** und **Dirk Slama** verfügen über viele Jahre Erfahrung im Bereich Enterprise-IT, unter anderem im Projektmanagement und Entwurf verteilter Systeme für Großprojekte. Dieses Buch fasst das Wissen über Serviceorientierte Architekturen zusammen, das sie seit 1998 gesammelt haben, als sie ihre ersten Schritte in Richtung dieses neuen Architektur-Paradigmas unternommen haben.

Probekapitel und Infos erhalten
Sie unter: **www.mitp.de**

ISBN 978-3-8266-1729-4

Anil Hemrajani

Agile Java-Entwicklung mit Spring, Hibernate & Eclipse

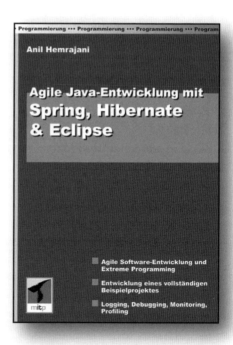

- Agile Software-Entwicklung und Extreme Programming
- Entwicklung eines vollständigen Beispielprojektes
- Logging, Debugging, Monitoring, Profiling

Spring, Hibernate und Eclipse zählen zu den wichtigsten Technologien für die Entwicklung von Enterprise-Java-Anwendungen. Mit ihrem Einsatz können Sie die Komplexität in der Entwicklung deutlich reduzieren.

Dieses Buch zeigt, wie Sie das Spring Framework, das O/R-Mapping-Tool Hibernate und Eclipse erfolgreich für Ihre Projekte nutzen. Der Autor erläutert nicht nur die Grundkonzepte dieser Technologien, sondern zeigt insbesondere anhand eines durchgehenden Beispielprojektes, wie sie konkret in der Praxis eingesetzt werden. Dabei demonstriert er, wie moderne Software entwickelt wird: agil, iterativ und inkrementell. Der Autor kombiniert dabei mehrere Methoden und Techniken wie Extreme Programming, Agile Model Driven Development (AMDD) und Refactoring zu einem leichtgewichtigen Software-Entwicklungsprozess, der den gesamten Lebenszyklus einer Software-Anwendung umfasst.

Aus dem Inhalt:

- Agile Java-Entwicklung und Extreme Programming
- Vollständige Beispielanwendung: Online-Zeiterfassungssystem
- XP und AMDD-basierte Entwurfsmodellierung
- Einrichten der Umgebung mit JDK, Ant und JUnit
- Hibernate für persistente Objekte verwenden
- Das Spring Framework
- Das Spring Web MVC Framework
- Der Aufbau von und das Arbeiten mit Eclipse
- Logging, Debugging, Monitoring, Profiling

Probekapitel und Infos erhalten
Sie unter: www.mitp.de

ISBN 978-3-8266-1696-9